Lifestyle 055

來去學廚藝！世界人氣餐飲名校攻略

── 烹飪、烘焙、葡萄酒各餐飲專校介紹，科班生、素人都能念！

編者 安東尼（p.8-p.214）、朱雀文化編輯部（p.215-p.276）　　攝影 林宗億　　美術設計 鄭雅惠

編輯 彭文怡　　校對 連玉瑩　　企畫統籌 李橘　　行銷企畫 石欣平　　總編輯 莫少閒

出版者 朱雀文化事業有限公司　　地址 台北市基隆路二段 13-1 號 3 樓

電話 02-2345-3868　　傳真 02-2345-3828　　劃撥帳號 19234566 朱雀文化事業有限公司

e-mail redbook@ms26.hinet.net　　網址 http://redbook.com.tw

總經銷 大和書報圖書股份有限公司 (02)8990-2588　　ISBN 978-986-97227-2-8　　CIP 529.25

初版一刷 2019.02　　定價 480 元　　出版登記 北市業字第 1403 號

台灣蛋糕協會會長　何文熹
中華穀類研究所所長　施坤河
開平餐飲學校校長　馬嘉延
專業推薦！
＊依姓名筆畫順序排列

世界人氣餐飲名校攻略

來去學廚藝！

烹飪、烘焙、葡萄酒各餐飲專校介紹，
科班生、素人都能念！

Let's go to learn cuisine!

Cuisine, Pastry, Wine, Food and Beverage

r赤雀

朱雀文化

給對烹飪、烘焙、葡萄酒，以及旅館、餐飲店鋪經營管理有興趣的讀者們

當你決定到國外的廚藝學校進修，不管是面臨繁複的申請手續、入學考試，亦或進入學校後的學習、生活上的不適應，只要有一顆正面樂觀的心，慢慢適應，相信一定能克服這些困難，希望大家為了目標堅持下去，學得扎實的廚藝技術。

Contents
目錄

留學進修，讓本科生的技術更精進喔！

Part1

前輩們的經驗分享 30 Q&A

不管幾歲，或有沒有經驗，只要有心學習，都能學好。

Part2

料理 & 烘焙 & 葡萄酒學校介紹

歐洲地區學校

學廚藝的管道很多，找到適合自己的學校和課程，素人也能達成夢想。

學校裡大量的實習操作課程，是讓自己技術成長的最大關鍵。

閱讀本書前的 **7** 個注意事項

為了讓讀者更順利閱讀本書，建議先看以下 7 點注意事項：

1 世界各國的料理、烘焙學校非常多，本書中學校的挑選，是以編者自身經驗的分享、就讀心得、學校在業界的知名度，以及台灣較多人去的歐洲（法國）、亞洲（日本、台灣）為基準，其他學校之後將陸續介紹。

2 書中各學校的費用以 2018 ～ 2019 年度介紹，僅供參考，想要知道最準確的費用，可洽詢學校。

3 書中的學校和學科名稱翻譯，盡量以大眾翻譯＋原文為主，但因為有些學校在台灣的知名度較不高，所以編者自行翻譯。

4 書中 Part1「前輩們的經驗分享 30 Q & A」單元，收錄 6 位在法國、日本念廚藝學校的前輩們的經驗，但因為入學時間、就讀學校、個人狀況不同，僅供參考。

5 p.105 ～ 109 喬爾·侯布雄餐飲學院（Institut International Joël Robuchon）將於 2019 年才開始招生，所以有些訊息尚未公布。對此校有興趣的讀者，可密切留意該校的官方網站。

6 法國的教育體系比較複雜，可同時參考 p.38 ～ 46「留學前，先認識法國的教育體系和學制」單元，有助於了解各校。

7 各校的報名限制可能會更動，建議選定學校之後，可以再上官方網站或直接向學校洽詢。

看懂書中的符號

書中為了方便說明，加入一些符號和插圖，讀者可以一邊參照下圖，一邊閱讀說明，一定讓你更快了解！

書中以艾菲爾鐵塔、招財貓和 101 大樓圖案表示該校所在地區。

法國　日本　台灣

書中以麵包、蛋糕、料理和酒圖案表示該校的課程種類。

麵包課程　糕點課程　料理課程　酒類課程

學校所屬的地區，書中分成歐洲和亞洲地區。

表示學校的地址、電話、電子信箱和網站資訊。

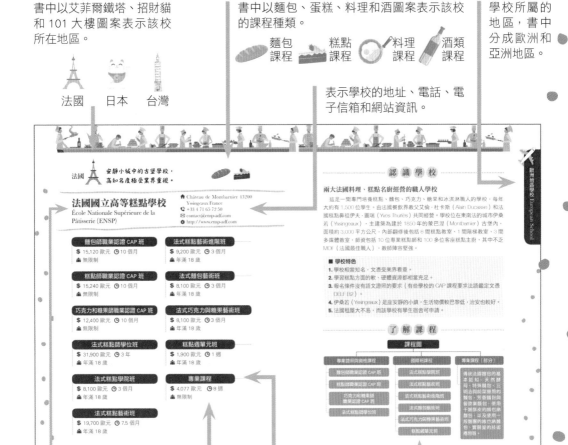

表示學校的中文翻譯和原文名稱。

表示學校的課程學費、就讀時間和年齡限制資訊。

課程的名稱。

學校課程、科系班別的組織圖，有助於讀者了解該校的課程結構。

Part1

30 Q & A
with the experts

前輩們的經驗分享
30 Q&A

無論你想前往哪一個國家、
選擇哪一個學校，或是念長期、
短期的課程，當踏上留學之路，
內心難免惶恐、擔心。
同學們別煩惱，
我們邀請幾位之前在國外念料理、
烘焙的前輩們，
分享 30 個關於入學考試、選擇學校、
留學生活、課業上的問題與回答（Q & A），
希望能藉由這些經驗，
讓你做好更多準備和心理建設，
留學之路更順暢！

Mayuki 與
日本菓子
專門學校

Connie 與
藍帶廚藝學校
巴黎總校

Jessie 與
藍帶廚藝學校
東京分校

アイリス 與
大阪辻製菓
專門學校

王兆暐 與
大阪辻製菓
專門學校

安東尼 與
斐杭狄高等
廚藝學校

30 Q&A

安東尼 🇫🇷
前往法國留學的年齡
30 歲

Q1 留學簽證是自己辦的嗎？

是，但不是在台灣辦，而是在法國完成第一年語言學校的課程後，用原本的長期學生簽證，加上錄取廚藝學校的註冊單，直接在法國更新第二年的長期學生簽證。由於法國的「行政效率」不比台灣，加上有語言隔閡，只要是跑行政機關辦文件，幾乎都是留學生的夢魘！建議在辦理簽證上，一定要做好充分且耐心的準備。

Q2 入學時間、就讀學校與科系、是幾年的課程？

我是 2011 年 6 月進入藍帶廚藝學校（Le Cordon Bleu）巴黎總校，就讀 3 個月的料理初級班，之後於 2011 年 9 月進入斐杭狄高等廚藝學校，就讀為期 9 個月的廚師職業認證 CAP 班。

Q3 是烘焙、料理本科生嗎？

不是，本來是資訊工程學。然而我發現到國外念廚藝學校的各國學生，大部分都不是本科系，不管是來自歐洲、美洲或亞洲的同學，都來自各行各業的每個領域。

Q4 進入料理學校前是學生？還是已進入職場？

我是在職場上工作幾年後，才去法國學習料理的。

Q5 為什麼會選這間專門學校學習呢？

會選擇藍帶，是因為它是當時心中認為全世界最頂尖的廚藝學校，巴黎總校又是所有分校中最具法式原味的，所以一直把它當成一種夢想。而念斐杭狄高等廚藝學校的契機，一方面因為它是法國人認定的優秀學校，一方面則是為了取得法國廚師職業認證，以利在法國更長期的工作磨練和發展。

Q6 進入專門學校前，會法文嗎？

我在台灣先念過 6 個月的基礎法文，到法國，再到語言學校念 9 個月的法文，直到考到 DELF B1 證書。

Q7 如何選擇語言學校的呢？

每個人選擇語言學校都有不同的考量，有的人是以想住的城市、想考的法語級數，或是因為有代辦中心，報名比較簡單為考量。我則是以節省開支、學費便宜，並刻意體驗法國鄉村生活為最主要考量。

Q8 進入專門學校前，有參加該校舉辦的體驗課程（見學課程）嗎？

沒有。

藍帶廚藝學校料理班的實作課情況。

畢業後，在法國餐廳 Monsieur Bleu 負責百人份的鴨肝的處理。

Q9 如何（透過哪種方法）申請專門學校的？自己申請？還是代辦？

藍帶是透過代辦中心申請，斐杭狄則是自己申請的，因為當時還沒有任何代辦中心會辦斐杭狄的報名。

Q10 專門學校的一般筆試考什麼？面試要注意些什麼？

藍帶沒有筆試和面試；斐杭狄則有筆試，也有面試，都在現場報名當日完成，而且完全必須靠法文，所以會滿有壓力的，感覺也很競爭。

Q11 是住宿舍嗎？還是自己租屋？如果是自己租屋，是如何租房子的？1 個月租金約多少？

我是自己租屋和老婆同住，透過朋友介紹法國房東，雙人套房每月租金 700 歐元。基本上，大多數廚藝學校都不提供宿舍，校方頂多協助提供租屋名單給學生自己聯絡，巴黎要租間單人套房最好有月租 500 歐元以上的心理準備。

Q12 1 個月的生活費大概多少？最花錢的是哪部分？

在巴黎的房租與生活開支，如果很省的話可以控制在 700 ～ 800 歐元之間。最花錢的就是買菜買肉了，如果想花點錢試吃餐廳和甜點店當作功課，那口袋真的要深一點。

Q13 就學期間有打工嗎？

沒有，因為對法語沒自信，打工也真的不好找，加上又不想到中國餐廳，因此沒有特別打工。

Q14 如果語言不好，上課聽不懂時怎麼辦？

這時會問同學，和大家討論。

Q15 進入專門學校後，除了上課和實習，有其他娛樂活動嗎？

因為用法文上課和實習的壓力很大，所以也沒安排其他進修。至於娛樂，大概只有節日連假時的省錢小旅遊吧！

Ⓠ⑯ 進入專門學校後，有參加類似留學生交流的團體嗎？

在語言學校時期參加比較多語言交換社團，進入廚藝學校後就沒有時間了。

Ⓠ⑰ 剛入學時，比較難適應的是什麼？

法國和台灣的文化差異，是一開始最難適應卻也最有趣的事，沒有了便利商店、早餐店和宵夜攤，雖然很難捱，卻也慢慢活得像個注重生活品質的法國人。

Ⓠ⑱ 留學生活上，碰到了哪些困難？

法語和各種文件始終是留學生活中的大難題，無論住了多久，只要遇上去政府機關申請文件，就是一件令人身心俱疲的麻煩事。

Ⓠ⑲ 學習上碰到的困難有哪些？當時最不擅長的是那一種課？

在斐杭狄高等廚藝學校的廚師職業認證 CAP 班，除了專業術科之外，還有許多學科要念，包括理論技術、歷史、地理、數學、物理、化學、法語、英語、技術與科學、企業認知、法律與社會、溝通學、環境健康預防與職場急救。這些雖然只上基本的程度，但全用法語學習，就變得相當嚇人了，企業認知、法律與社會，講述的是法國的公司制度與機關組織，就是我最不擅長的一門課。

Ⓠ⑳ 學校課程的最大特色？

以藍帶來説，堪稱法國廚藝學校界中服務最好的一間，課程設計較循序漸進，資訊的提供也讓外國人倍感親切；斐杭狄則是相當著重實作，實習時間長，文憑比較受業界看重。

Ⓠ㉑ 學校下課後，還有自己加強學科或練習嗎？

下課後的預習、複習和練習，當然是不可或缺的學藝祕笈，但可別想要利用學校的廚房，一切都得回到自己的租屋處練習。

Ⓠ㉒ 學校或課堂上，有針對留學生的輔助嗎？

沒有明定，但因人而異或許會得到主廚或職員的特別輔助。

Ⓠ㉓ 專門學校畢業後，有從事相關工作嗎？

有，在法國幾間不同的法式料理餐廳從事了 6 年的廚師職業生涯，從最小的實習生做到廚房領班，大多是米其林或星級餐廳。

Ⓠ㉔ 就學中，有申請獎學金嗎？

沒有，法國廚藝學校很少設有獎學金。

25 就學中，學校有安排店面實習嗎？

有，3個半月在米其林三星餐廳的實習，而且是必須的。

26 畢業後，學校會提供就業機會嗎？

不會，實習是學校最後會幫的事，接下來找工作一定得靠自己。

27 課程結束後，可以留在當地找相關的工作嗎？

可以，但簽證必須自己解決，大部分人皆因為工作簽證難申請而無法留下。

28 除了自己念的學校，還想推薦其他哪些學校？

保羅伯庫斯餐飲學院（Institut Paul Bocuse）、艾倫·杜卡斯廚藝學校（Alain Ducasse Education）。

29 學校畢業後最大的收穫？

最大的收穫就是正式接受一套由法國主廚所教的正統訓練，如實地踩進法國人的餐廳，在傳奇的米其林餐廳與大師共事所看到和學到的經驗。

30 給想去法國學烘焙、料理的人哪些建議？

最好要有堅強的法語基礎和想融入法國生活的決心。赴法學廚藝是一趟所費不貲的旅行，如果沒有學好法語去理解授課內容，對學習的吸收會大打折扣；即便能夠以英語聽課，若錯失了平日法式生活中有趣的活動、文化上的小細節，以及整個法式餐飲環境傳達的美食精神，也不免令人惋惜。特別是想申請學徒制課程，以及將來想留在法國餐飲業工作的人，法語實在太重要了！

斐杭狄期末餐會時，我們做的小羊肋排佐胡椒醬。

斐杭狄高等廚藝學校時期，為奇美焗烤塞餡蛋擺盤。

11

30 Q&A

Connie
前往法國留學的年齡
29 歲

Q1 留學簽證是自己辦的嗎？

是的。大三時我在法國交換學生，當時就已經有申請學生簽證的經驗。

Q2 入學時間、就讀學校與科系、是幾年的課程？

我是 2012 年 9 月就讀，藍帶廚藝學校（Le Cordon Bleu）巴黎總校甜點文憑班共 9 個月的課程。

Q3 是烘焙、料理本科生嗎？

不是，我是輔大法文畢業的。

Q4 進入料理學校前是學生？還是已進入職場？

來此念書之前，我做過一些翻譯相關的工作，但大部分時間都是在家裡的公司幫忙。

Q5 為什麼會選這間專門學校學習呢？

藍帶在台灣的名聲響亮，巴黎則是法式甜點的首都，加上大學時在法國生活的經驗，所以藍帶的巴黎本校是最適合我的選擇。

Q6 進入專門學校前，會法文嗎？

我是學習法文出身的，大學三年級時去了法國當交換學生，所以日常生活和授課的法文對我來說，並不是問題。

Q7 如何選擇語言學校的呢？

沒有進入語言學校。

Q8 進入專門學校前，有參加該校舉辦的體驗課程（見學課程）嗎？

沒有。

Q9 如何（透過哪種方法）申請專門學校的？自己申請？還是代辦？

我是請代辦公司幫忙辦理。

Q10 專門學校的一般筆試考什麼？面試的要注意些什麼？

藍帶的巴黎本校並沒有筆試、面試門檻。

Q11 是住宿舍嗎？還是自己租屋？如果是自己租屋，是如何租房子的？1 個月租金約多少？

自己租屋。巴黎的房租很貴，我這間小小套房1 個月的房租就要 1,100歐元。當初是在租屋網站上找到的。

課堂中製作的國王派
（Galette des Rois）

Q12 1 個月的生活費大概多少？最花錢的是哪部分？

生活費因人而異，我的話大概是 400～600 歐元。最花錢的部分就是房租，通常住在小巴黎 1 個月賺的錢，一半以上都拿來付房租了。

Q13 就學期間有打工嗎？

沒有。

Q14 如果語言不好，上課聽不懂時怎麼辦？

課堂上有英文的即時翻譯，也有很多台灣學生，大家課後都會交流。

Q15 進入專門學校後，除了上課和實習，有其他娛樂活動嗎？

偶爾會出去玩，畢竟來到花都，當然要好好利用時間探索巴黎的每個角落！

Q16 進入專門學校後，有參加類似留學生交流的團體嗎？

沒有，不過學校裡面有一個讓學生休息互動的空間，所以也可以說是每天都和其他留學生交流。

Q17 剛入學時，比較難適應的是什麼？

時間分配。一堂實作課只有 2 小時 30 分鐘，如何在規定的時間內好好完成作品很重要。

Q18 留學生活上，碰到了哪些困難？

文化衝突，還有自我調整適應。

課堂中做的椰奶萊姆起司蛋糕
（Cheesecake citron vert coco, sorbet de lait de coco）

課堂中做的精心裝飾的零陵香（Tonka bean）巧克力蛋糕
（Entrement chocolat à la fève de tonka）

13

⑲ 學習上碰到的困難有哪些？當時最不擅長的是那一種課？

當初最不擅長的科目就是巧克力。當全班調溫都1、2次就成功，只有我調了4、5次，1小時都過去了還是失敗，很令人沮喪。

⑳ 學校教學與課程的最大特色？

畢竟巴黎是法式甜點的起源地，課程結束之後，實習的機會和種類非常多。

㉑ 學校下課後，還有自己加強學科或練習嗎？

期末考前都會跟同學們一起實作練習，另外，我自己則是買了5公斤的巧克力回家苦練。而拉糖實作前，我熬夜雕了想像中的實品，也上網買了需要的工具練習。

㉒ 學校或課堂上，有針對留學生的輔助嗎？

畢竟全校99%的學生都是外國人，因此，學校對於像學生醫療保險、日常生活上的雜事，或是在法國留學會遇到哪些困難都很清楚，當有需要時，學校方面也都很盡力幫忙。

㉓ 專門學校畢業後，有從事相關工作嗎？

畢業後到現在，我的身分一直都是甜點師，在巴黎還有艾克斯（目前居住地）都工作過。

㉔ 就學中，有申請獎學金嗎？

沒有。

㉕ 就學中，學校有安排店面實習嗎？

有的。畢業之後大家都至少有3個月的實習機會。如果跟實習的公司能談妥，6～9個月的實習也不是問題。

㉖ 畢業後，學校會提供就業機會嗎？

不會，能不能找到工作是要靠自己努力爭取。

㉗ 畢業後，可以留在當地找相關的工作嗎？

可以，不過要以外國人的身分在法國留下來工作非常困難。除了要能夠證明自己的技能是法國人無可取代的，還要能找到公司願意支付一筆1,300歐元的簽證費用。

㉘ 除了自己念的學校，還想推薦其他哪些學校？

斐杭狄高等廚藝學校（École Grégoire Ferrandi / École Française de Gastronomie）是一個很不錯的選擇。

Q30 給想去法國學烘焙、料理的人哪些建議？

1. 多出去走走，多和其他國家的學生交流。很多台灣學生常和講中文的學生們一起行動，既然來到離家這麼遠的地方，當然要好好利用機會，跳脫自己的舒適圈，挑戰自己。

2. 要有「對法國巴黎別有不實際期望」的心理準備。很多過去我們所知、所學或在電視上看過和聽到別人說的巴黎，都是不切實際。巴黎就像其他大城市各有優點、缺點，我遇過很多台灣學生來到法國後非常失望，詢問之後才知道原來是自我期望與事實不符。

3. 要在廚房工作得先有足夠的心理建設。（在法國）甜點師每天至少站立工作 10 個小時，有時候為了方便，都是在低溫的環境下工作。每當逢年過節，就是甜點師工作無止境的時刻，無法與家人、朋友過節很正常。每個人來到這兒的目的都不同，有些人想要體驗法國，有些人則想更換跑道。我想一定要找到能支持自己的動力，才不會被離家的孤獨打敗。

Q29 學校畢業後最大的收穫？

最大的收穫除了自己的甜點技巧之外，還有很多能與有名甜點大師學習的機會。巴黎的甜點師們關係密集，時常聚在一起切磋、交換食譜。除了互動交流，也因為這種機會，讓巴黎的甜點水準一直都處於最高境界。

柑橘雪寶蛋霜羅慕斯
（Sorbet au clémentine, coque de meringue, ganache montée au basilic）

帕芙娃薄荷慕斯覆盆雪寶
（Pavlova, ganache montée à la menthe, sorbet au framboise）

課堂上的拉糖雕塑作品

實習操作課程可以讓每個
學員學到扎實的技術,並
且練就一身烘焙基本工。

*此非當時在校拍攝的照片

我還記得，泡芙是進入藍帶第2堂課講師教的甜點，算是初級班的課程。對許多人而言，這不是很難的品項，但對我這個新手，著實花了一些時間才學好。上課時，看著專業講師的示範，我用心地筆記後，小心地操作，看到完成的泡芙很有成就感。回到台灣後，我經營了一間甜點工作室，除了販售甜點，同時也開設教學課程，而泡芙就是我常教學的課程。製作泡芙殼、內餡、烘烤、灌餡甚至裝飾，一個步驟一個步驟，就像當時藍帶講師那樣細心示範，希望每位上課的學員也都能成功，並且滿滿歡欣與成就感。

左頁和上圖是在工作室中操作泡芙的步驟。穿上之前在日本藍帶上課時的制服，令我懷念起當時上課的情形。

17

Jessie 🇯🇵
前往日本留學的年齡
18 歲

Q1 留學簽證是自己辦的嗎？

當時是報名3個月的密集班，所以我是用觀光簽證。

Q2 入學時間、就讀學校與科系、是幾年的課程？

我是2014年9月～12月，參加藍帶日本東京分校，3個月的法式糕點密集班（有中文隨堂翻譯）。

Q3 是烘焙、料理本科生嗎？

不是，本身讀國貿。

Q4 進入料理學校前是學生？還是已進入職場？

我原本是做百貨行銷，後來想創業，去了餐飲業後決定進修。創業想做跟吃的有關係，加上對甜點最有興趣，所以選擇了甜點。

Q5 為什麼會選這間專門學校學習呢？

藍帶東京分校甜點是除了法國之外算知名的，因為不會法文，日本也與台灣比較近，加上學校沒提供住宿，基於生活費、住宿費等種種考量，他們特別開的3個月密集班就很符合我的需求。

Q6 進入專門學校前，會日文嗎？

會一點。去日本之前，曾在台灣補習日文。

Q7 如何選擇語言學校的呢？

沒有進入語言學校。

Q8 進入專門學校前，有參加該校舉辦的體驗課程（見學課程）嗎？

沒有。

Q9 如何（透過哪種方法）申請專門學校的？自己申請？還是代辦？

透過台灣的代辦申請學校。

Q10 專門學校的一般筆試考什麼？面試要注意些什麼？

課程分3階段，初、中、高每階段都會有筆試，考上課的內容。沒有面試。

高級班課程的巧克力雕塑，從調溫、切型、組裝都自己來，還用到噴槍跟快速冷凍劑等非常專業的器具，很費工，所以做完非常有成就感！

Q11 是住宿舍嗎？還是自己租屋？如果是自己租屋，是如何租房子的？1個月租金約多少？

我跟一起留學的朋友在外面合租，是透過朋友介紹在日本房仲業工作的台灣人（溝通比較不會有問題）找房子，租金大概10幾萬日元，兩個人平分，負擔比較輕。在日本租房子有很多小細節要注意，像保證人、敷金（押金）、禮金等等，加上很多租屋處是完全沒提供家具，當初因為停留時間較短，並且注重便利性、安全性，所以多花一點錢買心安，自己覺得很值得。

Q12 1個月的生活費大概多少？最花錢的是哪部分？

1個月控制在100,000日元。吃與交通是每天的必要開銷，飲食上，因為常常自己煮，或用上課做的甜點與料理班、麵包班的同學交換，可以省滿多的。而最花錢的地方還是出去玩吧！

Q13 就學期間有打工嗎？

沒有。

Q14 如果語言不好，上課聽不懂時怎麼辦？

無論是課堂還是實作課，每堂課都有中文翻譯。

近年來台灣很紅的馬卡龍，也是藍帶課程中的一課，也是我個人很喜歡的甜點之一，常在工作室試做新口味。

第2堂課就是製作泡芙。這是回台灣後，我很常製作的一道甜點。

前輩們的經驗分享 30個問題與回答（Q＆A），讓你留學更順利。

15 進入專門學校後，除了上課和實習，有其他娛樂活動嗎？

我的課程是固定每週一～五上課，我們班的梯次是從中午上到晚上，所以週末、假日都會跟班上同學去各處晃晃，當觀光客。

16 進入專門學校後，有參加類似留學生交流的團體嗎？

沒有。

17 剛入學時，比較難適應的是什麼？

因為不是本科生，動作比較慢，技巧也不純熟，實作課要在限時內做出主廚剛才示範的品項，所以步調像打仗般很快，整體氛圍也很高壓。在初級課的每一天都是煎熬，這樣的狀況到了中級課才比較適應，並且找到信心。

18 留學生活上，碰到了哪些困難？

大致上還好，因為3個月的課程其實很快就過去了。

19 學習上碰到的困難有哪些？當時最不擅長的是那一種課？

還記得第一堂課是上基礎刀工，實作課大概10幾個人集中在一間教室一起作業，所以誰動作快、誰落後會很明顯。當時切水果組合時，我一直無法用主廚教的去呈現，瞬間進度大落後，當下心急更難切好，主廚還來關心，這是我印象很深刻的一次難題。課程中我覺得最不擅長的是巧克力調溫，巧克力真的是一門高深的學問。

20 學校課程的最大特色？

課程教授的品項循序漸進，實作課也很扎實，重點是食譜配方都很好吃。

21 學校下課後，還有自己加強學科或練習嗎？

因為學校的場地受限，並沒有留在學校練習，只有在家練習刀工而已。

22 學校或課堂上，有針對留學生的輔助嗎？

印象中沒有。

23 專門學校畢業後，有從事相關工作嗎？

有，回台灣後自己開了一間甜點工作室（臉書：可搜尋 Miss Chen 手作·甜點）。

24 就學中，有申請獎學金嗎？

沒有。

25 就學中，學校有安排店面實習嗎？

沒有。

Q26 畢業後，學校會提供就業機會嗎？

不會。

Q27 畢業後，可以留在當地找相關的工作嗎？

不行。

Q28 除了自己念的學校，還想推薦其他哪些學校？

東京製菓專門學校。

高級班課程的組合蛋糕，名字叫 Douceur，翻成中文是溫柔的甜蜜，實品就像它的名字一樣甜美。

Q29 學校畢業後最大的收穫？

這次留學經驗讓我實質上獲得很多甜點製作的技巧，我去上課前幾乎是一張白紙，所以整體學習很豐富。但認真地說，最大的收穫是在 3 個月的留學日子中，體驗跟台灣不一樣的生活，無論是忙碌上課或放鬆出遊，現在回想起來，都是難忘且珍貴的。

Q30 給想去日本學烘焙、料理的人哪些建議？

整個留學生涯真的很花錢，建議清楚自己想要什麼再做決定。踏上留學的旅程，記得好好拍照，記錄上課或是玩樂的點點滴滴，相信無論多久再回頭看這些照片，都會覺得充實、快樂。

初級班課程的 Paris-Brest，經典的王冠型泡芙搭上穆斯林奶油餡，是我很喜歡的榛果口味，實作課手忙腳亂很少有時間拍照，這張算是難得早做完，才有時間拍的照片。

不管是理論還是實習
操作課，每堂課都能
學到很多技法和知識
理論，讓我 2 年的專
門學校生活收穫滿滿。

＊此非當時在校拍攝的照片

1年級入學時，學校給每個學生1個如行李箱般的工具箱，以及烘焙器具，圖中是1年級時的器具。升上2年級時，還會陸續加入新的器具。

這是學校發的課本。課本前半部分是理論知識，後半部分則是單品實作配方和步驟。

這本是學校2019年度的招生介紹。

在語言學校時有去參加體驗課程（見學課程），一整天的免費課程，還有精美的講義、課堂點心可以帶回家。

和菓子

製パン（改訂版）

洋菓子（改訂版）

日本菓子専門学校

IMAGINATION CREATION 2019 日本菓子専門学校

Welcome! オープンキャンパスレシピ《体験コース》 日本菓子専門学校

前輩們的經驗分享 30個問題與回答（Q＆A），讓你留學更順利。

Mayuki 🇯🇵
前往日本留學的年齡
18 歲

① Q 留學簽證是自己辦的嗎？

簽證是由台灣的留學代辦中心辦的，一開始是以到東京的語言學校念書申請簽證。

② Q 入學時間、就讀學校與科系、是幾年的課程？

我是在 2016 ～ 2018 年時，進入位於東京的日本菓子專門學校點心製造技術學科（製菓技術学科），就讀 2 年的課程。第二年課程時，專業課程選擇和菓子科。

③ Q 是烘焙、料理本科生嗎？

是的，我是高中職餐飲科本科生。

④ Q 進入料理學校前是學生？還是已進入職場？

餐飲科一畢業，我立刻前往日本，先念語言學校，然後申請進入專門學校。

⑤ Q 為什麼會選這間專門學校學習呢？

我在語言學校就讀時，曾參加過專門學校的體驗課程，當中日本菓子專門學校的整體氛圍、設備、老師的授課方式比較符合我的理想，所以選擇了這間學校。

⑥ Q 進入專門學校前，會日文嗎？

還在念高中時，我就已經決定畢業後要去日本念點心專門學校，所以利用課餘在補習班學日文。

⑦ Q 如何選擇語言學校的呢？

是透過台灣留學代辦中心推薦的。

⑧ Q 進入專門學校前，有參加該學校舉辦的體驗課程（見學課程）嗎？

有。在語言學校時，常有各類專門學校的人到校舉辦招生説明，介紹學校和科系特色。我原本在「東京製菓專門學校和「日本菓子專門學校」間猶豫，後來參加了好幾次日本菓子專門學校的 1 日體驗課程，覺得學校的整體氛圍、老師的授課方式、設備等都非常吸引我，於是最後決定念日本菓子專門學校。

⑨ Q 如何（透過哪種方法）申請專門學校的？自己申請？還是代辦？

決定念日本菓子專門學校後，我曾和語言學校的老師討論，老師會指導填寫入學申請，申請書等書面資料通過後，最後再參加面試。

Q10 專門學校的一般筆試考什麼？面試要注意些什麼？

我們學校的面試題目比較注重口語和聽力。問題內容以「為什麼要來念日本菓子專門學校」和生活上的問題為主。這些在語言學校時，班導師便以模擬面試的方式，讓我們先習慣各種問題和如何應答。我是以一般入試申請學校的，提出申請書時附上一篇小作文，接下來就只有面試，沒有筆試。

Q11 是住宿舍嗎？還是自己租屋？如果是自己租屋，是如何租房子的？1 個月租金約多少？

我剛到語言學校時，先在學校的宿舍住了短暫的時間，之後就自己搬出來租屋居住。我是先在網站上找喜歡的房子，再透過仲介租屋。我住單人房，而且在市中心，1 個月租金約 80,000 日元，算是有點貴。

Q12 1 個月的生活費大概多少？最花錢的是哪部分？

我的生活費包含：飲食、交通、外出旅遊和房租等費用。不算房租，我一個月的生活費大約 70,000 ～ 80,000 日元，當中我覺得最花錢的是伙食費！因為我 1 個人住，很難拿捏份量，吃不完容易造成浪費，加上有時打工回家很疲倦，所以大多時候我選擇外食。

Q13 就學期間有打工嗎？

有。我從語言學校開始就有打工，曾在麵包工廠、門市銷售兼差，後來在日本菓子專門學校上課時，是在義大利餐廳、蛋糕店打工。每週約打工 28 小時。

Q14 如果語言不好，上課聽不懂時怎麼辦？

如果課堂上的日文聽不懂，我會趕緊問旁邊的同學，或者請教隨班的助教。

Q15 進入專門學校後，除了上課和實習，有其他娛樂活動嗎？

有，偶爾會和朋友到外地旅遊。

Q16 進入專門學校後，有參加類似留學生交流的團體嗎？

除了 LINE 中有學長、姐設的留學生群組之外，學校設有留學生會，每 1 ～ 2 個月聚會 1 次，也有輔導室針對留學生給予適時的諮詢。

Q17 剛入學時，比較難適應的是什麼？

說話速度的改變比較難適應。在語言學校時因為僅上半天課，學生又多以外國人為主，所以老師說話的速度比較慢，但進入以日本學生為主的專門學校後，老師說話的速度和一般人一樣快，課程專有名詞也較多，必須很專注地聽，剛開始進度容易跟不上，與同學和老師說話必須調適。

Ⓠ18 留學生活上，碰到了哪些困難？

我的運氣很好，因為年紀相近，和同學們都相處得不錯，生活上比較沒有太大的困難。

Ⓠ19 學習上碰到的困難有哪些？當時最不擅長的是那一種課？

我本身是餐飲科學生，所以很多操作，以及餐飲的理論我都學過，稍微複習一下可以看得懂，但像法律類、理論課等較不擅長。

Ⓠ20 學校教學與課程的最大特色？

我認為有以下 5 個特色：
1. 老師授課時，會搭配 2 ～ 4 位助教，因為都是由剛畢業的學長、姐或校友擔任，所以對授課內容和學生會碰到的生活問題能給予有力的支援。
2. 課程中每 3 個人 1 桌，1 ～ 2 週會重新抽籤換組員，所以幾乎可以認識同班或同屆的同學。
3. 老師與學生之間相處融洽，能在學習與生活上給予輔導。
4. 課程中不時搭配寓教於樂的巴士旅遊、校外教學、業界工廠參觀等行程。
5. 我在 2 年級時選擇以和菓子為專攻領域，以這科來説，每個月都有茶道、書道課程，注重文化教養課程。並且每個月有虎屋（日本知名和菓子老舖）未上市的和菓子試吃，從名店學習產品風味與外型。

Ⓠ21 學校下課後，自己還會加強學科或練習嗎？

有。我們學校有晨練（07：45起 1 小時）與晚練（授課結束～17：00）的自主練習，可練習較不擅長的操作科目，並有老師於現場指導，學生可以自由參加。

Ⓠ22 學校或課堂上，有針對留學生的輔助嗎？

有。學校有輔導室，可給予留學生必要的幫助。

Ⓠ23 專門學校畢業後，有從事相關工作嗎？

有。畢業後回到台灣，目前在蛋糕店工作。

Ⓠ24 就學中，有申請獎學金嗎？

沒有。

和菓子課時大家的作品，排在一起非常漂亮。

就學中,學校曾安排店面實習嗎?

洋菓子科有安排,和菓子科則沒有。不過學校輔導室公布欄中,會貼出廠商徵人(含工讀)的訊息,可以自己找適合的工作。

 畢業後,學校會提供就業機會嗎?

雖然日本有工作簽證等問題,但如果真心想留在日本工作的話,可以到學校輔導室的公布欄,尋找適合的工作機會。

 畢業後,可以留在當地找相關的工作嗎?

可以,不過要以外國人的身分留下來工作,而且是烘焙、餐飲業難度很高。當然,只要成績優秀且具備純熟的技術,仍然有機會。

 除了自己念的學校,還想推薦其他哪些學校?

沒有。

學校畢業後最大的收穫?

除了點心的技術、理論之外,我學到最多的是工作態度,包括守時觀念、替同事著想等,是我在這裡學習的最大收穫。

給想去日本學烘焙、料理的人哪些建議?

我的建議是在學業課業之外,盡量體驗相關行業的打工,可以從中體驗職場,更能多了解日本文化。

學園祭中現場表演製作上生和菓子,活動前大家不停地練習。

1 年級的學園祭時,我被老師分派到和菓子示範。也就是因為這一次的示範表演,讓我決定 2 年級選擇和菓子為主修。

前輩們的經驗分享
30 Q&A

27

30 Q&A

前輩們的經驗分享 30個問題與回答（Q&A），讓你留學更順利。

王兆暐
前往日本留學的年齡
25歲

Q1 留學簽證是自己辦的嗎？

簽證是由台灣的留學代辦中心辦的，一開始是以到大阪的語言學校念書申請簽證。

Q2 入學時間、就讀學校與科系、是幾年的課程？

我是 2014～2016 年時，進入大阪辻製菓專門學校的製菓技術餐飲經營管理本科（製菓技術マネジメント学科），就讀 2 年的課程。

Q3 是烘焙、料理本科生嗎？

我不是本科生，我是電腦資訊相關科系畢業的。

Q4 進入料理學校前是學生？還是已進入職場？

我畢業之後曾短暫進入餐飲業工作，擔任食品業務，工作中發現自己的興趣不在此，於是想轉換跑道。剛好家人在大阪唸書，加上對日本的印象很好，於是萌起前往日本學習新專長的念頭。

Q5 為什麼會選這間專門學校學習呢？

在語言學校時，因當時有朋友對辻製菓專門學校有興趣，還沒決定學校的我便和朋友一同參加這間學校的體驗課程，效果還不錯，而我對烘焙也有興趣，於是申請這間學校。

Q6 進入專門學校前，會日文嗎？

在台灣時還不會日文，是到日本才開始學習日文。

Q7 如何選擇語言學校的呢？

我是以「台灣人比較少，可以多接觸外國人」為目標，透過台灣代辦中心的推薦介紹，找到適合的語言學校。

Q8 進入專門學校前，有參加該校舉辦的體驗課程（見學課程）嗎？

有。在語言學校時，常有各類專門學校的人到校舉辦招生說明，介紹學校和科系特色。我是受到已在辻製菓專門學校就讀的朋友推薦，加上參加體驗課程後覺得還不錯，才下定決心申請這個學校。

Q9 如何（透過哪種方法）申請專門學校的？自己申請？還是代辦？

決定念大阪辻製菓專門學校後，我先和語言學校的老師討論，再自己填寫入學申請，參加筆試和面試的。

Q10 專門學校的一般筆試考什麼？面試要注意些什麼？

我們學校的面試是在類似就學博覽會的攤位上，由兩位該科系的老師負責面試的。面試較注重聽說與表達能力，主要是詢問為什麼想進入就讀和一些生活上的問題。這些在語言學校時，班導師便以模擬面試的方式，讓我們先習慣各種問題和如何應答。我是以一般入試申請大阪辻製菓專門學校，這個學校是筆試通過後才有面試。而筆試是考一些基本的問題，類似日本語能力測驗的題目。

Q11 是住宿舍嗎？還是自己租屋？如果是自己租屋，是如何租房子的？1個月租金約多少？

我剛到語言學校時，在學校的宿舍住了2、3個月，就自己租屋居住了。我是在網站上依照自己的興趣、價格需求和生活機能等挑選，再透過仲介租房子，因為單人房比較貴，所以我和其他人一起租。當時1個月租金約 52,000 日元。

Q12 1個月的生活費大概多少？最花錢的是哪部分？

我的生活費包含：飲食、交通、外出旅遊和房租等費用。我平日大多自己煮，偶爾一般外食，加上房租，1個月大概生活費控制在 100,000 日元。當中我覺得最花錢的還是房租。

Q13 就學期間有打工嗎？

有。我從就讀語言學校開始，直到後來2年的大阪辻製菓專門學校生活，都有打工。我在位於大阪車站附近的一家咖啡店打工，每週約 28 小時，直到我畢業、離開日本為止，都在這裡兼差。

當時課堂中的作品：葛櫻（葛桜）。將葛粉溶於糖水，控制火候提煉成黏稠狀，再把紅豆餡包入其中，蒸熟至透明放涼，最後放置於櫻花葉上。清涼消暑的風味，適合夏季享用。

Q14 如果語言不好，上課聽不懂時怎麼辦？

畢竟是以日本人為主的學校，老師說話的速度和一般人無異，剛開始比較聽不懂，加上1個班上只有1、2個留學生，所以只能下課後針對課程彼此交流，以及上課時錄音，下課再重複聽。

Q15 進入專門學校後，除了上課和實習，有其他娛樂活動嗎？

有，偶爾會和朋友到外地旅遊。

Q16 進入專門學校後，有參加類似留學生交流的團體嗎？

校內沒有專門的社團可參加，不過在 LINE 中有學長、姐設的留學生群組，可在群組中交流。

Q17 剛入學時，比較難適應的是什麼？

剛進入專門學校時，覺得最大的差異在於作業方式、觀念。我們學校很重視實習操作課程，通常都是團體合作，老師會將留學生拆開來，所以必須自己融入團體。

Q18 留學生活上，碰到了哪些困難？

還是語言的問題。剛開始來日本時，因為日文不好，有很多東西無法表達，只能比手畫腳溝通，有時會感到挫折。像我在日本被偷過腳踏車，那時語言能力不好，花了很多力氣才完成報案。還有後來在咖啡店打工，必須面對客人，都讓我深深覺得語言的重要。

Q19 學習上碰到的困難有哪些？當時最不擅長的是那一種課？

對我來說最困難的倒不是實習課程，而是一般的法律、食品學、營養學等學科。因為都是日文授課、日文教科書，必須花更多時間學習。

Q20 學校教學與課程的最大特色？

我們學校是採分組上課，很重視實習操作課。除此之外，在理論課程時，老師會將食材分門別類，告訴你其中的特性、產地，讓你能夠學以致用、發揮個人的想像力與創造力。

Q21 學校下課後，還有自己加強學科或練習嗎？

下課後，學校會開放場地、材料和課程，讓學生留下來自主練習，也會有老師在現場指導，只要申請就能參加。可以在自主練習時加強自己不擅長的部分，像蛋糕抹面，也可以用可重複使用的奶油，在不消耗食材下練習擠花。

Q22 學校或課堂上，有針對留學生的輔助嗎？

除了台灣學長、姐自己設的 LINE 群組，學校會開設座談會，關心留學生，並且適合給予心理輔導。

23 Q 專門學校畢業後，有從事相關工作嗎？

有。我畢業後回到台灣，目前從事點心烘焙相關工作。

24 Q 就學中，有申請獎學金嗎？

沒有。

25 Q 就學中，學校有安排店面實習嗎？

學校安排的店面實習因為有名額限制，基本上成績優秀者、比賽得獎者才有機會，並非每個學生都能參加。

26 Q 畢業後，學校會提供就業機會嗎？

因為日本工作簽證等的問題，學校並沒有特別針對留學生提供當地就業的機會，不過只要自己有心、有技術，可以自己去找。

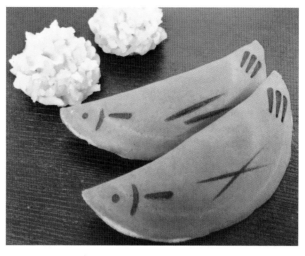

圖中是香魚燒（鮎焼き），是當時在學校的作品。將煎熟的麵糊做成橢圓形，裡頭再包入麻糬或紅豆餡，利用燒熱的鐵器模具壓出魚鰭的紋路，做成香魚模樣的和菓子，深受日本人喜愛。

27 Q 畢業後，可以留在當地找相關的工作嗎？

當然可以找相關的工作，不過前提是要取得工作簽證，但以日本來說比較困難。

28 Q 除了自己念的學校，還想推薦其他哪些學校？

沒有。

29 Q 學校畢業後最大的收穫？

我在這所學校學得了專業的甜點烘焙技術，以及對食材的了解。而最重要的是能融入日本人的作業方式，以及感受到對專業態度、對於工作上的堅持。

30 Q 給想去日本學烘焙、料理的人哪些建議？

我覺得最重要的還是語言。只要你的日文夠好，不管課程學習、日常生活、同學交往或打工，都能更快融入，學得更扎實且無壓力。

31

30 Q&A

前輩們的經驗分享 30個問題與回答（Q&A），讓你留學更順利。

アイリス 🇯🇵
前往日本留學的年齡
32 歲

Q1 留學簽證是自己辦的嗎？

當時我在越南工作，所以簽證是由台灣的留學代辦中心辦的。但剛開始是以旅遊簽證過去，到了日本才改辦留學生簽證。

Q2 入學時間、就讀學校與科系、是幾年的課程？

我是 2014～2015 年時，進入大阪辻製菓專門學校的製菓衛生師本科，就讀 1 年的課程。

Q3 是烘焙、料理本科生嗎？

不是。我之前在大學念的是家政系，而烘焙料理則是我長久以來的夢想。

Q4 進入料理學校前是學生？還是已進入職場？

大學畢業後我就進入職場工作，當過業務、在越南擔任知名運動品牌的品管人員。

Q5 為什麼會選這間專門學校學習呢？

剛開始我是前往大阪念語言學校，當時語言學校的朋友們對大阪辻製菓專門學校很有興趣，我就跟著他們一起參加體驗（見學）課程。在體驗的過程中，學校新穎的設備、老師們親切的態度，重新燃起了我對烘焙料理的熱情。

Q6 進入專門學校前，會日文嗎？

會一點。我之前在東吳大學進修推廣部學過日文。

Q7 如何選擇語言學校的呢？

我是希望「台灣人和東南亞人比較少」，透過台灣代辦中心的推薦介紹，找到適合的語言學校。但事實上到了當地學校，發現台灣人還是很多。

Q8 進入專門學校前，有參加該校舉辦的體驗課程（見學課程）嗎？

有。我和語言學校的朋友一起參加這種體驗課程（1 天），一共參加過 3 次不同主題的課程。

Q9 如何（透過哪種方法）申請專門學校的？自己申請？還是代辦？

許多專門學校會到語言學校內招生，加上實際參加了體驗課程，當我決定了志願學校後，就先跟語言學校的導師討論。導師會針對申請志願學校給予建議、教授如何寫好自傳，然後再自己去申請學校。

Q10 專門學校的一般筆試考什麼？面試要注意些什麼？

面試方面，通常語言學校的老師們會幫我們做模擬口試，此外，建議考生不論男女，一定要穿著正式服裝（西裝），女生稍化淡妝前往面試。筆試方面，學校會自己出一份考題。以我就讀的語言學校（關西外語專門學校）來說，學生都會將自己應考的專門學校考題回饋給語言學校，讓之後的學弟、妹們有更多的考古題可以參考。

Q11 是住宿舍嗎？還是自己租屋？如果是自己租屋，是如何租房子的？1個月租金約多少？

我一開始就向語言學校提出「1個人住、可以騎腳踏車通學」的要求，由學校聯繫配合的仲介業者承租。我租的套房1個月房租約 38,000 日元（含水費）。

Q12 1個月的生活費大概多少？最花錢的是哪部分？

含房租的話，我1個月的生活費大約 100,000～110,000 日元，當中最花錢的，莫過於房租，因為還包含了電費、瓦斯費和水費等。

Q13 就學期間有打工嗎？

有。因為我申請的是可以正式打工的簽證（必須支付稅金、保險費），所以打工時數受1週 28 小時的限制。

Q14 如果語言不好，上課聽不懂時怎麼辦？

因為之前工作場所中會和日本客戶溝通，所以一般留學生較弱的聽力和會話對我來說不是問題，反而是文字書寫能力較差。

Q15 進入專門學校後，除了上課和實習，有其他娛樂活動嗎？

有。我喜歡和同學、朋友們一起去吃美食、到京都、神戶等地的甜點名店品嘗，或者是參觀展覽。

在現在工作場所完成的作品：有機無毒原料製作的原味湯種吐司。保水性高、口感 Q 彈，保有原本的麥香。

⑯ 進入專門學校後，有參加類似留學生交流的團體嗎？

沒有。不過有一個歷屆畢業生學長、姐的 LINE 群族，如果有任何問題，可以在群組中發問。

⑰ 剛入學時，比較難適應的是什麼？

沒有，我應該算是很能融入留學生活，適應上不是問題。

⑱ 留學生活上，碰到了哪些困難？

沒有。

⑲ 學習上碰到的困難有哪些？當時最不擅長的是那一種課？

一般實習課程大致沒有問題，當時最不擅長的科目是衛生法、環境衛生等學科。在我們學校單科不及格必須付費暑修，該科 3 次不及格會被退學。

⑳ 學校教學與課程的最大特色？

不論是術科或學科，循序漸進的教學讓學生能打下扎實的基礎。此外，課堂上還會教授料理與烘焙的歷史、用很好的材料練習等等，都是我們學校的特色。

㉑ 學校下課後，還有自己加強學科或練習嗎？

下課後，我大多會買好材料在家裡練習，比如滾圓麵團等。

㉒ 學校或課堂上，有針對留學生的輔助嗎？

比較少。通常若課業上有問題，會在 LINE 群組中請教前輩們。

㉓ 專門學校畢業後，有從事相關工作嗎？

有。我畢業後回到台灣，是朝著麵包方面前進，做過法國麵包、日式麵包，目前在日式吐司專賣店公司工作。

在現在工作場所完成的作品：以南瓜子、葵瓜子、亞麻仁子、大燕麥和酒漬葡萄乾為原料製成的雜糧吐司。

在現在工作場所完成的作品：使用屏東萬丹老鷹紅豆加上有機二砂製成的紅豆吐司，散發著淡蔗糖及紅豆的香氣。

㉔ 就學中，有申請獎學金嗎？

沒有。

㉕ 就學中，學校有安排店面實習嗎？

印象中沒有。

㉖ 畢業後，學校會提供就業機會嗎？

因為牽涉到外國人工作簽證、是否有在本國從事相關工作資歷等問題，學校不會主動提供。

㉗ 畢業後，可以留在當地找相關的工作嗎？

如果真的有興趣，可以嘗試自己找。

㉘ 除了自己念的學校，還想推薦其他哪些學校？

東京製菓專門學校。

㉙ 學校畢業後最大的收穫？

除了專業的料理技術，我在這邊學到了「保持個人、環境的清潔與衛生」、「對食材品質的堅持」、「工作守時」和「注重職場倫理」，都是不管將來從事哪個行業必須遵循的。

㉚ 給想去日本學烘焙、料理的人哪些建議？

希望想去的人知道自己真正要什麼，才能在異國環境中，即使面對不如意與艱難環境，堅持完成學習。此外還有個小小建議，實習操作課程時，一定要主動積極參與，被動的話會錯失很多練習的機會，這是我覺得台灣留學生比較缺乏的。

艾倫・杜卡斯
廚藝學校

料理&烘焙&
葡萄酒學校介紹

法國
斐杭狄
高等學校

知名部落客安東尼，
以自身的學習歷程、心得，
為讀者挑選出「歷史悠久較具知名度、
學校課程完整或獨特、師資陣容堅強、
在各專業領域頂尖、受各國學生歡迎」的學校。
此外，編輯部也從「高專業度、高知名度、
注重實習操作課程、日本學生也指名入校」等方面，
挑選出幾所具知名度且專業的學校，
以文字、表格和插圖詳細分類，
為讀者詳加介紹學校的科系和課程，
讓大家都能找到
適合自己的學校和科系就讀。

法國
雷諾特
美食學校

日本
中村調理製菓
專門學校

日本 ●
東京製菓
學校

法國 ■■
可麗餅披薩
和廚師學校

法國 ■■
瑟法餐飲建教
合作歐洲中心

台灣
財團法人
中華穀類食品
工業技術
研究所

法國 ■■
盧昂國立麵包
及糕點學院

日本 ●
日本菓子
專門學校

留學前，先認識法國的教育體系和學制

**法國餐飲領域能念的學校多達幾十間，
課程也超過上百種，選擇眾多。**

　　説到前往法國學習法式料理或法式糕點，大家一定先想到聞名遐邇的「巴黎藍帶廚藝學校（Le Cordon Bleu Paris）」，其實不只台灣人這樣，日本人也這樣，甚至美國人也如此。8 年前編者自己前往法國學廚藝時，鎖定的也是藍帶，因為藍帶不但是大家最耳熟能詳的法國廚藝學校，也是少數沒有國籍和語言限制的廚藝學校。這幾年，編者以及幾位朋友陸陸續續揭開其他法國廚藝學校的神祕面紗，從藍帶廚藝學校、斐杭狄高等廚藝學校（École Grégoire Ferrandi）、雷諾特美食學校（École Lenôtre）、保羅・伯庫斯餐飲學院（Institut Paul Bocuse）等學校，都漸漸有人撰文放在網路上分享學校課程了，然而嚴格説起來，介紹的課程還是偏料理教室課程，雖然適合外國人，但學費超級貴，而且只有學校授與的結業證書，而不是法國教育部頒發具有學歷文憑的課。

　　那麼，如台灣人一般的外國人，在法國，能否讀法國教育部承認學歷文憑的課程，並取得像高職、學士，甚至碩士的文憑呢？其實是可以的！而且在我們已經知道的藍帶和斐杭狄等學校，就已經開設這些課程，如果能夠了解法國的教育體系和學制，就會發現，原來在法國餐飲領域能念的學校多達幾十間，課程也超過上百種，甚至如果能夠申請成為建教合作的學生，不但赴法留學的昂費學費全免，還能因為在學期間到業界工作而領到薪資，並且因為緊密的建教合作而奠定將來留在法國工作發展的契機。法國的教育體系和台灣較不相同，可以搭配 p.39 簡易的體系圖，讓讀者更容易了解。

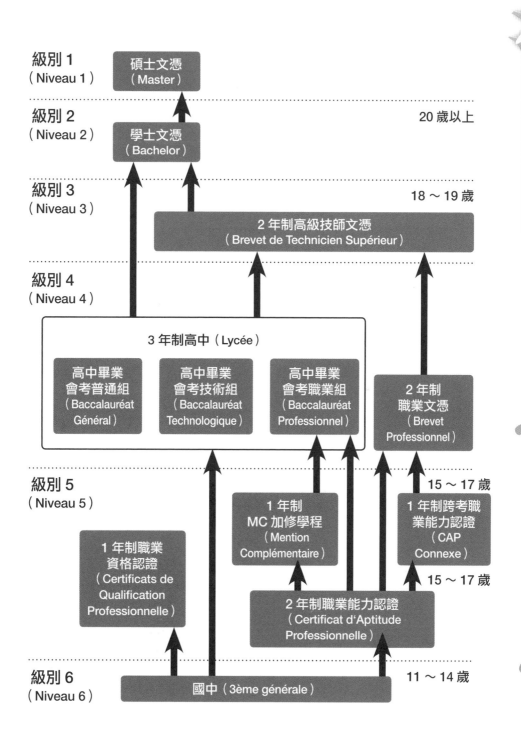

級別 1
（Niveau 1）

碩士文憑
（Master）

級別 2
（Niveau 2）

學士文憑
（Bachelor）

20 歲以上

級別 3
（Niveau 3）

2 年制高級技師文憑
（Brevet de Technicien Supérieur）

18～19 歲

級別 4
（Niveau 4）

3 年制高中（Lycée）

高中畢業
會考普通組
（Baccalauréat
Général）

高中畢業
會考技術組
（Baccalauréat
Technologique）

高中畢業
會考職業組
（Baccalauréat
Professionnel）

2 年制
職業文憑
（Brevet
Professionnel）

級別 5
（Niveau 5）

1 年制
MC 加修學程
（Mention
Complémentaire）

1 年制跨考職
業能力認證
（CAP
Connexe）

15～17 歲

1 年制職業
資格認證
（Certificats de
Qualification
Professionnelle）

2 年制職業能力認證
（Certificat d'Aptitude
Professionnelle）

15～17 歲

級別 6
（Niveau 6）

國中（3ème générale）

11～14 歲

正規教育體系是以級別（Niveau）劃分各種文憑的學歷，級別數字愈小代表學歷愈高，反之則代表愈基層的教育

法國的國民小學是 5 年制，國民中學是 4 年制，因此念完國小和國中的人年紀大約是 14 歲，這點和台灣幾乎沒有差別，然而 14 歲以後的學制就開始複雜了！法國的教育體系以級別（Niveau）來劃分各種文憑的學歷，級別數字愈小代表學歷愈高，數字愈大代表愈基層的教育，例如國民中學即是級別 6，國中畢業若想要往技職體系的學校發展，可以讀級別 5、2 年制的職業能力認證課程；若是對升學比較有興趣，可以讀 3 年制的高中，通過高中畢業會考取得的文憑則屬於級別 4。此外，高中畢業會考還分三個組，三組中只有一組是繼續往大學升學，另外二組則能夠往更高等的技職體系發展。最特別的是，上面這幾個學制的學校並不會頒發畢業證書，學生必須報考國家舉辦的考試，通過了，才由教育部授與相應的文憑。這些在年制上和體制上與台灣的不同，都是習慣台灣教育體系的我們很難去想像的。

級別 5

■職業能力認證 Certificat d'Aptitude Professionnelle

簡稱 CAP，是指在某項專門職業的能力上通過教育認證，是法國技職體系最基本的文憑。在法國，有相當多技術手藝相關的工作，都可以經由通過國家考試取得的 CAP 文憑，來增加企業主對你工作能力的信任。餐旅類別除了有廚師 CAP 以外，還有糕點、麵包、巧克力、冰淇淋、咖啡、魚販、肉商和餐旅服務，另外還有鋼琴調音、水電、理髮、皮革、服飾、針織、木工、室內設計等，各行各業共兩百多種職業的 CAP 文憑。

CAP 是 2 年制的課程，具備法國國中畢業（3ème générale）之同等學歷即可報名，課程依據不同職業別而有不同的「專業術科」，學科除了要念該職業別的理論技術之外，也有不分職業都要考的「一般學科」，課程包括：歷史、地理、數學、物理、化學、法語、英語、體育、技術與科學、企業認知、環境、法律與社會、溝通學、環境健康預防與職場急救。課程結束後，通過學校安排的國家考試，可取得法國教育部頒發的文憑（CAP Niveau 5 – diplôme d'etat）。

由於 CAP 是法國技職體系最基本的文憑，因此許多轉職發展第二專長的成人需要此文憑，一方面用來認證自己新的能力，一方面也經由學習過程的訓練來打下基本功。目前法國已經有非常多學校設有 CAP 的成人課程，課程期間只要一年，申請資格不僅沒有年齡限制，更重要的是沒有國籍限制。比起其他

私立廚藝學校課程的學費，念 CAP 在學費上相對便宜很多，編者以前就是以台灣人身分申請了廚師 CAP 課程，通過法國國家考試取得文憑，並就此開始在法國餐飲領域長達 7 年的工作。

■跨考職業能力認證 CAP Connexe

這是提供給已經具備 CAP 文憑，卻想要再加修另一個 CAP 文憑的制度，有點類似雙修或跨領域的概念。同樣屬於 5 級文憑，而且一般學科早在 CAP 已經上過，於是課程內容便剩下「專業術科」和「專業學科」為主，學制只有 1 年。課程結束後，同樣通過學校安排的國家考試，取得法國教育部頒發的文憑（CAP Niveau 5 – diplôme d'etat）。

■加修學程 Mention Complémentaire

簡稱 MC，雖然同屬於 5 級文憑，但一定要先具備 CAP 基本文憑才可以申請。課程目的在補足學生某項職業之專長，況且一般學科早在 CAP 已經上過，於是 MC 的課程內容便剩下「專業術科」和「專業學科」為主，學制也只有 1 年。MC 的種類有侍酒師、調酒師、無過敏料理、餐廳甜點師、特殊麵包師、珠寶師、理髮、接待、畫師、網路工程等，由於是比 CAP 職業別分得更細的專長，因此種類也更專門且包羅萬象。課程結束後，通過學校安排的國家考試可取得法國教育部頒發的文憑（Mention complémentaire niveau 5 - diplôme d'etat）。

■職業資格認證 Certificats de Qualification Professionnelle

簡稱 CQP，文憑目的主要是提供給原本不具此專長，想要轉職或創業，或想為自己的競爭力加值的人。CQP 和 CAP 一樣屬於 5 級文憑，名稱也極類似，但 CAP 必須參加國家考試取得文憑，CQP 則是在課程中即不斷進行考核，一旦課程順利完成，即可取得職業資格認證，所以算是比 CAP 容易取得的文憑，而且 1 年內即可完成認證。較難理解的是：CQP 是 5 級文憑卻不算法國學歷，這是有點詭異的設計。儘管如此，它還是一張法國政府在工商界及官方行政上承認的認證。

CQP 的種類有廚師、可麗餅廚師、披薩廚師、助理廚師、中央廚房、觀光事業經理、飯店總務、飯店接待、樓層管理、服務生、開發顧問、餐飲開發、魚類水產海鮮處理、洗碗工、吧檯飲料負責人、烤檯魚肉廚師、外場負責人等，依照職業屬性有上百種認證課程。

級別 4

■高中畢業會考 Baccalauréat

法國的高中也是 3 年，然而並非選擇讀高中就註定要升學念大學。高中分三個組別：普通組（Général）、技術組（Technologique）和職業組（Professionnel），學校只負責教育，不頒發高中畢業證書，學生在畢業前必須通過一種叫作 Baccalauréat 的高中畢業會考，合格才能取得文憑，才可進入大學或其他高等教育體系就讀。

普通組基本上就是要升學，通過高中畢業會考取得的文憑是 Baccalauréat général niveau 4 - diplôme d'etat，簡稱 Bac Gén，具備此文憑可以直接申請大學，但若學生改變主意想往技職發展，此文憑也可用來申請念 3 級的高級技師文憑 BTS。

技術組基本上走的是工程技術路線，高一雖與普通組念的是同樣的課程科目，但高二、高三則是往技術的領域學習，通過高中畢業會考取得的文憑是 Baccalauréat technologique niveau 4 - diplôme d'etat，簡稱 Bac Tech，具備此文憑可用來申請念 3 級的高級技師文憑 BTS。

職業組明顯是走技職路線，從高一起就與其他兩組念不同的課程學科，通過高中畢業會考取得的文憑是 Baccalauréat professionnel niveau 4 - diplôme d'etat，簡稱 Bac Pro，這個文憑的級別比 CAP 高，能力水準也更高，因此有的人是在取得級別 5 的 CAP 後，再念級別 4 的 Bac Pro，然後再憑此文憑申請念級別 3 的高級技師文憑 BTS。

■職業文憑 Brevet Professionnel

簡稱 BP，屬於 4 級文憑，接在 5 級的 CAP 文憑之後，也就是為了在職業技能上更精進而進修的學制。在術科和學科上都比 CAP 所學的內容更艱深，必須花 2 年才能念完，外語也必須會 2 種。此外，也有學生在取得同是 4 級的高中畢業會考職業組 Bac Pro 或技術組 Bac Tech 文憑後，甚至是 3 級的高級技師文憑 BTS 後，轉換跑道來念 BP，目的通常是為了跨領域或轉職創業。

BP 的種類有飯店總務、侍酒師、廚師、麵包師、熟食廚師、餐飲服務、調酒師、化工、銀行、理髮、美妝、建築、木工、銀器、訂製服等至少數十種。課程結束後，通過學校安排的國家考試，可取得法國教育部頒發的文憑（Baccalauréat professionnel niveau 4 - diplôme d'etat）。

級別 3

■高級技師文憑 Brevet de Technicien Supérieur

簡稱 BTS，此文憑需在通過高中畢業會考後，或者取得級別 4 的技術文憑後才能申請。在餐旅領域的 BTS 有二種選項，選項 A 是餐旅餐飲銷售管理高級技師（BTS Hôtellerie restauration option A: Mercatique et gestion hôtelière），選項 B 是餐旅餐飲服務藝術高級技師（BTS Hôtellerie restauration option B：Art culinaire, art de la table et du service）。選項 A 即便是持有 Bac Gén 文憑也能申請，選項 B 則必須在 Bac Tech、Bac Pro 或 BP 文憑中是餐飲相關科系才可以申請。BTS 學制通常是 2 年，課程結束後，通過學校安排的國家考試，可取得法國教育部頒發的文憑（BTS Niveau 3 – diplôme d'etat），若想再繼續往上進修，BTS 也可以申請大學，透過 1 年的學習，取得學士學位（Bachelor）。目前台灣和中國教育部都已經承認法國的 BTS 文憑，等同於大學 2 年級。

級別 2

■學士文憑 Bachelor

法國的大學為 3 年制，也因此持 BTS 文憑申請上大學的人，只需再讀 1 年即可取得學士文憑；而持 Baccalauréat 文憑上大學的學生，則是在 3 年的課程結束後，取得法國教育部頒發的學士文憑（Bachelor diplôme）。習慣上，法國人喜歡叫這個文憑學歷為 Bac+ 3。

級別 1

■碩士文憑 Master

法國的碩士為 2 年制，往下從學士而來，往上可以再念博士，而由於法國大學為 3 年制，台灣人若持 4 年的大學文憑到法國念碩士，常常能爭取到等同碩一的學歷，也就是可以直接從碩二開始讀。課程結束後，取得法國教育部頒發的碩士文憑（Master diplôme），習慣上，法國人稱這個文憑學歷為 Bac+5。

技職體系的曙光──學徒制！去法國唸書，有機會省下百萬學費。

學徒制（Apprentissage）是法國技職體系中很特別的制度，對台灣人來說，如果能進入法國的廚藝學校當學徒，不但能夠省下近百萬的學費，還能存一筆錢，並比其他短期進修的人更有機會留在法國職場工作。這讓肯吃苦、但預算不夠的年輕人，也有機會實現學藝夢想，也讓赴法學廚藝的台灣人，能更深入了解法國的餐飲文化，帶著更扎實的技藝回來。然而，學徒一詞在法國與台灣定義並不相同，在台灣，學徒是指拜師學藝的免費勞工，可能沒有法律保障其權利及義務；在法國，學徒並不是空有肯吃苦不領薪的態度就會有雇主收留，而是要依法在三方的同意下簽合約才能成為學徒，也因此不是每個台灣人都能隨便到法國當學徒的。

Points 學徒一般專指符合以下幾個條件：

1. 年滿 16 ～ 25 歲的青年（2019 年將調高至上限 30 歲，但確切實施情況與時間，必須洽詢學校）。

2. 具備至少國中畢業同等學力。

3. 在法國具有工作權，並找到願意雇用的雇主。

4. 申請上想念的學校，或者學徒教育中心。

然後，在自身、雇主及校方三方的同意下，簽訂學徒合約（Contrat d'apprentissage），遵照法令規範，履行一邊上課一邊到業界工作的義務，同時享有不必付學費，且依照年齡和年資有薪水可以領的權利。

學徒的年制從 1 ～ 3 年制都有，依照不同學歷文憑而有修業年制的不同，例如在級別 5 中的 CAP 班是 2 年制，然而也有 1 年制跨考 CAP 文憑與 MC 班的學徒；級別 4 中念 BP 班是 2 年制，念 BAC Pro 班的學徒則是 3 年制；級別 3 中念 BTS 班的學徒是 2 年制。而做為一個學徒能選擇的職業和班別，幾乎與正常念該學制的技職學生相同，種類多達幾百種。

學費是由政府和雇主共同負擔，學生半工半讀，免學費還能領薪水

學徒制最一般的模式就是 15 天在學校研修，15 天在業界工作，如此一直輪替著。學徒受教育的單位，可以說是學校，也可以稱為學徒教育中心（Centre de formation d'apprentis，簡稱 CFA）。學費是由政府和雇主共同負擔，學徒本身不用付學費，但要替雇主工作。雇主憑著學徒合約，可以向政府領補助，也要依法發給學徒薪資，薪資基數是法國法定最低薪資（SMIC），而百分比依照學徒的年紀和年資計算，如下表：

	未滿 18 歲	18 ~ 21 歲	超過 21 歲
第 1 年	領 25%	領 41%	領 53%
第 2 年	領 37%	領 49%	領 61%
第 3 年	領 53%	領 65%	領 78%

　　法國和台灣一樣有寒暑假，而且假還不少，通常放假時學徒會到業界做全時段的工作，賺取額外的薪資。學徒擁有企業裡年輕受薪者的身分，同時也是學生，因此受惠於兩者的優點：有薪、受社會保護、有休假，以及有權住學生宿舍和吃學生餐廳（生活費少很多），但這些福利比起真正的上班族還是有打折扣的。

另一個選擇，廣義的學徒──建教合作，
可同時兼顧業界實習和理論教育

　　上面所說的，是狹義的學徒制，如果以廣義來說，建教合作（Alternance）這個字更適合代表這個制度。以建教合作來說，如果有學徒在過程中超過 25 歲，而且因為企業關門、業主疏失，而導致原合約中斷，那麼他還是可以在 30 歲前簽新的建教合作合約。而原本就超過 25 歲的成人若對建教合作的再學計畫有興趣，可以用職訓合約（Contrat de professionnalisation）找到雇主與學徒教育中心，達成學徒制的學習計畫。對於殘障人士以及為了創業或重拾企業的人，則沒有年齡限制。

　　職訓合約領薪的百分比與學徒合約不同，薪資基數是法國法定最低薪資（SMIC），而百分比依照年紀和年資計算，可參照下表：

	小於 21 歲	21 ~ 25 歲	超過 26 歲
Bac Pro 以下級別	領 55%	領 70%	領 85 ~ 100%
Bac Pro 以上級別	領 65%	領 80%	領 85 ~ 100%

　　建教合作的理念：同時兼顧業界實習及理論教育。以學徒合約來說，理論課程不能超過總時數的 50%，最少每年 400 小時在業界，依據專業和文憑的不同時數稍有差異。學徒期間的導師等同於監護人，一直伴隨直到學程結束，小於 18 歲者每天工時不可超過 8 小時，合約中也會註明你有權利有 5 天的休假用來準備學校考試。而以職訓合約來說，理論課程不得超過總時數的 25%，也就是 75% 的時間都要花在業界實作為主。

技職學徒在法國的普及率極高

　　學徒制在法國已經是相當完善的體制,因此年輕人申請學徒的意願和人數都相當高,編者在法國所有工作過的餐廳都遇過學徒,即便在米其林三星餐廳實習時,也看過好幾位。根據法國 2014 年統計,全國有 43 萬名年輕人在學業結束前便已擁有業界經驗。2016 年各行業領域簽學徒合約的學生將近 28 萬人,簽職訓合約的學生將近 19 萬人,其中有 4 萬多人超過 25 歲。可別以為學徒就代表書念得不高喔!法國 60% 的學徒都是拿高學歷文憑的。

　　對台灣人來說,如何找學徒教育中心並不難,因為全法國有 1,200 間公私立機構都有學徒教育中心,上網用關鍵字找一下就能查到。難的是法文,不論選擇哪一個文憑攻讀,即便是級別最簡單的 CAP,要能順利通過各學科考試,法文至少也要有 DELF B1 的程度。尤其當你要找到一位法國雇主願意給你工作,並和校方簽約建教合作,需要的更是溝通無礙的法文能力和受人賞賜的實力與決心。如果你運氣夠好,可以先找好學校再去找願意用你的企業,有些學校會肯輔導幫忙;也可以逆向操作,先找好願意用你的企業,再讓業主幫忙申請你想去的學校,雖然這樣的好老闆可遇不可求,但如果你信念很堅強,還是可能找到的!

✎ Memo　法國的學制有點複雜,看完上面的敘述之後,
　　　　　你可以把重點記在這邊!

 法國

兼具教學品質與學生素質，
歷史悠久的頂尖料理學校。

斐杭狄高等廚藝學校
École Grégoire Ferrandi
(École Française de Gastronomie)

🏠 28, rue de l'Abbé Grégoire 75006 Paris France
📞 +33 1 49 54 28 00
⚙ http://www.ferrandi-paris.fr

廚師職業認證 CAP 學徒班
$ 無，可支薪　🕐 2 年
👥 15 ～ 25 歲

糕點師職業認證 CAP 學徒班
$ 無，可支薪　🕐 2 年
👥 15 ～ 25 歲

麵包師職業認證 CAP 學徒班
$ 無，可支薪　🕐 2 年
👥 15 ～ 25 歲

高中畢業會考職業組廚師學徒班
$ 無，可支薪　🕐 3 年
👥 15 ～ 25 歲

高中畢業會考職業組糕點麵包師學徒班
$ 無，可支薪　🕐 3 年
👥 15 ～ 25 歲

高中畢業會考職業組餐飲商業與服務學徒班
$ 無，可支薪　🕐 3 年
👥 15 ～ 25 歲

餐旅餐飲服務藝術高級技師學徒班
$ 無，可支薪　🕐 2 年
👥 15 ～ 25 歲

餐旅管理學士班
$ 27,600 歐元　🕐 3 年
👥 無限制

餐飲藝術學士班
$ 27,600 歐元　🕐 3 年
👥 無限制

餐旅管理碩士班
$ 25,000 歐元　🕐 2 年
👥 無限制

廚師職業認證 CAP 班
$ 9,450 歐元　🕐 30 週
👥 無限制

糕點師職業認證 CAP 班
$ 8,976 歐元　🕐 30 週
👥 無限制

麵包師職業認證 CAP 班

$ 8,228 歐元　🕐 29 週
👤 無限制

法式麵包密集國際班

$ 12,000 歐元　🕐 10 週
👤 年滿 18 歲

法式料理密集國際班

$ 23,000 歐元　🕐 5 個月
👤 年滿 18 歲

短期實作國際班

$ 2,000 歐元　🕐 5 天
👤 年滿 18 歲

法式糕點密集國際班

$ 23,000 歐元　🕐 5 個月
👤 年滿 18 歲

短期單元課程

$ 1,000 ～ 2,000 歐元　🕐 3 ～ 5 天
👤 無限制

認 識 學 校

法國數一數二的廚藝名校，業界知名度高

　　斐杭狄高等廚藝學校其實是一間私立學校，但因為教學品質以及學生素質在法國名列前茅，因此成為法國數一數二的名校。不但如此，它還是全方位的職業學校，授課對象涵蓋學徒、學生和成人；教學領域除了有料理、糕點、麵包和餐飲服務外，還有木工、織品和水電等其他職業領域；學制包括職業能力認證（CAP）、高中畢業會考文憑（Bac Pro）、2 年制高級技師文憑（BTS）、學士文憑（Bachelor）、碩士文憑（Master）、短期單元課程，及英文授課的國際班。根據 2014 年統計，CAP 及 Bac Pro 等課程的學生就有 1,300 名，國際班學生有 200 名，成人進修則多達 2,000 名。雖然課程相當多元，但其中有很多學制都是台灣人較難念的，編者 2011 年在這裡念職業認證 CAP 成人班時，往前看就只聽過陳嵐舒一位學姊，往後看也沒幾人跟進，後來在 2014 年才聽到愈來愈多朋友也考了 CAP 文憑；至於 CAP 學徒班（參照 p.44 說明），也是在編者畢業後好幾年，才首次聽到有台灣人申請成功。儘管法國的學制與台灣不同，如果真的有心，好好研究過想念的學制，還是可以主動向校方詢問報名條件、申請資格，也許你就會是該學制的台灣第一人。

Points 關於職業能力認證（CAP）、高中畢業會考文憑（Bac Pro）、碩士文憑（Master）和 2 年制高級技師文憑（BTS）等文憑的介紹，可參照 p.38~46 的説明。

■ 學校特色

1. 國際班英語授課，有機會參觀歐洲最大的食品批發市場：漢吉斯（Rungis）市場。
2. 學校相當知名，文憑受業界看重。
3. 課程和學制相當多元，幾乎沒有其他學校能出其右。

了 解 課 程

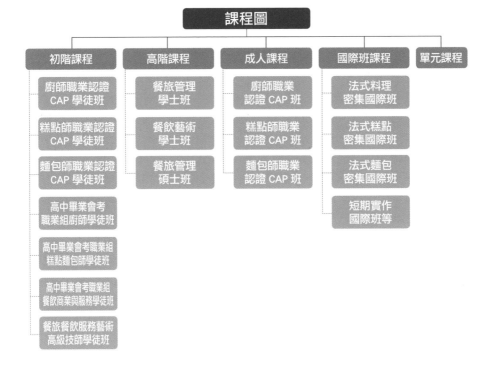

課程圖

初階課程	高階課程	成人課程	國際班課程	單元課程
廚師職業認證 CAP 學徒班	餐旅管理 學士班	廚師職業 認證 CAP 班	法式料理 密集國際班	
糕點師職業認證 CAP 學徒班	餐飲藝術 學士班	糕點師職業 認證 CAP 班	法式糕點 密集國際班	
麵包師職業認證 CAP 學徒班	餐旅管理 碩士班	麵包師職業 認證 CAP 班	法式麵包 密集國際班	
高中畢業會考 職業組廚師學徒班			短期實作 國際班等	
高中畢業會考職業組 糕點麵包師學徒班				
高中畢業會考職業組 餐飲商業與服務學徒班				
餐旅餐飲服務藝術 高級技師學徒班				

專業領域、課程類別與期程

　　課程分為四大類：初階課程（Formation initiale）、高階課程（Formation supérieure）、成人課程（Formation adultes），以及國際班課程（International programs）。此外，豐富的短期單元課程也很受歡迎，有興趣的讀者可以至官網查詢詳細課程內容。

❶ 初階課程

■廚師職業認證 CAP 學徒班 CAP Cuisine

- 培訓目標：培養成為廚師的能力，並考取法國廚師職業認證。課程結束後，通過學校安排的國家考試，可取得法國教育部頒發的文憑（CAP Niveau 5 – diplôme d'etat）。
- 課程內容：包括實作、料理和糕點技術、技術與科學、企業認知、環境、法律與社會、溝通學、環境健康預防與職場急救、歷史、地理、法語、英語、數學、物理、化學、體育。
- 學費：免學費，且有薪資。
- 課程期間：2 年（15 天在學校研修，15 天在業界工作）
- 報名限制：（1）須具備法國 3ème générale 之同等學力（國中畢業）。（2）15 ～ 25 歲。（3）須具備法國籍或在法國有工作許可（簽證）。

■糕點師職業認證 CAP 學徒班 CAP Pâtissier

- 培訓目標：培養成為糕點師的能力，並考取法國糕點師職業認證。課程結束後，通過學校安排的國家考試，可取得法國教育部頒發的文憑（CAP Niveau 5– diplôme d'etat）。
- 課程內容：包括實作、技術應用、技術與科學、企業認知、環境、法律與社會、溝通學、環境健康預防與職場急救、歷史、地理、法語、英語、數學、物理、化學、體育、美術和管理。
- 學費：免學費，且有薪資。
- 課程期間：2 年（15 天在學校研修，15 天在業界工作）
- 報名限制：（1）須具備法國 3ème générale 之同等學力（國中畢業）。（2）15 ～ 25 歲。（3）須具備法國籍或在法國有工作許可（簽證）。

■ **麵包師職業認證 CAP 學徒班** CAP Boulanger

- 培訓目標：培養成為麵包師的能力，並考取法國麵包師職業認證。課程結束後，通過學校安排的國家考試，可取得法國教育部頒發的文憑（CAP niveau 5 – diplôme d'etat）。
- 課程內容：包括實作、技術應用、技術與科學、企業認知、環境、法律與社會、溝通學、環境健康預防與職場急救、歷史、地理、法語、英語、數學、物理、化學、體育。
- 學費：免學費，且有薪資。
- 課程期間：2 年（15 天在學校研修，15 天在業界工作）
- 報名限制：（1）須具備法國 3ème générale 之同等學力（國中畢業）。（2）15 ～ 25 歲。（3）須具備法國籍或在法國有工作許可（簽證）。

■ **高中畢業會考職業組廚師學徒班** Bac pro cuisine

- 培訓目標：培養成為廚師的能力，並通過法國高中畢業會考職業組廚師文憑。課程結束後，通過學校安排的國家考試，可取得法國教育部頒發的文憑（Baccalauréat professionnel niveau 4 - diplôme d'etat）。
- 課程內容：包括組織管理、料理食材、技術與科學、企業認知、環境、法律與社會、溝通學、環境健康預防與職場急救、歷史、地理、法語、英語、西班牙語、數學、資訊、應用美術、體育、管理學。
- 學費：免學費，且有薪資。
- 課程期間：3 年（15 天在學校研修，15 天在業界工作）
- 報名限制：（1）須具備法國 3ème 或 2ndr générale 之同等學力（國中畢業）。（2）15 ～ 25 歲。（3）須具備法國籍或在法國有工作許可（簽證）。

■ **高中畢業會考職業組糕點麵包師學徒班** Bac pro boulanger - pâtissier

- 培訓目標：培養成為糕點麵包師的能力，並通過法國高中畢業會考職業組糕點麵包師文憑。課程結束後，通過學校安排的國家考試，可取得法國教育部頒發的文憑（Baccalauréat professionnel niveau 4 - diplôme d'etat）。
- 課程內容：包括麵包實務、糕點實務、技術與科學、企業認知、環境、法律與社會、溝通學、環境健康預防與職場急救、歷史、地理、法語、英語、數學、體育、管理學。
- 學費：免學費，且有薪資。
- 課程限制：3 年（15 天在學校研修，15 天在業界工作）

- 報名限制：（1）須具備法國3ème或2ndr générale之同等學力（國中畢業）。（2）15～25歲。（3）須具備法國籍或在法國有工作許可（簽證）。

■高中畢業會考職業組餐飲商業與服務學徒班

Bac pro commercialisation et services en restauration

- 培訓目標：培養成為餐飲從業人員的能力，並通過法國高中畢業會考職業組餐飲商業與服務文憑。課程結束後，通過學校安排的國家考試，可取得法國教育部頒發的文憑（Baccalauréat professionnel Niveau 4 - diplôme d'etat）。
- 課程內容：包括法語、英語、西班牙語、管理學、技術與科學、企業認知、環境、法律與社會、環境健康預防與職場急救、歷史、地理、數學、資訊、應用美術、體育、商業與服務。
- 學費：免學費，且有薪資。
- 課程期間：3年（15天在學校研修，15天在業界工作）
- 報名限制：（1）須具備法國3ème或2ndr générale之同等學力（國中畢業）。（2）15～25歲。（3）須具備法國籍或在法國有工作許可（簽證）。

■餐旅餐飲服務藝術高級技師學徒班

BTS Hôtellerie restauration option B : art culinaire, art de la table et du service

- 培訓目標：培養成為餐廳、旅館及餐桌服務管理者的能力，並通過法國國家考試取得文憑。課程結束後，通過學校安排的國家考試，可取得法國教育部頒發的文憑（BTS en Hôtellerie restauration option Aniveau 3- diplôme d'etat.）。
- 課程內容：包括料理與餐飲實務、旅館學、料理技法和維護工程、技術與科學、企業認知、環境、法律與社會、溝通學、環境健康預防與職場急救、法語、英語、西班牙語、方法論、資訊、應用美術、體育、管理學、行銷與經濟。
- 學費：免學費，且有薪資。
- 課程期間：2年（20週在學校研修，8～12週在業界工作）
- 報名限制：（1）須具備法國Baccalauréat文憑，且是餐飲相關科系。（2）15～25歲。（3）須具備法國籍或在法國有工作許可（簽證）。

❷ 高階課程

■餐旅管理學士班 Bachelor F&B and hospitality management

- 培訓目標：培養進入餐廳、旅館服務業扎實的技術和管理能力。課程結束取得法國教育部頒發的學士文憑（Bachelor diplôme）。
- 課程內容：包括餐飲營運、酒店管理、活動管理等。第 3 年、最後 1 年課程，學生可從「餐飲與企業管理」、「酒店與活動管理」選擇一個主修。
- 學費：27,600 歐元
- 課程期間：3 年（另有實習）
- 報名限制：須具備法國 Baccalauréat 普通組或技術組文憑，或是同等學力。

■餐飲藝術學士班 Bachelor arts culinaires et entrepreneuriat

- 培訓目標：培養進入餐飲業料理和甜點的技術及管理能力。課程結束取得法國教育部頒發的學士文憑（Bachelor diplôme）。
- 課程內容：第 1 年：基礎料理技術和職場環境；第 2 年：餐飲的運作與管理；第 3 年：餐飲業的創立與企業再造。
- 學費：27,600 歐元
- 課程期間：3 年（包含 2 次 5 ～ 6 個月的實習，以及 6 週建教合作）
- 報名限制：須具備法國 Baccalauréat 普通組或技術組文憑，或是同等學力。

■餐旅管理碩士班 Master of science in hospitality management

- 培訓目標：針對原本已在餐廳、旅館服務業工作的人，培養經理或高階管理職的能力。課程結束取得法國教育部頒發的碩士文憑（Master of science）。
- 課程內容：酒店經營、員工管理、資產管理，以及酒店實習。
- 學費：25,000 歐元
- 課程期間：2 年（含 4 個月實習，以及到香港國際級的飯店 1 個月）
- 報名限制：（1）須具備法國學士文憑。（2）英文流利（報名檢附 TOEIC、TOEFL 成績）。

❸ 成人課程

■廚師職業認證 CAP 班 CAP Cuisine

- 培訓目標：具備考取法國廚師證照學科和術科的能力。課程結束取得結業證

書（Certificate），通過學校安排的國家考試，可取得法國教育部頒發的文憑（CAP Niveau 5 – diplôme d'etat）。

- 課程內容：包括實作、技術應用、食品應用科學、企業認知、環境、法律與社會、溝通學、環境健康預防與職場急救。
- 學費：9,450 歐元（不含刀具組和廚服，需自行購買）
- 課程期間：16 週在學校研修，14 週在業界實習。

> **Points** 學費部分，加選一般學科課程含歷史、地理、法語、數學、物理和化學，加收 2,000 歐元。加選英語學科，加收 1,050 歐元。

■糕點師職業認證 CAP 班 CAP Pâtissier

- 培訓目標：具備考取法國糕點師證照學科和術科的能力。課程結束取得結業證書（Certificate），通過學校安排的國家考試，可取得法國教育部頒發的文憑（CAP Niveau 5 – diplôme d'etat）。
- 課程內容：包括實作、技術應用、糕點技術、企業認知、環境、法律與社會、溝通學、環境健康預防與職場急救。
- 學費：8,976 歐元（不含刀具組和廚服，需自行購買）
- 課程期間：16 週在學校研修，14 週在業界實習。

> **Points** 學費部分，加選一般學科課程含歷史、地理、法語、數學、物理和化學，加收 2,000 歐元。

■麵包師職業認證 CAP 班 CAP Boulanger

- 培訓目標：具備考取法國麵包師證照學科和術科的能力。課程結束取得結業證書（Certificate），通過學校安排的國家考試，可取得法國教育部頒發的文憑（CAP Niveau 5 – diplôme d'etat）。
- 課程內容：包括實作、技術應用、糕點技術、企業認知、環境、法律與社會、溝通學、環境健康預防與職場急救。
- 學費：8,228 歐元（不含刀具組和廚服，需自行購買）
- 課程期間：15 週在學校研修，14 週在業界實習。

> **Points** 學費部分，加選一般學科課程含歷史、地理、法語、數學、物理和化學，加收 2,000 歐元。加選英語學科，加收 1,050 歐元。

❹ 國際班課程（英語授課）

■法式料理密集國際班 Intensive professional program in french cuisine

- 培訓目標：系統性地讓學生由淺入深地學習法式料理。課程結束取得結業證書（Certificate）。
- 課程內容：包括基本料理技術、法國地方料理、簡單法式糕點、職場法語課程和品酒等。
- 學費：23,000 歐元（含刀具組、廚服、帽子、圍裙和午餐）
- 課程期間：5 個月（共 660 小時）在學校研修，3～6 個月在業界實習（必需）。
- 每班 12～14 人

■法式糕點密集國際班 Intensive professional program in french pastry

- 培訓目標：系統性地讓學生由淺入深地學習法式糕點。課程結束取得結業證書（Certificate）。
- 課程內容：包括法式糕點技術、基本麵包製作、糕點與酒的搭配和職場法語課程等。
- 學費：23,000 歐元（含刀具組、廚服、帽子、圍裙和午餐）
- 課程期間：5 個月（共 660 小時）在學校研修，3～6 個月在業界實習（必需）。
- 每班 12～14 人

■法式麵包密集國際班 Intensive professional program in french bread baking

- 培訓目標：系統性地讓學生由淺入深地學習法式麵包。課程結束取得結業證書（Certificate）。
- 課程內容：包括傳統麵包製作技術、法國地方麵包、雜糧麵包、維也納麵包（可頌）、其他國家麵包和職場法語課程等。
- 學費：12,000 歐元（含刀具組、廚服、帽子、圍裙和午餐）
- 課程期間：10 週（共 340 小時）在學校研修，2 個月在業界實習（非必需）。
- 每班 12～14 人

■短期實作國際班 以「經典糕點（Classic pastries）」為例

- 培訓目標：以原本就有基礎的人為對象，使其多練習，更精進技術。

- 課程內容：包括千層派、閃點泡芙、巴黎布列斯特、聖人泡芙等經典糕點製作；另教授甜點、餅乾、奶油和冰淇淋的基礎。
- 學費：2,000 歐元（含午餐）
- 課程期間：5 天（共 35 小時）

■**短期實作國際班** 以「巧克力與製糖（Chocolate and confiserie）」為例
- 培訓目標：讓巧克力與製糖技術更加精進。
- 課程內容：包括巧克力與製糖基礎、甘納許、榛果巧克力、夾心巧克力、軟糖和牛軋糖的製作。
- 學費：2,200 歐元（含午餐）
- 課程期間：5 天（共 35 小時）

Points

1. 國際班是指針對外國學生的班，因此授課都是以英語為主，服務會比一般給法國人上課的班好，但收費也就比較貴。這一類長期課程，長期學生簽證（VLS-TS）是少不了的，一旦完成報名，校方會提供相關證明文件，以供學生在國內辦好簽證再赴法。報名需準備兩封推薦信、英文動機信、英文履歷表和其他基本資料文件，聯絡窗口：ferrandi-international@ferrandi-paris.fr。

2. 短期實作國際班顧名思義，也是針對國際學生英語授課的班，課程種類不多，以原本就有基礎，只是想多練習精進的人為目標。上方為列舉的部分課程，讀者還可上官網查詢其他課程。

看這裡！ 這裡有很棒的單元課程

　　斐杭狄的短期單元課程多達 60 幾種課程，每年吸引將近 2,000 位成人報名，有適合入門級別的，也有高階進修的。課程領域包括料理（Cuisine）、糕點（Pâtisserie）、麵包（Boulangerie）、餐桌藝術（Arts de la table）、財務管理（Gestion financière et gestion de projet）、管理（Management）、衛生（Hygiène）。下一頁表格僅是部分課程的介紹，讀者也可以上官方網站查詢更清楚的課程。

名稱	課程內容	時間與學費
以「小酒館高級餐飲（Cuisine Bistronomique）」為例	掌握備料工作的技巧和效率；善用季節性食材和高級食材，如鵝肝和松露的特質；品嘗、分析和批判產品和食材。	1,260 歐元、3 天（共 21 小時）
以「傳統和新趨勢的法式醬汁（Sauces, jus : Tradition et Nouvelles Tendances）」為例	基本高湯和魚高湯、油醋醬、果泥醬、慕斯泡沫、所有冷熱醬和外來醬汁，掌握油脂在醬汁製作上的使用方式和稠化的機制。	1,176 歐元、3 天（共 21 小時）
以「糕點與午茶甜點（Pâtisseries et Gourmandises à l'Heure du Thé）」為例	蛋糕、甜點、塔、烤箱小點心、馬卡龍和果醬等應用在茶沙龍的糕點製作。	2,030 歐元、5 天（共 35 小時）
以「維也納麵包 —— 從早餐到午茶（Viennoiserie du Petit-déjeuner au Goûter）」為例	麵粉、奶油和有機產品的選擇要點，發酵型酥皮麵團與布里歐許麵團，酵母和發酵麵團的運用。	1,904 歐元、4 天（共 28 小時）

   入 學 相 關

報名與入學

・初階、高階、成人長期課程

A. 課程皆有各別的報名限制。

B. 從官網報名並參加校方舉辦的説明會（S'inscrire à une réunion d'information），再從現場領取課程的報名表。如果真的不克參加，可以直接從官網下載課程報名表。

C. 完成報名審核，接受面試審核，通過面試始可入學。

・國際班課程

A. 年滿 18 歲。

B. 下載網路報名表格，填寫完畢後，將所有書面資料郵寄校方報名，經過書面審核即可。

・短期單元課程

下載網路報名表格，填寫完畢後，將所有書面資料郵寄校方報名。

法國

以現代法式料理之父命名，
豪華酒店內的烹飪學校。

巴黎麗池埃斯科菲耶烹飪學校
École Ritz Escoffier

🏠 15 place Vendôme ,75001 Paris France
📞 +33 1 43 16 30 50
✉ ecole@ritzparis.com
✿ http://www.ritzescoffier.com/

法式料理基礎班
$ 10,500 歐元　🕐 175 小時
👥 無限制

法式料理班
$ 2,900 歐元　🕐 35 小時
👥 無限制

法式料理進階班
$ 10,500 歐元　🕐 175 小時
👥 無限制

法式糕點班
$ 2,900 歐元　🕐 35 小時
👥 無限制

法式糕點藝術基礎班
$ 8,900 歐元　🕐 175 小時
👥 無限制

美食料理（單元）
$ 65 ～ 1,150 歐元　🕐 2 ～ 8 小時
👥 無限制

法式糕點藝術進階班
$ 9,200 歐元　🕐 175 小時
👥 無限制

糕點製作（單元）
$ 65 ～ 1,150 歐元　🕐 2 ～ 8 小時
👥 無限制

法式糕點藝術高級班
$ 3,800 歐元　🕐 70 小時
👥 無限制

小小大廚（單元）
$ 65 ～ 1,150 歐元　🕐 2 ～ 8 小時
👥 無限制

維也納麵包班
$ 2,200 歐元　🕐 35 小時
👥 無限制

招牌作坊班（單元）
$ 65 ～ 1,150 歐元　🕐 2 ～ 8 小時
👥 無限制

.... 認 識 學 校 ....

1988年創立，飯店內的料理烘焙學校

麗池是一所世界級的專業烹飪學校，以法國廚藝之王奧古斯特·埃斯科菲耶（Auguste Escoffier）命名，學校就位於巴黎麗池飯店的廚房核心，針對不同基礎、程度的學員授課，傳授法國料理及法式糕點的專業技巧。

不論是料理新手、嶄露頭角的年輕廚師，或是經驗豐富的大廚，都可以在這裡實現抱負、精進技術、領略廚藝的至高境界。即使是業餘愛好者，也可以透過學習，變身為人人驚羨的美食達人。所有課程以法語授課，並同步以英語翻譯。

學校內師資優秀，有專業的廚師跟專家團隊，都曾在世界知名的餐廳工作或受過訓練，熱情地將他們的技能傳授給各級專業學員。除了教授食譜及廚藝技術，學生也被教導成更能掌握食材成分和口味的微妙，成為不斷發展的廚藝大使。

學校擁有最先進的設備，由廚師群和教學委員會共同開發，是精進烹飪和糕點製作技術的完美工具。校內有兩間示範廚房和一間糕點實驗室，為學員提供最佳的舒適性和學習環境。

■ 學校特色
1. 學校位於巴黎心臟地區。
2. 課程以法文授課，同時有英文翻譯。
3. 提供全套廚師裝備，每天由巴黎麗池（Ritz Paris）洗衣服務清潔。

.... 了 解 課 程 ....

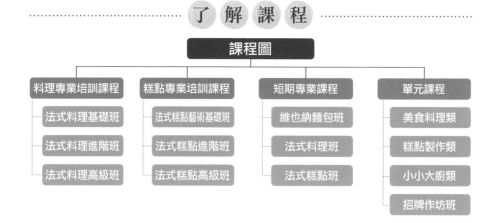

課程圖

料理專業培訓課程	糕點專業培訓課程	短期專業課程	單元課程
法式料理基礎班	法式糕點藝術基礎班	維也納麵包班	美食料理類
法式料理進階班	法式糕點進階班	法式料理班	糕點製作類
法式料理高級班	法式糕點高級班	法式糕點班	小小大廚類
			招牌作坊班

專業領域、課程類別與期程

專業培訓依照料理、糕點等領域，分別有分級課程，也有短期的料理、糕點課程，以及許多短時數的單元課程，依序介紹如下：

❶ 料理專業培訓課程

■法式料理基礎班 La cuisine française initiation
- 培訓目標：熟悉法式料理的各種基本技巧：基本刀切和烹飪方法；了解食材和加工方法；學習如何組織與規劃，以及熟悉廚用設備。
- 課程內容：為初學者而設計，可以隨意選擇與自身需求和目標最相符的學習內容。完成 7 個課程並且通過實作測試的學員，將可獲得證書。有 7 個單元主題包含：醬汁、肉類、魚類、海鮮、蔬菜、麵食和傳統法式料理等。
- 學費：10,500 歐元
- 課程期間：5 週（共 175 小時）

■法式料理進階班 La cuisine française perfectionnement
- 培訓目標：增進料理技巧、了解國際美食，以及學習素食料理和養生料理。
- 課程內容：完成基礎班的學員，或是餐飲業的專業人士，可以選擇繼續進修進階班，以增進烹飪技術及知識。課程有 11 個單元主題，包含：蔬菜、肉類和家禽、魚和貝類、季節性產品周圍的變化、傳統法國烹飪中級、麗池經典菜色 2016 年系列、開胃點心、輕食和街頭美食、國際美食——法國風味蔬食烹飪和健康養生料理等。
- 學費：10,500 歐元
- 課程期間：5 週（共 175 小時）

Points 可以自由選擇與自身需求和目標最為相符的課程內容。完成整個課程的學員，有機會進入麗池飯店的廚房，接受為期 3 週的培訓。完成 11 個課程並且通過實作測試的學員，將獲得證書。

■法式料理高級班 La cuisine française niveau avancé
- 培訓目標：掌握使用高貴和特殊食材、執行高級料理食譜。
- 課程內容：完成上述料理基礎班及進階班的學員或是餐飲專業人士，甚至是主廚等級的專業人士，可以選擇高級班進修。該課程為期 2 週，完訓後

受頒證書，也有機會進入麗池飯店的廚房，接受為期 4 天的實踐培訓。

- 學費：4,400 歐元
- 課程期間：2 週（共 70 小時）

Points 如果加修「食品服務行業衛生」的講習，要再額外支付 850 歐元。

② 糕點專業培訓課程

■**法式糕點藝術基礎班** La pâtisserie française initiation
- 培訓目標：探索原材料，學習法國糕點製作的基本技術；學會整體規劃：包括準備工作、構思和執行等步驟；學習基本衛生規則；設計具體的製作方法；掌握「大眾化」甜品的簡單擺盤技巧；了解與產品的關係，以及熟悉糕點用具及設備。
- 課程內容：聚焦於法式糕點的製作，是為了初學者而設計的課程。完成 7 個課程並且通過實作測試的學員，將獲得證書。課程有 7 個單元主題，包含：法式糕點的基礎、茶會點心、小酒館甜點、聚會派對招待小點、塔類甜點、法國地區甜點和鹹點。
- 學費：8,900 歐元
- 課程期間：5 週（共 175 小時）

■**法式糕點藝術進階班** La pâtisserie française perfectionnement
- 培訓目標：複習法式糕點製作的基本要領；了解以巧克力為原料的糕點製作以及糖果的製作方法；學習如何開發零售成品線；學習如何製作冰淇淋和冰糕；揭祕糕點創作和擺盤藝術罕為人知的竅門，以及了解當今流行的各種糕點製作方法。
- 課程內容：完成糕點基礎班的學員或是餐飲業的專業人士，可以選擇繼續進修進階班，以增進糕點製作的技術及知識。課程有 7 個單元主題，包含：巧克力探索（糖果和裝飾）、糕點、偉大經典、巧克力甜點、冰淇淋、雪酪和冷凍甜點，以及盤式甜點、最新趨勢等。
- 學費：9,200 歐元
- 課程期間：5 週（共 175 小時）

> **Points** 完成 7 個課程並且通過實作測試的學員，將獲得證書。完訓的學員也將有機會進入麗池飯店的廚房，接受為期 2 週的實踐培訓。

■ **法式糕點藝術高級班** La pâtisserie française niveau avancé

- **培訓目標**：學會創作多種經典糕點；掌握完美的擺盤藝術（包括對質地的了解、溫度的掌控和顏色的搭配等）；高檔時令糕點的最佳陳列技巧。
- **課程內容**：完成上述糕點基礎班及進階班的學員，或是餐飲專業人士，甚至是主廚等級的專業人士，可以選擇糕點高級班進修，該課程為期 5 天，完訓後受頒證書，也有機會進入麗池飯店的糕點房，接受為期 4 天的實踐培訓。課程包含：經典糕點製作、擺盤裝飾、陳列。
- **學費**：3,800 歐元
- **課程期間**：2 週（共 70 小時）

> **Points** 也有所謂「麗池埃斯科菲耶雙修課程（Diplôme en arts culinaires）」，課程內容涵蓋上述料理基礎、進階、高級班，以及糕點基礎、進階、高級班所有課程，課程期間即是上述 6 種課程的總和。通過各級測試將可以獲得各級證書，也是本校最全面的培訓課程，讓學員有機會在 24 週內修完整個料理跟糕點製作課程，完訓的學員將有機會進入麗池飯店的廚房，接受為期 40 天（2 個月）的實習培訓。不過，雖然是雙修，學費並沒有比較便宜。

❸ 短期專業課程

■ **維也納麵包班** Formation viennoiserie et pains

- **培訓目標**：掌握維也納麵包配方的製作技巧（可頌麵包、布里歐許麵包等）；掌握揉捏、塑型和麵包製作過程的訣竅；掌握發酵技術；探索食材成分的關鍵，以及探索與學習最佳化麵包捲的製作過程。
- **課程內容**：主要培訓維也納麵包的相關技術，這是著名的法式糕點技巧，完訓後授與證書。課程包含：維也納麵包、麵包捲製作、發酵、食材等。
- **學費**：2,200 歐元
- **課程期間**：5 天（共 35 小時）

■**法式料理班** Haute cuisine française
- **培訓目標**：掌握珍貴食材處理技巧；學會精緻餐飲食譜製作和精煉擺盤方法。
- **課程內容**：針對專業人員的高級料理技巧，完訓後授與證書。課程以高級料理烹飪技巧為主。
- **學費**：2,900 歐元
- **課程期間**：5 天（共 35 小時）

■**法式料理班** Haute pâtisserie française
- **培訓目標**：創作具有吸引力的甜點；學會讓珍貴食材和當季食材增值，以及針對溫度、質地和顏色，學習精煉擺盤的方法。
- **課程內容**：針對專業人員的高級糕點技巧，完訓後授與證書。課程以高級糕點製作技巧為主。
- **學費**：2,900 歐元
- **課程期間**：5 天（共 35 小時）

看這裡！ **了解麗池的單元課程**

　　麗池的單元課程種類很多，且分類非常細，有入門課，也有高級課，甚至還有親子同樂的課程。大致上分成料理、糕點、親子班和酒類課程 4 類，每一個類別底下的班級再細分報名科目，例如：「美食料理」類底下的「入門課程」，可再細分為「魚貝類水產烹飪班」、「肉禽類食材烹飪班」。課程時數從 2 ～ 8 小時不等，有些課分幾天上，學費從 65 ～ 1,150 歐元都有，不需要花太多錢，短短的時間內，就可以擁有一張結業證書。以下是課程分類：

類型	課程內容
美食料理類 （La Cuisine）	入門課程（Premiers pas）、傳統佳餚（Tradition）、當季食材烹飪班（Autour d'un produit de saison）、特別烹飪班（Cours événement）、養生料理（Cuisine bien-être）、素食料理（Cuisine végétarienne）、高級法式（Cuisine haute couture）、大廚技巧烹飪班（Techniques de chefs）

糕點製作類 （La pâtisserie）	入門課程（Premiers pas）、巧克力製作班（Chocolat）、馬卡龍製作班（Macarons）、奶油泡芙製作班（Pâte à choux）、高級糕點製作班（Pâtisserie haute couture）、維也納麵包製作班（Mes viennoiseries）、傳統糕點製作班（Tradition）
小小大廚類 （Les toques junior）	麗池兒童烹飪班（Ritz kids）、麗池青少年烹飪班（Ritz teens）、親子同樂烹飪班（Duo parent-enfant）
招牌作坊班 （Ateliers signature）	雞尾酒的歷史（Histoires de cocktails）

■ 課程特色

1. 課程選擇多，價格因課程長短而調整，親民的學費，只要有興趣的話，人人都負擔得起。
2. 單元課程中，難度也有初級、高級可選擇，也可以參加單元課程來進修。

入 學 相 關

報名與入學

- **專業培訓課程**

  A. 所有培訓課程都刊登於 Ecole Ritz Escoffier 網站上，網頁有各種語言翻譯，可以清楚查詢。專業課程學員需透過線上註冊會員，透過電子信箱（Email）或是郵寄填寫報名書面表格。

  B. 附上相關書面文件（CV 簡歷、動機信、保險證明、護照影本、照片、體檢報告），同時還要繳納培訓課程費用一半的訂金，如果在課程開始前 30 天內註冊，則需全額繳費。學校確認後將發送書面確認函。

  C. 料理專業培訓課程每年有 3 ～ 4 個梯次。

- **短期專業課程**

  A. 短期（2 ～ 8 小時）單元班，則可以直接線上註冊會員及繳款報名。

  B. 短期專業課程每年有 3 ～ 4 個梯次。

法國

法國最大的知名麵包、糕點學校，專為 18 歲以上者設置的研修單位。

盧昂國立麵包及糕點學院

Institut National de la Boulangerie
Patisserie (INBP)

🏠 150 Boulevard de l'Europe B.P. 1032
76171 Rouen Cedex 1 France
📞 +33 2 35 58 17 77
✉ bal@inbp.com
✿ http://www.inbp.com

麵包師 CAP 認證四個半月班
$ 約 12,000 歐元 🕐 4.5 個月
👥 年滿 18 歲

麵包師 CAP 認證六個半月班
$ 11,203 歐元 🕐 6.5 個月
👥 年滿 18 歲

糕點師 CAP 認證六個半月班
$ 約 12,000 歐元 🕐 6.5 個月
👥 無限制

巧克力製糖師 CAP 認證六個半月班
$ 約 13,000 歐元 🕐 6.5 個月
👥 無限制

糕點師 CAP 文憑 1 年班
$ 無 🕐 1 年
👥 年滿 15 ~ 25 歲

麵包師 CAP 文憑 1 年班
$ 無 🕐 1 年
👥 15 ~ 25 歲

有機麵包（單元）
$ 1,157 歐元 🕐 3 天
👥 無限制

秋冬輕食（單元）
$ 1,157 歐元 🕐 3 天
👥 無限制

餐廳甜點（單元）
$ 1,157 歐元 🕐 3 天
👥 無限制

可麗餅輕食（單元）
$ 1,157 歐元 🕐 3 天
👥 無限制

糕點基礎培訓（單元）
$ 2,035 歐元 🕐 2 週
👥 無限制

巧克力製糖基礎培訓（單元）
$ 1,099 歐元 🕐 1 週
👥 無限制

麵包、糕點課程專業,是培育職人的最佳學校

　　盧昂(Rouen),是一座位在巴黎西北方,距離巴黎只有 1 小時車程的城市,同樣有塞納河貫穿,但沒有巴黎的城市喧囂,而是很有中古世紀風情的諾曼第城市。市區到處充滿傳統法式餐廳、可麗餅店、披薩店、小酒館、主題酒吧及葡萄酒吧,說是美食之都也不為過。創立於 1974 年的盧昂國立麵包及糕點學院,是一間超過 40 年歷史的名校,主要提供法國麵包師職業認證、糕點師職業認證的課程,除了成人初學者可報名,法國麵包糕點學徒教育中心 CFA BPF (Centre de formation d'apprentis de la boulangerie pâtisserie française) 在此校也有建教合作,因此開設的學徒班也是特色之一。

■ 學校特色

1. 學校有宿舍(Résidence Georges Charpak)可以申請,須自費。
2. 屬於諾曼第地區,附近還有莫內的花園,可以充分體驗諾曼第的法式情調。
3. 學徒班不但學費全免,依照法國法律還有部分薪資可以領。
4. 短期單元課程跨麵包、糕點和輕食領域多達 50 幾種課程,包午餐,還可代訂住宿旅館。
5. 是法國少數專為 18 歲以上成人設置的研修單位。

······· 了 解 課 程 ·······

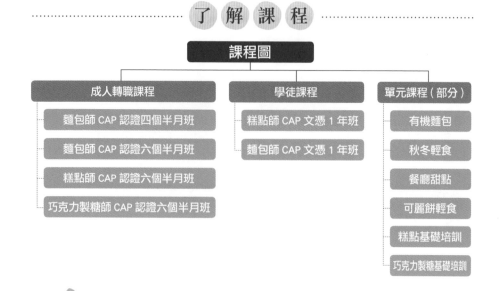

課程圖

成人轉職課程
- 麵包師 CAP 認證四個半月班
- 麵包師 CAP 認證六個半月班
- 糕點師 CAP 認證六個半月班
- 巧克力製糖師 CAP 認證六個半月班

學徒課程
- 糕點師 CAP 文憑 1 年班
- 麵包師 CAP 文憑 1 年班

單元課程(部分)
- 有機麵包
- 秋冬輕食
- 餐廳甜點
- 可麗餅輕食
- 糕點基礎培訓
- 巧克力製糖基礎培訓

專業領域、課程類別與期程

　　目前分為以下三大類課程：成人轉職課程（Reconversion professionnelle）、學徒課程（Apprentissage post bac）、單元課程（Stages courts rouen）。

❶ 成人轉職課程

■麵包師 CAP 認證四個半月班 CAP Boulanger en 4 mois 1/2

- 培訓目標：經由學科和術科的教學，考取 CAP 麵包師的國家認證，成為業界麵包師，或者獨立經營麵包店。課程結束取得結業證書（Certificate），通過學校安排的國家考試，可取得法國教育部頒發的文憑（CAP Niveau 5 – diplôme d'etat）。
- 課程內容：專業學科與術科（Module CAP pro）603 小時、一般學科（Module CAP enseignement général）66 小時、英語（Module anglais）14 小時、管理學科（Module complémentaire gestion d'une boulangerie-pâtisserie）40 小時等課程。
- 學費：報名費 100 歐元、專業學科與術科 8,674 歐元、一般學科 992 歐元、英語 208 歐元、管理學科 799 歐元，以及實習費用 433 歐元（10 週）、731 歐元（20 週）。刀器具另外自費購買。
- 課程期間：4.5 個月（603 小時）
- 報名限制：（1）年滿 18 歲。（2）所有想考 CAP 麵包師的成人，無經驗可，但外國人須通過學校的語言測驗。

■麵包師 CAP 認證六個半月班

CAP Boulanger objectif chef d'entreprise en 6 mois 1/2

- 培訓目標：經由學科和術科的教學，考取 CAP 麵包師的國家認證，成為業界麵包師，或者獨立經營麵包店。課程結束取得結業證書（Certificate），通過學校安排的國家考試，可取得法國教育部頒發的文憑（CAP Niveau 5 – diplôme d'etat）。
- 課程內容：專業麵包實作（Pratique professionnelle en boulangerie）439 小時、技術理論（Technologie）93 小時、衛生與食品應用科學（Hygiène et sciences appliquées à l'alimentation）40 小時、企業認知、環境、法律與社會（Environnement économique, juridique et social de l'entreprise）

10 小時、麵包糕點店的商業管理（Gestion et commercialisation d'une boulangerie-pâtisserie）80 小時、企業模擬演練（Simulation d'une reprise d'entreprise à partir d'un cas réel）14 小時、網路資訊工具應用（Internet et outils informatiques）12 小時、管理（Management）14 小時，以及創業陪伴（Accompagnement du projet professionnel）32 小時等。

- 學費：報名費 100 歐元、全部科目 11,203 歐元。刀器具另外自費購買。
- 課程期間：6.5 個月（734 小時在校研修，280 小時業界實習）
- 報名限制：（1）年滿 18 歲。（2）具有麵包或糕點領域相關經驗，入學須經過動機的面試和答辯篩選，外國人須通過學校的語言測驗。

■**糕點師 CAP 認證六個半月班** CAP Boulanger en 6 mois 1/2
- 培訓目標：經由學科和術科的教學，考取 CAP 糕點師的國家認證，成為業界糕點師，或者獨立經營糕點店。課程結束取得結業證書（Certificate），通過學校安排的國家考試，可取得法國教育部頒發的文憑（CAP Niveau 5 – diplôme d'etat）。
- 課程內容：專業學科與術科（Module CAP Pro）600 小時、一般學科（Module CAP enseignement général）66 小時、管理學科（Module complémentaire gestion d'une boulangerie-pâtisserie）40 小時等。
- 學費：報名費 100 歐元、專業學科與術科 9,435 歐元、一般學科 992 歐元、管理學科 799 歐元、實習費用 433 歐元（10 週）、731 歐元（20 週）。刀器具另外自費購買。
- 課程期間：6.5 個月（600 小時，另有 8 週必需的實習）
- 報名限制：（1）年滿 18 歲。（2）所有想考 CAP 糕點師的成人，無經驗可，但外國人須通過學校的語言測驗。

■**巧克力製糖師 CAP 認證六個半月班** CAP Chocolatier confiseur en 6 mois 1/2
- 培訓目標：經由學科和術科的教學，考取 CAP 巧克力製糖師的國家認證，成為業界巧克力製糖師，或者獨立經營巧克力店和糖果店。課程結束取得結業證書（Certificate），通過學校安排的國家考試，可取得法國教育部頒發的文憑（CAP Niveau 5 – diplôme d'etat）。
- 課程內容：專業學科與術科（Module CAP pro）600 小時、一般學科（Module CAP enseignement général）66 小時，以及管理學科（Module complémentaire gestion d'une boulangerie-pâtisserie）40 小時等。

- 學費：報名費 100 歐元、專業學科與術科 10,375 歐元、一般學科 992 歐元、管理學科 799 歐元、實習費用 433 歐元（10 週）、731 歐元（20 週）。刀器具另外自費購買。
- 課程期間：6.5 個月（600 小時，另有 8 週必需的實習）
- 報名限制：（1）年滿 18 歲。（2）所有想考 CAP 巧克力製糖師的成人，無經驗可，但外國人須通過學校的語言測驗。

❷ 學徒課程

■糕點師 CAP 文憑 1 年班 Formation en alternance : CAP Pâtissier en 1 an
- 培訓目標：經由學科和術科的教學，取得 CAP 糕點師的文憑。課程結束後，通過學校安排的國家考試，可取得法國教育部頒發的文憑（CAP Niveau 5 – diplôme d'etat）。
- 課程內容：專業技術與實作（Pratique et technologie professionnelles）462 小時、衛生與食品應用科學（Hygiène et sciences appliquées à l'alimentation）36 小時、藝術應用（Arts appliqués）33 小時、商業活動（Action commerciale）30 小時、管理（Gestion）30 小時、國際觀（Sensibilisation à l'international）27 小時、企業認知、環境、法律與社會（Connaissance de l'environnement économique, juridique et social de l'entreprise et prévention santé environnement）18 小時等。
- 學費：免學費，但刀器具須自費購買。
- 課程期間：1 年共 636 小時，平均每週 35 小時（15 天在學校研修，15 天在業界工作，交替進行）。
- 報名限制：（1）年滿 15 ～ 25 歲。（2）無經驗可，但必須具有法國高中畢業會考文憑（Baccalauréat，建議可向校方詢問出具本國同等學力之可行性）。（3）找到雇主簽訂三方學徒合約。

■麵包師 CAP 文憑 1 年班 Formation en alternance : CAP Boulanger en 1 an
- 培訓目標：經由學科和術科的教學，取得 CAP 麵包師的文憑。課程結束後，通過學校安排的國家考試，可取得法國教育部頒發的文憑（CAP Niveau 5 – diplôme d'etat）。
- 課程內容：專業技術與實作（Pratique et technologie professionnelles）457 小時、衛生與食品應用科學（Hygiène et sciences appliquées à l'alimentation）36 小時、藝術應用（Arts appliqués）33 小時、商業活動（Action

commerciale）30 小時、管理（Gestion）30 小時、國際觀（Sensibilisation à l'international）27 小時、麵粉分析（Analyses de farines）18 小時，以及企業認知、環境、法律與社會（Connaissance de l'environnement économique, juridique et social de l'entreprise et prévention santé environnement）18 小時等。

- **學費**：免學費，但刀器具須自費購買。
- **課程期間**：1 年共 634 小時，平均每週 35 小時（15 天在學校研修，15 天在業界工作，交替進行）。
- **報名限制**：（1）年滿 15 ～ 25 歲。（2）無經驗可，但必須具有法國高中畢業會考文憑（Baccalauréat，建議可向校方詢問出具本國同等學力之可行性）。（3）找到雇主簽訂三方學徒合約。

這裡有很棒的單元課程

　　短期單元課程跨麵包、糕點和輕食領域等多達五十幾種課程，期程從 3 天～ 2 週都有，而且學費已包含午餐，也可代訂住宿旅館。以下列舉部分課程給讀者參考：

課程名稱	課程內容	費用與時間
有機麵包（La boulangerie BIO : UNE affaire qui marche）	羅亞爾河麵包、磨坊麵粉及無花果栗子榛果麵包。	1,157 歐元、3 天（共 21 小時）
秋冬輕食（Snacking automne-hiver）	法國吐司先生、法式三明治及漢堡。	1,157 歐元、3 天（共 21 小時）
餐廳甜點（Desserts de restaurant）	巧克力、無麩質甜點趨勢。	1,157 歐元、3 天（共 21 小時）
可麗餅輕食（Galettes & Crêpes version snacking）	可麗餅基本功、肉類及海鮮配料，以及醬汁。	1,157 歐元、3 天（共 21 小時）
糕點基礎培訓（Initiation recyclage en pâtisserie）	糕點基本功、工作組織，以及衛生安全。	2,035 歐元、2 週（共 70 小時）
巧克力製糖基礎培訓（Initiation recyclage en chocolaterie confiserie）	巧克力與製糖基本功、工作組織，以及衛生安全。	1,099 歐元、1 週（共 35 小時）

入 學 相 關

報名與入學

- **成人轉職課程**

  A. 各課程有報名限制，可參照 p.67 ～ 69。

  B. 下載網路報名表格，填寫完畢後，將所有書面資料郵寄校方報名，由校方做報名審核。

  C. 面試審核及筆試，通過始可入學。

- **學徒課程**

  A. 各課程有報名限制，可參照 p.69 ～ 70。

  B. 下載網路報名表格，填寫完畢後，將所有書面資料郵寄校方報名，由校方做報名審核。

  C. 面試審核及筆試，通過始可入學。

Points 學徒班不但學費全免，依照法國法律還有部分薪資可領。

- **單元課程**

  填寫報名表通訊報名即可。

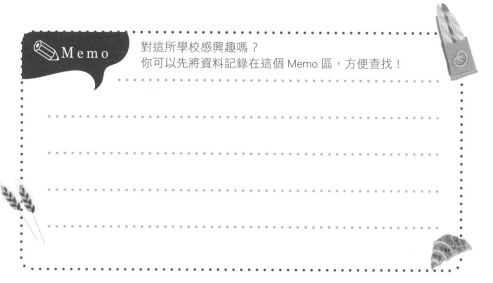

Memo　對這所學校感興趣嗎？
你可以先將資料記錄在這個 Memo 區，方便查找！

 法國　安靜小城中的古堡學校，高知名度極受業界重視。

法國國立高等糕點學校
École Nationale Supérieure de la Pâtisserie (ENSP)

🏠 Château de Montbarnier 43200 Yssingeaux France
📞 +33 4 71 65 72 50
✉ contact@ensp-adf.com
⚙ http://www.ensp-adf.com

麵包師職業認證 CAP 班
$ 15,120 歐元　🕐 10 個月
👥 無限制

糕點師職業認證 CAP 班
$ 15,240 歐元　🕐 10 個月
👥 無限制

巧克力和糖果師職業認證 CAP 班
$ 12,400 歐元　🕐 10 個月
👥 無限制

法式糕點師學位班
$ 31,900 歐元　🕐 3 年
👥 年滿 18 歲

法式糕點學院班
$ 8,100 歐元　🕐 3 個月
👥 年滿 18 歲

法式糕點藝術班
$ 19,700 歐元　🕐 7.5 個月
👥 年滿 18 歲

法式糕點藝術進階班
$ 9,200 歐元　🕐 3 個月
👥 年滿 18 歲

法式麵包藝術班
$ 8,100 歐元　🕐 3 個月
👥 年滿 18 歲

法式巧克力與糖果藝術班
$ 8,100 歐元　🕐 3 個月
👥 年滿 18 歲

糕點週單元班
$ 1,900 歐元　🕐 1 週
👥 年滿 18 歲

專業課程
$ 4,077 歐元　🕐 8 週
👥 無限制

························· 認 識 學 校 ·························

兩大法國料理、糕點名廚經營的職人學校

　　這是一間專門培養糕點、麵包、巧克力、糖果和冰淇淋職人的學校，每年大約有 1,500 位學生。由法國餐飲界教父艾倫・杜卡斯（Alain Ducasse）和法國糕點鼻祖伊夫・圖瑞（Yves Thuriès）共同經營。學校位在東南法的城市伊桑若（Yssingeaux），主建築為建於 1850 年的蒙巴涅（Montbarnier）古堡內，面積約 3,000 平方公尺，內部翻修後包括 8 間糕點教室、1 間階梯教室、3 間多媒體教室，師資包括 10 位專業糕點師和 100 多位客座糕點主廚，其中不乏 MOF（法國最佳職人），教師陣容堅強。

■ **學校特色**
1. 學校相當知名，文憑受業界看重。
2. 學習糕點方面的軟、硬體資源都相當充足。
3. 報名條件沒有語文證照的要求（有些學校的 CAP 課程要求法語鑑定文憑 DELF B2）。
4. 伊桑若（Yssingeaux）是座安靜的小鎮，生活物價較巴黎低，治安也較好。
5. 法國租屋大不易，而該學校有學生宿舍可申請。

························· 了 解 課 程 ·························

課程圖

專業證照與資格課程	國際班課程	專業課程（部分）
麵包師職業認證 CAP 班	法式糕點學院班	傳統法國麵包的基本認知、天然酵母、特殊麵包、三明治與前菜應用的麵包、芳香麵包與餐飲業麵包、使用千層酥皮的維也納麵包，以及使用一般麵團的維也納麵包、實驗室的技術應用等。
糕點師職業認證 CAP 班	法式糕點藝術班	
巧克力和糖果師職業認證 CAP 班	法式糕點藝術進階班	
法式糕點師學位班	法式麵包藝術班	
	法式巧克力與糖果藝術班	
	糕點週單元班	

專業領域、課程類別與期程

目前分為以下三大類課程：職業證照與資格課程（Formation diplomante / qualifiante）、國際班課程（Internationl programs）、專業課程（Formations professionnelles）。

① 職業證照與資格課程

■麵包師職業認證 CAP 班 CAP Boulanger

- 培訓目標：具備考取法國麵包師證照學科和術科的能力。課程結束取得結業證書（Certificate），通過學校安排的國家考試，可取得法國教育部頒發的文憑（CAP Niveau 5 – diplôme d'etat）。
- 課程內容：實作 490 小時、技術應用 72 小時、麵包師技術 48 小時、食品應用科學 24 小時、企業認知、環境、法律與社會 60 小時、溝通學 24 小時、環境健康預防與職場急救 36 小時，以及業界實習 280 小時。
- 學費：15,120 歐元（含 1 套刀具組、2 套廚師服、帽子和圍裙）
- 課程期間：1,034 小時（8 個月 754 小時在學校研修，2 個月 280 小時在業界實習）

■糕點師職業認證 CAP 班 CAP Pâtissier

- 培訓目標：具備考取法國糕點師證照學科和術科的能力。課程結束取得結業證書（Certificate），通過學校安排的國家考試，可取得法國教育部頒發的文憑（CAP Niveau 5 – diplôme d'etat）。
- 課程內容：實作 490 小時、技術應用 72 小時、糕點師技術 48 小時、食品應用科學 24 小時、企業認知、環境、法律與社會 40 小時、藝術應用 20 小時、溝通學 24 小時、環境健康預防與職場急救 36 小時、業界實習 280 小時。
- 學費：15,240 歐元（含 1 套刀具組、2 套廚師服、帽子和圍裙）
- 課程期間：1,034 小時（8 個月 754 小時在學校研修，2 個月 280 小時在業界實習）

■巧克力和糖果師職業認證 CAP 班 CAP Chocolatier confiseur

- 培訓目標：具備考取法國巧克力和糖果師證照學科和術科的能力。課程結束取得結業證書（Certificate），通過學校安排的國家考試，可取得法國教育部頒發的文憑（CAP Niveau 5 – diplôme d'etat）。

- 課程內容：實作 490 小時、技術應用 72 小時、巧克力和糖果師技術 48 小時、食品應用科學 24 小時、企業認知、環境、法律與社會 40 小時、藝術應用 20 小時、溝通學 24 小時、環境健康預防與職場急救 36 小時，以及業界實習 280 小時。
- 學費：12,400 歐元（含 1 套刀具組、2 套廚師服、帽子和圍裙）
- 課程期間：11,034 小時（8 個月 754 小時在學校研修，2 個月 280 小時在業界實習）

■法式糕點師學位班 Bachelor de la pâtisserie française

- 培訓目標：以 3 年卓越的課程設計，讓學生學會所有糕點領域專業技能，以及成功的營運管理能力。課程結束取得學位文憑（Bachelor diplôme）
- 課程內容：第 1 年：掌握基本糕點技術的通則、了解糕點領域知識和對產品的認識、成品及採購管理的學習（包括 5 個月實習）。第 2 年：實作糕點領域的新技術、發明、趨勢及當代概念，以及糕點店的行銷管理基礎（包括 5 個月實習）。第 3 年：商務、企業創造力和產品研發、研發方法論、創意行銷和先進管理技術、攝影學、糕點設計和溝通工具的掌握。
- 學費：第 1 年 10,300 歐元；第 2 年 10,800 歐元；第 3 年 10,800 歐元。
- 課程期間：3 年
- 課程期間：每班 12 人

Points 此課程的聯絡窗口：admissions@ensp-adf.com。

❷ 國際班課程（英語授課）

■法式糕點學院班 French pastry campus

- 培訓目標：專門提供初學者或轉職者基本且扎實的糕點基礎。課程結束取得結業證書（Certificate）。
- 課程內容：糕點麵團、各式鮮奶油的基礎、糕點、巧克力和糖果、盤式糕點及麵包等基礎、現代糕點、宴會準備、期末測驗，另提供 40 小時法語課程（選修）。
- 學費：8,100 歐元（含 1 套刀具組、2 套廚師服、帽子和圍裙）
- 課程期間：258 小時（2 個月在學校研修，1 個月在業界實習）

■法式糕點藝術班 French pastry arts

- 培訓目標：專門提供初學者或轉職者的糕點訓練，糕點愛好者也可以精進技術。課程結束取得結業證書（Certificate）。
- 課程內容：基礎麵團與奶油、古典與現代糕點、現代盤式糕點、冰淇淋與冰沙、麵包與維也納麵包、現代小蛋糕、糖果和巧克力糖、巧克力組合、古典與現代塔、烤箱小西點、婚禮蛋糕、宴會準備、總複習和期末測驗，以及另提供 80 小時法語課程（選修）。
- 學費：19,700 歐元（含 1 套刀具組、2 套廚師服、帽子和圍裙）
- 課程期間：661 小時〔5.5 個月在學校研修，2 個月在業界實習（必修）〕。

■法式糕點藝術進階班 Superior french pastry arts diploma

- 培訓目標：適合已有糕點基礎者精進技術。課程結束取得結業證書（Certificate）。
- 課程內容：主廚招牌糕點、法式糕點的傳統與創新、現代塔、冰淇淋與雪酪、節慶蛋糕、巧克力、宴會準備，以及期末測驗。
- 學費：9,200 歐元（含 1 套刀具組、2 套廚師服、帽子和圍裙）
- 課程期間：254 小時〔2 個月在學校研修，1 個月在業界實習（選修）〕

■法式麵包藝術班 French bakery arts

- 培訓目標：專門提供初學者或轉職者的麵包訓練，麵包愛好者也可以精進技術。課程結束取得結業證書（Certificate）。
- 課程內容：傳統麵包、地區麵包、芳香麵包、維也納麵包（可頌）、餐廳小餐包、塔派、蛋糕、鹹食和外燴西點、酥皮點心、地區布里歐許麵包、天然發酵麵包、食品科學、應用技術、視覺傳達、急救訓練，以及另提供法語課程（選修）。
- 學費：8,100 歐元（含 1 套刀具組、2 套廚師服、帽子和圍裙）
- 課程期間：258 小時〔2 個月在學校研修，1 個月在業界實習（選修）〕

Points 此課程週一至週五提供午餐。

■法式巧克力與糖果藝術班 French chocolate & confectionery arts

- 培訓目標：專門提供初學者或轉職者的糖果、巧克力訓練，愛好者也可以精進技術。課程結束取得結業證書（Certificate）。

- 課程內容：糖果製作基礎課程、糖果製作進階課程、巧克力技法、巧克力糖、製糖高級課程、巧克力甜點，以及另提供法語課程（選修）。
- 學費：8,100 歐元（含 1 套刀具組、2 套廚師服、帽子和圍裙）
- 課程期間：256 小時〔2 個月在學校研修，1 個月在業界實習（選修）〕

■**糕點週單元班** My pastry week
- 課程內容：專門提供初學者或轉職者的各類糕點、麵包製作，愛好者也可以精進技術。課程結束取得結業證書（Certificate）。
- 課程內容：馬卡龍與烤箱小西點、巧克力與糖果、糖果學、法國麵包與維也納麵包和經典糕點等。
- 學費：1,900 歐元
- 課程期間：1 週（共 35 小時）

Points 國際班課程的聯絡信箱是 international@ensp-adf.com。

看這裡！ **了解法國國立高等糕點學校的專業課程**

　　法國國立高等糕點學校有開設專業課程，目標是以培養成為法國麵包師的技能為主的密集課程，讓學員具備進入麵包店和糕點店工作，或是自行開業的專業技術為主。目前開設的課程主題包括：傳統法國麵包的基本認知、天然酵母、特殊麵包、三明治與前菜應用的麵包、芳香麵包與餐飲業麵包、使用千層酥皮的維也納麵包，以及使用一般麵團的維也納麵包、實驗室的技術應用等。課程期間約 8 週（共 266 小時），學費約 4,077 歐元。詳細的課程可至官網查詢。

入學相關

報名與入學

- **CAP 類課程**

  A. 下載網路報名表格，填寫完畢後，將所有書面資料郵寄校方報名，第一關報名書面審核。

  B. 第二關面試審核，通過面試始可入學。

  Points CAP 班若具備法國 Niveau 5 以上學歷，學費減免為 12,300 歐元。

- **國際班課程**

  A. 年滿 18 歲

  B. 下載網路報名表格，填寫完畢後，將所有書面資料郵寄校方報名，做書面審核。

- **糕點週單元班**

  填寫報名表通訊報名即可，幾乎無審核。

> **Memo**
>
> 對這所學校感興趣嗎？
> 你可以先將資料記錄在這個 Memo 區，方便查找！

法國

經驗豐富的主廚教學，
示範課與實作課並重。

藍帶廚藝學校巴黎總校
Le Cordon Bleu Paris

🏠 13-15 Quai André Citroën, Paris 75015 France
📞 +33 1 85 65 15 00
⚙ https://www.cordonbleu.edu/paris/accueil/fr

料理初級班
$ 10,600 歐元 🕐 3 個月
👤 年滿 18 歲

料理中級班
$ 10,100 歐元 🕐 3 個月
👤 3 個月

料理高級班
$ 10,300 歐元 🕐 3 個月
👤 年滿 18 歲

糕點初級班
$ 8,500 歐元 🕐 3 個月
👤 年滿 18 歲

糕點中級班
$ 7,900 歐元 🕐 3 個月
👤 年滿 18 歲

甜點高級班
$ 8,100 歐元 🕐 3 個月
👤 年滿 18 歲

麵包基礎班
$ 7,200 歐元 🕐 3 個月
👤 年滿 18 歲

麵包進階班
$ 6,500 歐元 🕐 3 個月
👤 年滿 18 歲

葡萄酒與蒸餾酒入門
$ 1,365 歐元 🕐 42 小時
👤 年滿 18 歲

葡萄酒工藝及管理文憑
$ 19,800 歐元 🕐 10 個月
👤 年滿 18 歲

餐飲管理文憑
$ 15,900 歐元 🕐 1 年
👤 年滿 18 歲

料理藝術管理學士
$ 30,500 歐元 🕐 3 年
👤 年滿 18 歲

國際旅館管理學士

$ 30,500 歐元　⏱ 3 年
👥 年滿 18 歲

·········· 認 識 學 校 ··········

百年屹立不搖的國際知名廚藝學校

藍帶的校名來自於 16 世紀法國的聖靈騎士團，因為其象徵物就是用藍色絲製的緞帶來懸掛的十字架，而騎士團的人最擅長精緻的法式料理，於是最優秀的料理人便有了「藍帶」這樣的稱號。真正的藍帶廚藝學校源於 1895 年，後來西方電影因為使用了藍帶廚藝學校做為故事的舞台，更加深了世人對它的印象，於是藍帶廚藝學校開始聲名大噪。其實原本的藍帶巴黎總校很小，甚至稱不上有校園，只是一棟四層樓的建築物，然而做為廚藝教室，卻也能百年屹立不搖。

藍帶主廚大多教學經驗老到，已經演繹出很成功的教學方式，讓外國學生易懂，從實作中學習，並且為外國學生做了調適，不讓你因挫折而抹殺了對料理及糕點的興趣，這也是藍帶廚藝學校成功的地方。上課方式，不論是料理班或糕點班、初級班或高級班、普通班或密集班，都遵循同一個模式：3 小時教室示範課＋3 小時廚房實作課。示範課時，教室裡有翻譯人員做即時英語口譯，學生可以專心做筆記，實作課才到廚房動手實作。有時實作課並未安排在當天，因此有更充裕的時間回家消化食譜，查查不懂的詞彙，上網查這道菜的歷史及相關影片，甚至自行試做來加深印象。

有許多人以「藍帶廚藝學校」這樣的校名做聯想，以為藍帶畢業即有一張「學士學位」，事實並非如此。以往只有美國加州、澳洲阿德雷得等藍帶分校具有 3 年制學士文憑，巴黎藍帶總校百年來一直只以料理和糕點的認證課程為主。直到近年，巴黎總校才開始擴大課程設計，包括加入麵包類認證、酒類認證，以及餐飲旅館相關的學士學位課程。報名藍帶巴黎總校最好特別注意課程名稱上這幾個法文字：「Certificat」是認證，意指藍帶集團內認定的修業證書；「Diplôme」是文憑，指的也是藍帶集團內認定的畢業證書，只是比較大張；「Bachelor」才是符合教育部認定有學分的學位證書。

現在在法國人眼中，藍帶也許不是最頂尖的，但它遍布全世界共有 35 間分校，在業界自然有一定知名度，對於想在國際間遊走的人來說，藍帶的文憑確實能開啟一扇通往世界廚房的門。

■ **學校特色**

1. 堪稱法國廚藝學校界中服務最好的一間，在課程設計和資訊提供上，都讓外國人倍感親切。

2. 課程種類多且梯次密集，報名後可彈性展延，利於留學規劃。

3. 英語系國家學生最多，亞洲學生次之，法國學生非常少，對於身處異鄉的外國人，這裡是較容易找到自己國家同伴的溫暖大家庭。

4. 軟、硬體資源都相當充足，尤其在 2016 年換到新校區。

5. 大多數課程報名沒有條件限制或語文證照的要求。

6. 沒有教科書，上課講義包含學生規章、主廚師資簡歷、所有示範課和實作課的菜單，以及一些基礎知識，整本都是雙語的（法語、英語）。

7. 學費包含 1 套德國高級品牌雙人牌的刀具用具組，裡面有超過 20 件的刀及工具，價格不斐。每把刀除了有雙人牌 Logo 之外，也都有藍帶標章，是相當值得收藏的一套！（2015 年以前是三叉牌 Wüsthof）

8. 成為藍帶的學員後，購買藍帶相關刀具等商品皆享 9 折優惠。

9. 對平常人來說，知名單位的實習是很難申請的，對法語不好的外國人尤其難，而藍帶在業界有許多合作夥伴，因此透過藍帶，要進入米其林三星餐廳實習是可能的。

10. 位於法國花都巴黎，風景名勝多，可盡情享受浪漫的法式生活。

了 解 課 程

課程圖

料理文憑課程	糕點與製糖文憑課程	麵包文憑課程	葡萄酒與蒸餾酒課程	餐旅與廚藝管理課程	單元課程
料理初級班	糕點初級班	麵包基礎班	葡萄酒與蒸餾酒入門	餐飲管理文憑	
料理中級班	糕點中級班	麵包進階班	葡萄酒工藝及管理文憑	料理藝術管理學士	
料理高級班	糕點高級班			國際旅館管理學士	

專業領域、課程類別與期程

　　目前分為六大類課程：料理課程（Diplômes de cuisine）、糕點與製糖課程（Pâtisserie & Confiserie）、麵包課程（Boulangerie & Viennoiserie）、葡萄酒與蒸餾酒課程（Vins & Spiritueux）、餐旅與廚藝管理課程（Management en Hôtellerie, Restauration & Culinaire）、單元課程（Ateliers & Cours Gourmets）。

❶ 料理文憑課程（英法雙語授課）

■料理初級班 Certificat de cuisine de base

- 培訓目標：讓初學者握刀學起，學會烹調醬汁、基礎料理。
- 課程內容：由最入門的法式料理技巧和介紹開始，學生從最基本的握刀、高湯和醬汁做法、肉餡、麵團的製作，以及廚房中的安全守則、衛生規定和組織管理學習起。
- 學費：10,600 歐元（單期）
- 課程期間：3 個月，每週上課 18 ～ 21 小時。
- 報名限制：須滿 18 歲並具高中畢業或同等學力文憑。

■料理中級班 Certificat de cuisine intermédiaire

- 培訓目標：初級班後，更精進料理技術。
- 課程內容：以初級班所學的基礎往上應用，學習法國各地區美食的烹調法，包括擺盤的呈現、物產的認識、刀工的精進、調味的平衡，以及顏色、味覺和口感的綜合搭配。
- 學費：10,100 歐元（單期）
- 課程期間：3 個月，每週上課 18 ～ 21 小時。
- 報名限制：（1）須滿 18 歲並具高中畢業或同等學力文憑。（2）不同級的課程皆可以單獨報名和繳費，但必須先取得前一階段證書始有資格。

■料理高級班 Certificat de cuisine supérieure

- 培訓目標：中級班後，更精進料理技術，並完成職場實習。
- 課程內容：高級班開始教學生如何將傳統料理做到符合時代潮流，鼓勵發明與創新，精煉並熟悉複雜的料理技巧和工作效率。課程結束後，學生就馬上進入實習單位的職場中接受磨練。
- 學費：10,300 歐元（單期）

- 課程期間：3 個月，每週上課 18 ～ 21 小時。
- 報名限制：（1）須滿 18 歲並具高中畢業或同等學力文憑。（2）不同級的課程皆可以單獨報名和繳費，但必須先取得前一階段證書始有資格。

Points 從入門基礎到高級美食的法式料理完整教學，分成三階段課程，**必須修完前一班課程取得證書，才能進入下一個班級。**完成三階段課程取得畢業證書後，可獲得 2 個月由學校安排的業界實習。

❷ 糕點與製糖文憑課程（英法雙語授課）

■糕點初級班 Certificat de patisserie de base
- 培訓目標：初學者從材料、基本麵團學起，學習製作糕點。
- 課程內容：由糕點使用到的基本麵團、奶油和配料開始，包括裝飾、發麵和淋面塗層基礎，以及傳統糕點的製作和糕點術語學習起。
- 學費：8,500 歐元（單期）
- 課程期間：3 個月，每週上課 18 ～ 21 小時。
- 報名限制：須滿 18 歲並具高中畢業或同等學力文憑。

■糕點中級班 Certificat de patisserie intermédiaire
- 培訓目標：初級班後，更精進料理技術，以及訓練美感。
- 課程內容：在這一級，學生從基礎能力上去精進裝飾和擺盤技巧，以訓練美感與藝術為目標，包括烤箱西點、焦糖、牛軋糖和盤式糕點，以及麵包和巧克力領域的涉獵。
- 學費：7,900 歐元（單期）
- 課程期間：3 個月，每週上課 18 ～ 21 小時。
- 報名限制：（1）須滿 18 歲並具高中畢業或同等學力文憑。（2）不同級的課程皆可以單獨報名和繳費，但必須先取得前一階段證書始有資格。

■糕點高級班 Certificat de patisserie supérieure
- 培訓目標：中級班後，更精進多種糕點製作技術。
- 課程內容：這一階段的目標是要學生發揮自己的創意，激發其藝術潛力，並準備好進入專業職場。學生必須能掌握幾種不同元素的能力，包括糕點、巧克力和糖。表現優異的學生，也將有機會進入負有盛名的實習單位接受磨練。

- 學費：8,100 歐元（單期）
- 課程期間：3 個月，每週上課 18 ～ 21 小時。
- 報名限制：（1）須滿 18 歲並具高中畢業或同等學力文憑。（2）不同級的課程皆可以單獨報名和繳費，但必須先取得前一階段證書始有資格。

Points 此課程是從糕點麵團基礎到高級拉糖與巧克力的法式糕點完整教學，分成三階段課程，**必須修完前一班課程取得證書，才能進入下一個班級。**完成三階段課程取得畢業證書後，可獲得 2 個月由學校安排的業界實習。

看這裡！更了解料理與糕點班課程

　　料理與糕點的課程是巴黎總校主打課程，期間皆為 9 個月，每期正常為 3 個月，每週上課 18 ～ 21 小時，全年有相當多的梯次可以選。不定期還穿插所謂密集班（Programmes intensifs），可以在 4 ～ 5 週之間把 3 個月的課程上完，學費與正常班相同。另外，還有「大文憑課程（Grand diplôme）」，指的就是在 9 個月內料理與糕點雙修的套裝課程，學費較二者分開報名略微便宜，為 49,200 歐元。

❸ 麵包文憑課程（英法雙語授課）

■麵包基礎班 Certificatde boulangeriede base
- 培訓目標：初學者從材料、基本麵團學起，學習製作麵包。
- 課程內容：由認識器材和衛生規定開始學習，熟悉法國幾種不同的麵粉，手工揉麵和機器揉麵的方式，以及發酵麵團的介紹。
- 學費：7,200 歐元（單期）
- 課程期間：3 個月，每週上課 18 ～ 21 小時。
- 報名限制（1）須滿 18 歲並具高中畢業或同等學力文憑。（2）建議要有法文 B1 水準。

■麵包進階班 Certificatde boulangerie avancée
- 培訓目標：精進麵包製作技術，學會更多的品項。
- 課程內容：學習不同的發酵法，以及讓麵包芳香的方式，包括固態及液態的天然酵母。熟悉法國傳統麵粉的使用和千層麵皮的製作，成品包括法國長棍

麵包、布里歐許麵包、可頌和甜甜圈等麵包。

- **學費**：6,500 歐元（單期）
- **課程期間**：3 個月，每週上課 18 ～ 21 小時。
- **報名限制**：（1）須滿 18 歲並具高中畢業或同等學力文憑。（2）建議要有法文 B1 水準。（3）不同級的課程皆可以單獨報名和繳費，但必須先取得前一階段證書始有資格。

Points 這是由麵包大師授課，包含理論與實作的完整教學，實地走訪業界參觀也是教學的一部分。共分成二階段課程，**必須修完前一班課程取得證書，才能進入下一個班級**。完成二階段課程後，還必須完成強制 2 個月的實習，才可取得畢業證書。

 看這裡！ **更了解麵包文憑班課程**

全程 6 個月共 610 小時，每週上課 15 ～ 18 小時，全年中有 4 個梯次，分別在 1 月、3 月、7 月與 9 月入學。也有密集班（Programmes intensifs），每週上課 30 小時，學費與正常班相同。

❹ 葡萄酒與蒸餾酒課程（英法雙語授課）

■葡萄酒與蒸餾酒入門 Initiation aux vinset spiritueux

- **培訓目標**：培養學員成為侍酒師、酒類顧問、酒類進出口商、酒窖或酒館擁有者或酒類專長記者。
- **課程內容**：課程在專業的品酒室進行，同時適合專業人士及業餘愛好者。課程 1：葡萄酒的本質（Module I - L'essentiel du vin），包括葡萄酒釀造概觀與探索，產區分級的祕密，侍酒的學問，與食物的搭配，以及酒的感官分析。課程 2：法國的葡萄園與葡萄酒（Module II - Vins et vignobles de France），著重品嘗不同的特級法國葡萄酒，探索法國葡萄園的資產，包括波爾多、勃根地和香檳區。課程 3：侍酒師的鑑定（Module III - L'Expertise du sommelier），葡萄酒的風土條件，土地與酒的關係，以及新技術的探討。
- **學費**：3 套課程 1,365 歐元，單獨報名單套課程 480 歐元。
- **課程期間**：42 小時

- 報名限制（1）須滿 18 歲並具高中畢業或同等學力文憑。（2）建議要有流利的英語或法語口語和寫作能力。

Points 全年中有 4 個梯次，分別在 1 月、4 月、7 月與 9 月入學。

■**葡萄酒工藝及管理文憑** Diplôme des metiers du vinet management
- 培訓目標：培養成為一個酒類專家，並熟悉財務、業務、技術和管理。
- 課程內容：透過理論課與實驗課，學習對世界上的各種葡萄酒做感官分析和詮釋表達。熟悉財務、業務、技術和管理的工具。另包含 5 次參訪葡萄園以及實習：2 週到葡萄園實習；6 週到企業單位實習；8 週到職業領域實習。
- 學費：19,800 歐元，包含 5 次參訪葡萄園（波爾多酒區、隆河酒區、香檳區、干邑等）。
- 課程期間：課程期間 10 個月（每週上課 25 小時，課程非常密集），其中包含 16 週實習。
- 報名限制：須滿 18 歲並具高中畢業或同等學力文憑。

Points 每年 9 月入學。

❺ 餐旅與廚藝管理課程（英語授課）

■**餐飲管理文憑** Diplôme de management en restauration
- 培訓目標：熟悉餐飲管理相關理論與實務。
- 課程內容：餐飲財務管理、餐飲組織與營運、行銷與溝通料理，以及酒與服務。
- 學費：學費 15,900 歐元（含制服）
- 課程期間：1 年（每週上課 20 小時），其中包含 6 個月實習。
- 報名限制：（1）須滿 18 歲並具高中畢業或同等學力文憑。（2）建議要有流利的英語口語和寫作能力。

Points 每年 3 月和 9 月入學。

■**料理藝術管理學士** Bachelor en management des arts culinaires
- 培訓目標：習得專業料理藝術課程、管理與業界實務。結束取得法國教育部頒發的學士文憑（Bachelor diplôme）。

- 課程內容：第 1 年：課程包含料理藝術、旅館管理、企業管理、財務、行銷和人力資源。專業知識課程及在不同餐旅職業間的建教合作，另有 5 個月在法國的實習。第 2 年：在法國以外的其他藍帶學校上料理藝術課程、在藍帶巴黎校區上料理藝術管理與業界實務。另有 6 個月在海外的實習。第 3 年：案例研究，專題討論。
- 學費：學費含刀具、制服和所有活動費用。歐盟國學生：第 1 年 10,500 歐元 ；第 2 年 10,000 歐元；第 3 年 10,000 歐元。非歐盟國學生：第 1 年 12,500 歐元；第 2 年 11,500 歐元；第 3 年 11,500 歐元
- 課程期間：3 年，其中包含 11 個月的實習。
- 報名限制：（1）須滿 18 歲並具高中畢業或同等學力文憑。（2）須具備 IELTS 5.5 或 TOEFL IBT 63 以上程度證書。

Points
1. 每年 9 月入學。
2. 每學年可取得 60 ECTS（歐洲學分互認體系）學分，180 ～ 240 ECTS 可授與學士學位。

■國際旅館管理學士 Bachelor en management hotelier international

- 培訓目標：習得專業料理藝術、旅館與企業管理、業界實務。結束取得法國教育部頒發的學士文憑（Bachelor diplôme）。
- 課程內容：第 1 年：課程包含料理藝術、旅館管理、企業管理、財務、行銷和人力資源。專業知識課程及在不同餐旅職業間的建教合作。另有 5 個月在法國的實習。第 2 年：在法國以外的其他藍帶學校上料理藝術課程。在藍帶巴黎校區上國際旅館管理與業界實務。另有 6 個月在海外的實習。第 3 年：案例研究，專題討論。
- 學費：學費含刀具、制服和所有活動費用。歐盟國學生：第 1 年 10,500 歐元 ；第 2 年 10,000 歐元；第 3 年 10,000 歐元。非歐盟國學生：第 1 年 12,500 歐元；第 2 年 11,500 歐元；第 3 年 11,500 歐元。
- 課程期間：3 年，其中包含 11 個月的實習。
- 報名限制：（1）須滿 18 歲並具高中畢業或同等學力文憑。（2）須具備 IELTS 5.5 或 TOEFL IBT 63 以上程度證書。

Points
1. 每年 9 月入學。
2. 每學年可取得 60 ECTS（歐洲學分互認體系）學分，180 ～ 240 ECTS 可授與學士學位。

這裡有很棒的單元課程！

　　藍帶的單元課程非常包羅萬象，幾乎可以說上述正規班有的種類全都有短期單元班可以上，課程時數從2小時至幾天都有，不需要花太多錢。短短的時間內，就可以擁有一張藍帶頒發的上課證書，也是不錯的體驗。當中有些課算是入門課，有些則是給業界老手精進或是來學食譜的，甚至還有一些課是親子一起參加的，也有免費的演講可以報名參加。底下為部分課程：

類型	課程內容
料理類	法式料理藝術、法式醬汁的藝術、學主廚做料理、素食料理
糕點類	馬卡龍的祕密、我的第一個國王餅、閃電泡芙工作室、水果塔工作室
麵包類	我的第一個麵包、傳統法國麵包、維也納麵包工作室（可頌）
酒類	酒的精髓、葡萄酒與蒸餾酒、葡萄酒與葡萄園、侍酒師鑑定、如何搭配酒與料理
演講類	復活節蛋與蛋糕的設計、糕點文化的歷史

入 學 相 關

報名與入學

• 料理、糕點與製糖、麵包文憑課程

A. 課程皆有報名限制，可參照各別課程的解說。

B. 符合課程所述的資格後，可透過官網填寫表格線上報名。

• 葡萄酒與蒸餾酒課程

A. 課程皆有報名限制，可參照各別課程的解說。

B. 符合課程所述的資格後，可透過官網填寫表格線上報名。

- **餐旅與廚藝管理課程**

　A. 課程皆有報名限制，可參照各別課程的解說。

　B. 符合上述資格後，可透過官網填寫表格線上報名。報名經審查後，還必須通過視訊會議的面試。

Points

　1. 巴黎藍帶的學費通常是報名愈多課程愈減免，例如：一次報名料理三期的課程，會比分開報名三期的學費便宜；雙修料理與糕點課程的大文憑，會比分開報名料理與糕點課程便宜。另外，也曾舉辦「藍帶學院圓夢計畫」與「2016 藍帶獎學金廚藝大賽」，以配合藍帶大中華區、上海、高雄及墨爾本等國際分校的新近成立，類似的獎學金活動可隨時注意官網資訊。

　2. 台灣目前已有藍帶分校，位於高雄，詳細課程和報名可至官網查詢：https://www.cordonbleu.edu/kaohsiung/home/zh-hant。

✎ Memo

對這所學校感興趣嗎？
你可以先將資料記錄在這個 Memo 區，方便查找！

法國

教師陣容強大有實體店面，
擁有高知名度的廚藝名校。

雷諾特美食學校
École Lenôtre

🏠 40 rue Pierre Curie BP 6 - 78375
　　Plaisir Cedex France
📞 +33 1 30 81 46 34
✉ ecole@lenotre.fr
⚙ https://www.ecole-lenotre.com/

糕點套裝課程初級班
$ 7,800 歐元　🕐 7 週
👥 成年

糕點套裝課程中級班
$ 9,100 歐元　🕐 8 週
👥 成年

糕點套裝課程高級班
$ 12,000 歐元　🕐 8 週
👥 無限制

料理套裝課程初級班
$ 8,100 歐元　🕐 7 週
👥 成年

料理套裝課程中級班
$ 9,450 歐元　🕐 8 週
👥 成年

料理套裝課程高級班
$ 12,400 歐元　🕐 8 週
👥 成年

千層派與酥皮（單元）
$ 190 歐元　🕐 4 小時
👥 無限制

馬卡龍（單元）
$ 190 歐元　🕐 4 小時
👥 無限制

雷諾特式蛋糕（單元）
$ 115 歐元　🕐 3 小時
👥 無限制

婚禮泡芙塔（單元）
$ 135 歐元　🕐 4 小時
👥 無限制

······ 認 識 學 校 ······

全法國最多 MOF（法國最佳職人）的廚藝學校

雷諾特美食學校是在 1971 年由校長加斯通．雷諾特（Gaston Lenôtre）創校，這也是學校名稱的由來。學校主要以糕點課程為主，但也有料理課程，重實作，課程設計多已包裝成套，但仍有許多單元課程可以報名參加。號稱全法國最多 MOF（法國最佳職人）的廚藝學校，師資陣容堅強，因此學費也不便宜，原本比較適合已經具有餐飲領域基礎的工作者進修，隨著甜點課程日趨普及，現在也有適合初學者的課程了。每年招生近 3,000 名學生，外國學生佔 50%，近年來台灣學生尤其熱門，甚至有代辦中心代辦報名手續。雖然如此，還是要提醒讀者，該校是全法語授課，如果法語能力不好，學費可就浪費了。

■ 學校特色

1. 糕點技術相當精緻，堪稱法國名列前茅。
2. 全法語授課，不額外教法語，也沒有英文班。
3. 學費裡已包含每日上課的早餐和午餐。
4. 上課實作時間長，但畢業後實習機會較少。
5. 學校位在大巴黎地區外圍西南方一座叫作普萊西（Plaisir）的小鎮，比較偏遠，但有學生宿舍可以申請。

······ 了 解 課 程 ······

課程圖

套裝課程
- 糕點套裝課程初級班
- 糕點套裝課程中級班
- 糕點套裝課程高級班
- 料理套裝課程初級班
- 料理套裝課程中級班
- 料理套裝課程高級班

單元課程（部分）
- 千層派與酥皮
- 馬卡龍
- 雷諾特式蛋糕
- 婚禮泡芙塔

專業領域、課程類別與期程

　　2018年起的課程設計與以前的全能大師班有很大的不同，主要有已包裝好的2種套裝課程，分別是糕點套裝課程（Formation-pâtissier）和料理套裝課程（Formation-cuisinier），每套課程各自再分成三個階段的班，可單獨報名，也可整套報名，授課以法語學主，但老師多能夠以英語為學生解釋不懂的地方。在校區和巴黎市區的分部也有單元課程可以單獨報名。

❶ 糕點套裝課程

■初級班 L'Essentiel
- 培訓目標：學習糕點基本技巧和食譜。
- 課程內容：製作基本麵團、塔皮與千層酥皮；製作各種餅乾蛋糕體；製作果泥；製作各種蛋白霜；製作各種奶油內餡、甘那許，以及工作流程的管理與團隊工作。通過考試才能到雷諾特的生產中心實習，沒通過則要參加補考。
- 學費：7,800歐元（含刀器具、2套制服和長褲，以及安全鞋）
- 課程期間：7週（280小時的課、1週的總複習和實作考試、1週實習）
- 名額：每班12人
- 報名限制：成年且法文水準需A2以上

■中級班 L'Incontournable
- 培訓目標：學習糕點精熟的技巧和食譜。
- 課程內容：製作小蛋糕、塔、香料麵包；製作乾果、小餅乾、馬卡龍、迷你閃電泡芙；製作巧克力、糖；製作維也納麵包；製作節慶蛋糕；製作鹹食、鹹派，以及工作流程的管理與團隊工作。通過考試才能到雷諾特的生產中心實習，沒通過則要參加補考。
- 學費：9,100歐元
- 課程期間：8週（320小時的課、1週的總複習和實作考試、1週實習）
- 名額：每班12人
- 報名限制：成年且法文水準需A2以上

■高級班 La Maîtrise
- 培訓目標：熟練現代化且更高深的糕點技巧。課程結束取得結業證書（Certificate），並且是被登記在法國的職業名錄 RNCP（Répertoire national

de la certification professionnelle）

- **課程內容**：熟練現代糕點技巧，車輪泡芙、千層蛋糕的重新創作；製作盤式甜點、烤式點心、舒芙蕾與冰淇淋馬卡龍；熟練巧克力和製糖技巧，如水果軟糖和牛軋糖；製作可攜式蛋糕與現代塔；拉糖；製作更有變化的維也納麵包；法國麵包基本入門；製作鹹食、鹹派。以及工作流程的管理與團隊工作。
- **學費**：12,000 歐元
- **課程期間**：8 週（320 小時的課、1 週的總複習和實作考試）
- **名額**：每班 12 人
- **報名限制**：成年且法文水準需 A2 以上

❷ 料理套裝課程

■初級班 L'Essentiel

- **培訓目標**：學習料理基本技巧和食譜。
- **課程內容**：料理基礎，製作各種醬汁和高湯；前菜基礎，湯、鹹派和沙拉；魚類主菜，淡菜、鱈魚和比目魚；肉類主菜，烤雞、小牛肉、燉牛肉和煎肉；配菜；基本甜點，以及工作流程的管理與團隊工作。通過考試才能到雷諾特的生產中心實習，沒通過則要參加補考。
- **學費**：8,100 歐元（含刀器具、2 套制服和長褲，以及安全鞋）
- **課程期間**：7 週（280 小時的課、1 週的總複習和實作考試、1 週實習）
- **名額**：每班 12 人
- **報名限制**：成年且法文水準需 A2 以上

■中級班 L'Incontournable

- **培訓目標**：學習法式料理中經典的技巧和食譜。
- **課程內容**：各種陶罐肉派、魚、肥肝的製作；海產貝類與蝦蟹；進階的冷、熱前菜製作；進階的魚類與醬汁烹調；進階的肉類與醬汁烹調；宴會點心製作；熟練餐廳甜點的製作，以及工作流程的管理與團隊工作。通過考試才能到雷諾特的生產中心實習，沒通過則要參加補考。
- **學費**：9,450 歐元
- **課程期間**：8 週（320 小時的課、1 週的總複習和實作考試、1 週實習）
- **名額**：每班 12 人
- **報名限制**：成年且法文水準需 A2 以上

■**高級班** La Maîtrise

- 培訓目標：烹調現代化且更高級的法式料理。課程結束取得結業證書
  （Certificate），並且是被登記在法國的職業名錄 RNCP（Répertoire national de la certification professionnelle）
- 課程內容：自助式宴會的準備工作；與主廚一同創作個人特色的高級法餐；規劃菜單。規劃有預算考量的菜單；精進肉類與魚類的烹調火候；進階的盤式甜點與烤式點心，以及工作流程的管理與團隊工作。
- 學費：12,400 歐元
- 課程期間：8 週（20 小時的課、1 週的總複習和實作考試）
- 名額：每班 12 人
- 報名限制：成年且法文水準需 A2 以上

看這裡！

這裡有很棒的單元課程！

　　單元課程主要在雷諾特的甜點分店開課，地點包括 Vincennes Côté Est、Yachts de Paris 和 Parly II 這三間。多達百種課程，可以在官網依上課地點、開課日期、學費、難度和課程類別做查詢。下方則列舉部分課程供讀者參考：

課程名稱	課程內容	費用、時間與名額
千層派與酥皮 （Millefeuille et feuilletage）	製作和烘烤酥皮；奶油內餡的製作與千層派的堆疊法。	190 歐元、4 小時、6 ~ 15 人
馬卡龍 （Macarons et pochage）	學習所有製作馬卡龍的要領；內餡如何準備，以及烘烤的技巧。	190 歐元、4 小時、6 ~ 15 人
雷諾特式蛋糕 （Plaisir façon Lenôtre）	學習創校人獨創的蛋糕；杏仁餅、香草慕斯、巧克力慕斯和開心果醬。	115 歐元、3 小時、3 ~ 8 人
婚禮泡芙塔 （Le croquembouche）	學習如何堆疊泡芙塔；泡芙、香草卡士達奶油、焦糖的製作。	135 歐元、4 小時、3 ~ 8 人

······ 入 學 相 關 ······

報名與入學

• 套裝課程

A. 課程有報名限制,可參照各別課程的解說。

B. 報名須在 3 個月前。

C. 下載網路報名表格填寫完畢後,連同履歷表、動機信、護照影本、保險證明和其他基本資料文件,將所有書面資料郵寄校方報名。

D. 須預繳 20%的學費,匯款帳號洽官網下載的報名介紹。

E. 3 個月以上的長期課程,長期學生簽證(VLS-TS)是少不了的,一旦完成報名,校方會提供相關證明文件,以供學生在國內辦好簽證再赴法。

F. 通過書面審核的報名後,還會有透過 skype 的視訊面試。

Points 套裝課程視情況可退稅 4,500 歐元,詳情可洽校方。

• 單元課程

直接透過官網線上報名即可。

Memo 對這所學校感興趣嗎?
你可以先將資料記錄在這個 Memo 區,方便查找!

法國 軟硬體資源皆非常雄厚，
學校備受肯定業界知名。

保羅・伯庫斯餐飲學院
Institut Paul Bocuse (IPB)

🏠 1 Chemin de Calabert, 69130
　　Écully France
📞 +33 4 72 18 02 20
⚙ http://www.institutpaulbocuse.com

餐旅國際管理學士班
$ 約 45,000 歐元　🕐 4 年
👥 年滿 18 歲

國際觀光管理碩士班
$ 27,000 歐元　🕐 1 年
👥 年滿 18 歲

餐飲管理與廚藝學士班
$ 35,000 歐元　🕐 3 年
👥 年滿 18 歲

廚藝創新與領導碩士班
$ 19,850 歐元　🕐 1 年半
👥 年滿 18 歲

正宗法式料理（進修）
$ 4,150 歐元　🕐 2 週
👥 無限制

地中海料理（進修）
$ 6,765 歐元　🕐 2 週
👥 無限制

肥肝（鵝肝）料理（進修）
$ 570 歐元　🕐 2 天
👥 無限制

夏季料理（進修）
$ 1,750 歐元　🕐 5 天
👥 無限制

小酒館料理（進修）
$ 850 歐元　🕐 3 天
👥 無限制

美食表現力（進修）
$ 1,850 歐元　🕐 4 天
👥 無限制

現代盤式甜點（進修）
$ 1,425 歐元　🕐 3 天
👥 無限制

餐廳創業（進修）
$ 12,000 歐元　🕐 13 週
👥 無限制

料理與前景（進修）	料理精進（進修）
$ 7,250 歐元　🕐 7 週	$ 6,270 歐元　🕐 5 週
👥 無限制	👥 無限制

·························· 認 識 學 校 ··························

世紀名廚親創，法國首屈一指的廚藝學校

法國最著名的名廚保羅‧伯庫斯（Paul Bocuse）在 1965 年成為 MOF 與米其林三星級的名廚，因為其餐廳至今連續超過 50 年獲得米其林三星的殊榮，也因為其畢生致力於推廣法國美食文化，因此全世界對他皆以「世紀名廚」稱呼。1990 年，保羅伯庫斯與雅高集團創辦人傑哈‧貝里松（Gérard Pélisson）創立了保羅‧伯庫斯餐飲學院（Institut Paul Bocuse），雖不是法國第一間廚藝學校，卻後來居上成為法國首屈一指的廚藝學校，也是法國最難進入的廚藝學校。

學校裡有將近 700 名學生，來自世界各地 50 種不同國籍的國際學生佔了40%，相當國際化。職員有 140 名，超過 20 位專業主廚；就設備方面，料理、糕點和麵包的廚房共有 12 間，軟、硬體資源皆相當雄厚。課程設計上有一般人可以報名的短期課程，也有針對廚藝及餐飲管理方面的學士班、碩士班，甚至博士班。畢業證書皆是保羅‧伯庫斯學院與其合作的大學或商學院聯合頒發，受到業界相當看重，畢業生也往往成為業界爭相聘僱的寵兒。

■ **學校特色**

1. 法國首屈一指的廚藝學校，並頒發教育部認可的學士、碩士文憑。
2. 實習機會相當多，法國境內與海外皆有。
3. 里昂是法國第二大城，號稱「美食之都」，每兩年一次的世界料理大賽（Bocuse d'or sirha）也在這裡舉行。
4. 學校有宿舍可以申請，月租每人 400 ～ 600 歐元。

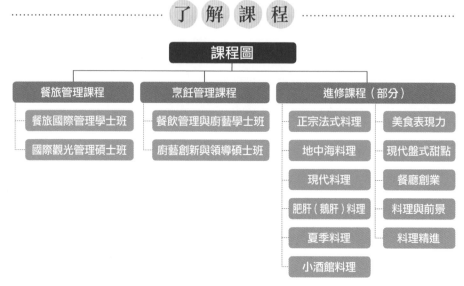

了 解 課 程

課程圖

| 餐旅管理課程 | 烹飪管理課程 | 進修課程（部分） |

- 餐旅國際管理學士班
- 國際觀光管理碩士班

- 餐飲管理與廚藝學士班
- 廚藝創新與領導碩士班

- 正宗法式料理　美食表現力
- 地中海料理　現代盤式甜點
- 現代料理　餐廳創業
- 肥肝（鵝肝）料理　料理與前景
- 夏季料理　料理精進
- 小酒館料理

專業領域、課程類別與期程

這個學校的課程分別為三大類：餐旅管理課程（Management hôtellerie et restauration）、烹飪管理課程（Management culinaire）、進修課程（Formation continue）。

❶ 餐旅管理課程

■餐旅國際管理學士班

Bachelor management international de l'hôtellerie et de la restauration

- **培訓目標**：培養餐飲和旅館管理的能力。課程結束取得畢業證書（Diplôme），由 IPB 與合作的里昂第三大學 IAE 管理學校授與學士文憑（Bachelor）。
- **課程內容**：第 1 年為英語授課；第 2、3 年則要與其他國家合作的學校做交換，包括德國、荷蘭、挪威、芬蘭、英國、愛爾蘭、匈牙利、俄羅斯、南韓、馬來西亞；第 4 年則要選定專長領域作研修。
- **學費**：第 1 年 11,800 歐元；第 2、3、4 年各 10,200 歐元；另有雜費每年 2,500 ～ 4,000 歐元不等。
- **課程期間**：4 年
- **報名限制**：（1）年滿 18 歲以上。（2）具備法國高中畢業會考文憑，或是國際高中會考文憑。（3）法文水準需 DELF B2 以上，或 TCF 420 分以上。

■**國際觀光管理碩士班** MSc in International hospitality management

- **培訓目標**:培養觀光及旅館管理和決策能力。課程結束取得畢業證書（Diplôme），由 IPB 與合作的里昂高等商學院（Emlyon Business School）授與碩士文憑（Master）。
- **課程內容**:英語授課。涵蓋行銷管理、運作管理、人力資源、會計、財務、經濟、決策、專案整合。
- **學費**：27,000 歐元（包含在保羅‧伯庫斯上課的午餐費）。
- **課程期間**：1 年（包括在法國里昂和中國上海）

❷ 烹飪管理課程

■**餐飲管理與廚藝學士班**

Bachelor arts culinaires et management de ls restauration

- **培訓目標**：培養餐飲管理能力，發展個人的廚藝特質。課程結束取得畢業證書（Diplôme），由 IPB 與合作的里昂第三大學 IAE 管理學校授與學士文憑（Bachelor）。
- **課程內容**：第 2、3 年則要與其他國家合作的學校做交換，包括英國、愛爾蘭、俄羅斯、南韓、馬來西亞。第 3 年則要選定專長領域如料理、糕點或接待安排做研修。高級餐飲美食學的課程，是由法國三星名廚雅尼克‧亞蘭諾（Yannick Alléno）為首的、一個包括 12 位來自世界各國名廚的委員會所設計。設計與創作相關課程甚至與 l'École Supérieure d'Art et Design Saint-Étienne（ESADSE）高等藝術學校合作。設備包括：6 間料理廚房、3 間糕點廚房、1 間麵包烘焙坊和 6 間餐廳。
- **學費**：第 1 年 11,800 歐元；第 2、3 各 10,200 歐元；另有雜費每年 2,500 ～ 4,000 歐元不等。
- **課程期間**：3 年
- **名額**：每班 30 人
- **報名資格**：（1）年滿 18 歲以上。（2）具備法國高中畢業會考文憑，或是國際高中會考文憑。（3）法文水準須 DELF B2 以上，或 TCF 420 分以上。

■**廚藝創新與領導碩士班** Master's in culinary leadership&innovation

- **培訓目標**：培養在餐飲領域領導管理、決策和創新的能力。課程結束取得畢業證書（Diplôme），由 IPB 與合作的芬蘭應用科學院（Université des

sciences appliquées HAAGA-HELIA）授與碩士文憑（Master）。

- 課程內容：了解法國美食文化的基礎與創新的烹飪管理。
- 學費：19,850 歐元
- 課程期間：1 年（外加 6 個月實習）
- 名額：每班 30 人
- 報名限制：必須具備餐飲領域相關的學士文憑，或是在相關領域業界經驗 5 年。

❸ 進修課程（料理系列課程）

■正宗法式料理 Cuisine française authentique

- 培訓目標：任何有興趣者在短期內，學會數道法式與米其林料理。
- 課程內容：除了教正宗傳統法式菜色之外，也包含 6 道米其林星級主廚的招牌料理。
- 學費：4,150 歐元（包括制服、鞋帽和午餐費）
- 課程期間：2 週
- 名額：每班 10 人

Points 進修課程有長期，也有短期的，像是單元課程。這裡編者僅列舉部分課程給讀者參考，讀者可上官方網站查詢課程。

■地中海料理 Cuisine méditerranéenne

- 培訓目標：任何有興趣者在短期內，學會數道地中海料理。
- 課程內容：烹調蔚藍海岸、普羅旺斯等南法料理。
- 學費：6,765 歐元（包括制服、鞋帽和午餐費）
- 課程期間：2 週
- 名額：每班 10 人

■現代料理 Cuisine contemporaine

- 培訓目標：任何有興趣者在短期內，學會數道新式料理。
- 課程內容：使用新的技術與食材烹調新式料理。
- 學費：8,700 歐元（包括制服、鞋帽和午餐費）
- 課程期間：2 週
- 名額：每班 10 人

■**肥肝（鵝肝）料理** Le foie gras

- 培訓目標：任何有興趣者在短期內，學會數道肥肝料理。
- 課程內容：從肥肝的選購到烹調準備，包含 8 種不同的料理法，讓你成為肥肝達人。
- 學費：570 歐元
- 課程期間：2 天（共 14 小時）
- 名額：每班 10 人

■**夏季料理** Cuisine contemporaine

- 培訓目標：任何有興趣者在短期內，學會數道現代料理、盤飾。
- 課程內容：包含基本的火候控制，麵團、清湯、高湯、醬汁的製作，以及料理的搭配和擺盤。
- 學費：1,750 歐元
- 課程期間：5 天（共 35 小時）

■**小酒館料理** LA cuisine bistrot

- 培訓目標：任何有興趣者在短期內，學會數道法式小酒館料理。
- 課程內容：認識法國的當地食材，掌握基本技巧，做出令人開胃的傳統法式料理。
- 學費：850 歐元
- 課程期間：3 天（共 21 小時）

❹ 進修課程（糕點系列課程）

■**美食表現力** Expression gourmande

- 培訓目標：任何有興趣者在短期內，學會數道法式糕點與盤飾。
- 課程內容：由 2009 年的世界糕點大賽冠軍傑羅姆‧朗日里耶（Jérôme Langillier）授課。透過對材料和食譜的創作，以及實質能力的鑑定，來發展對於糕點技術的了解。課程包括基本的製糖、餅乾、奶油和麵團等。
- 學費：1,850 歐元（英法雙語班）、1,450 歐元（法語班），皆包括制服、鞋帽和午餐費。
- 課程期間：3 天（共 21 小時）
- 名額：每班 10 人

■**現代盤式甜點** Les desserts à l'assiette tendance

- 培訓目標：任何有興趣者在短期內，學會數道法式糕點與盤飾甜點。
- 課程內容：由 2009 年的世界糕點大賽冠軍傑羅姆・朗日里耶（Jérôme Langillier）授課。透過對材料和食譜的創作，以及實質能力的鑑定，來發展對於糕點技術的了解。課程包括冰淇淋、餅乾、奶油、雪酪和果凍，著重溫度和成品質地的訓練，以及盤式甜點的創作。
- 學費：1,425 歐元（英法雙語班）、1,215 歐元（法語班），皆包括制服、鞋帽和午餐費。
- 課程期間：3 天（共 21 小時）
- 名額：每班 10 人

❺ 進修課程（成人轉職系列課程）

■**餐廳創業** Creer et diriger son restaurant

- 培訓目標：學會關於創業的程序、財務分析、料理等。
- 課程內容：創業程序及流程、營業執照、財務及成本分析、產品規劃、行銷及人力資源，以及 35 天的廚房實作課。
- 學費：12,000 歐元（包括刀具組、制服、鞋帽和午餐費）
- 課程期間：13 週（共 420 小時）
- 名額：每班 10 人

■**料理與前景** Cuisine & Horizon

- 培訓目標：學會關於餐廳營運、料理、糕點製作等。課程結束取得結業證書（Certificate）。
- 課程內容：料理課 4 週、糕點課 5 天、餐廳管理 3 天、食品安全與衛生 2 天、外場服務與客戶經營等。
- 學費：7,250 歐元（包括刀具組、制服、鞋帽和午餐費）
- 課程期間：7 週
- 名額：每班 10 人

■**料理精進** Cuisine & Perfectionnement

- 培訓目標：學會各式料理製作與料理理論。
- 課程內容：料理創意 5 天、真空烹煮 2 天、料理論述 5 天、料理概述 5 天，

以及地方、傳統與精緻小酒館 5 天。

- **學費**：6,270 歐元（包括午餐費）
- **課程期間**：5 週
- **名額**：每班 10 人

 課程有長期也有短期，主要針對成人轉職或發展第二專長設計，目前有上述三種課程。

········· 入 學 相 關 ·········

報名與入學

- **餐旅管理課程課程**

① 餐旅國際管理學士班

A. 課程有報名限制，可參照各別課程的解說。

B. 下載官網的報名表格，填寫完畢後，依照表格列出的文件清單，將所有書面資料郵寄校方報名。

C. 第一階段為書面審核；第二階段為面試；結果皆以電子郵件（Email）通知。

D. 錄取後需先繳交註冊費 1,600 歐元。

② 國際觀光管理碩士班

A. 課程有報名限制，可參照各別課程的解說。

B. 在官網註冊一個帳號，使用官網提供的平台錄一段自我介紹的影片，通過審核則可以進行視訊面試。

C. 通過面試後需準備以下文件給校方：簡歷、2 封推薦信、護照影本、英文版或法文版的最高學歷、大學成績單、英語程度成績文憑（TOEFL, IELTS, TOEIC, Cambridge CPE, PTE）、正式管理成績文憑（GMAT, GRE, TAGE MAGE, CAT）。

- **烹飪管理課程課程**

① 餐飲管理與廚藝學士班

A. 課程有報名限制，可參照各別課程的解說。

B. 下載官網的報名表格，填寫完畢後，依照表格列出的文件清單將所有書面資料郵寄校方報名。

C. 第一階段為書面審核；第二階段為面試；結果皆以電子郵件（Email）通知。

D. 錄取後需先繳交註冊費 1,600 歐元。

② 廚藝創新與領導碩士班

A. 課程有報名限制，，可參照各別課程的解說。

B. 必須具備餐飲領域相關的學士文憑，或是在相關領域業界經驗 5 年。

- **進修課程**

可透過官網線上報名。

Points
1. 餐旅國際管理學士班、餐飲管理與廚藝學士班的第一年有 14 個名額的獎學金可以申請，符合條件則有 25～60%的減免獎學金。

2. 餐旅國際管理碩士班對於有傑出的 GMAT 成績、學業成績和專業成就者，提供獎學金。

Memo　對這所學校感興趣嗎？
你可以先將資料記錄在這個 Memo 區，方便查找！

法國 涵蓋料理、糕點和侍酒，
課程豐富、設備超新穎。

喬爾‧侯布雄
餐飲學院
Institut international Joël Robuchon

✉ contact@iijr.fr
✿ http://institut-international-joel-robuchon.com

·········· 認 識 學 校 ··········

目前法國最眾所矚目、萬眾期待的學校

喬爾‧侯布雄（Joël Robuchon）是目前全世界旗下餐廳米其林星級加總最多的法國名廚，出生於法國中西部的普瓦捷鎮（Poitiers），這是他的童年之地，他在這裡學會了工作所需的謙卑、耐心、嚴謹、卓越、追求等可貴精神。從 2015 年他便開始著手創建這間廚藝學校，猶如落葉歸根回饋鄉里一般，這間學校就位於離普瓦捷不遠的蒙莫荷昂（Montmorillon）城鎮。

學校由 11 世紀的神學院（la Maison-Dieu）改建而成，平面面積達 10,000 平方公尺，其中包括 20 間教室，19 間開放式實習廚房，內配先進設備，1 間多媒體多功能階梯教室，1 個供學生使用的蔬菜園。學校以培養未來美食學菁英為定位，將一流的法國廚藝技術與最好的國際管理知識結合起來，所設專業涵及餐飲行業各個領域，從料理、糕點、麵包、侍酒及服務都有。培訓課程長短期皆有，短如 2 個月的國際班，長則如半年期的認證課程，以及長達 3 年的學士文憑課程。學院建成後第 1 年計畫招生 523 名學生，第 2 年增至 857 名，第 3 年達到 1,175 名，校園最多可容納 1,500 名學生。

■ 學校特色
1. 即將於 2018 年落成，在 2019 年招生，是目前法國最眾所矚目、萬眾期待的學校。
2. 課程種類豐富，並能頒發教育部認可的學士文憑與 CAP 文憑。
3. 全新完工，設備新穎，與時俱進，接軌市場。

了 解 課 程

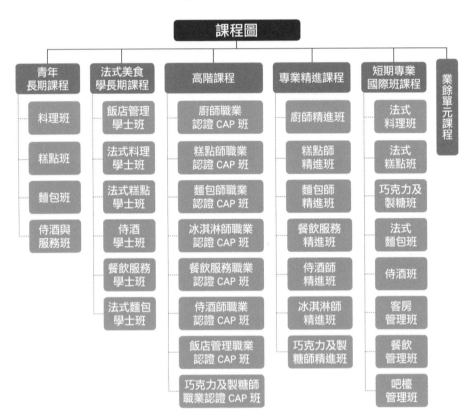

```
課程圖
├─ 青年長期課程
│   ├─ 料理班
│   ├─ 糕點班
│   ├─ 麵包班
│   └─ 侍酒與服務班
├─ 法式美食學長期課程
│   ├─ 飯店管理學士班
│   ├─ 法式料理學士班
│   ├─ 法式糕點學士班
│   ├─ 侍酒學士班
│   ├─ 餐飲服務學士班
│   └─ 法式麵包學士班
├─ 高階課程
│   ├─ 廚師職業認證 CAP 班
│   ├─ 糕點師職業認證 CAP 班
│   ├─ 麵包師職業認證 CAP 班
│   ├─ 冰淇淋師職業認證 CAP 班
│   ├─ 餐飲服務職業認證 CAP 班
│   ├─ 侍酒師職業認證 CAP 班
│   ├─ 飯店管理職業認證 CAP 班
│   └─ 巧克力及製糖師職業認證 CAP 班
├─ 專業精進課程
│   ├─ 廚師精進班
│   ├─ 糕點師精進班
│   ├─ 麵包師精進班
│   ├─ 餐飲服務精進班
│   ├─ 侍酒師精進班
│   ├─ 冰淇淋師精進班
│   └─ 巧克力及製糖師精進班
├─ 短期專業國際班課程
│   ├─ 法式料理班
│   ├─ 法式糕點班
│   ├─ 巧克力及製糖班
│   ├─ 法式麵包班
│   ├─ 侍酒班
│   ├─ 客房管理班
│   ├─ 餐飲管理班
│   └─ 吧檯管理班
└─ 業餘單元課程
```

專業領域、課程類別與期程

　　課程大別為六大類：青年長期課程（Programmes longs junior）、法式美食學長期課程（Programmes intensifs post-bac autour des métiers de la gastronomie française）、職業認證課程（Programmes courts / intensifs）、專業精進課程（Programmes de formation professionnelle continue）、短期專業國際班課程（Programmes courts intensifs en anglais）、業餘單元課程（Programmes amateurs）。

❶ 青年長期課程

- 培訓目標：招收平均年齡為 16 歲的青少年，進行法英雙語授課，課程期間為 2 年，結束後需完成實習才可取得畢業證書。培訓過程中，將了解到餐飲業工作的難度和強度，除了料理的一般理論和技巧，也學習企業的運作和科學管理的基礎知識。
- 課程內容：尚未公佈（2019 年招生後請洽學校）
- 學費：尚未公佈（2019 年招生後請洽學校）
- 課程期間：2 年
- 開設課程：料理班（Cuisine）、糕點班（Pâtisserie）、麵包班（Boulangerie）、侍酒與服務班（Sommellerie&Service）等 4 個班。

❷ 法式美食學長期課程

- 培訓目標：這是用法英雙語授課，課程期間為 3 年，每 1 年有 6 個月時間在校上課，另外 6 個月必須到業界實習，結束後頒發學士文憑畢業證書。目前規劃有 6 個班，詳細課程內容及報名資訊還在籌備中。
- 課程內容：尚未公佈（2019 年招生後請洽學校）
- 學費：尚未公佈（2019 年招生後請洽學校）
- 課程期間：3 年（每 1 年有 6 個月時間在校上課，另外 6 個月必須到業界實習）
- 開設課程：飯店管理學士班（Bachelor de Management Hôtelier）、法式料理學士班（Bachelor de cuisine française）、法式糕點學士班（Bachelor de pâtisserie française）、侍酒學士班（Bachelor de sommellerie）、餐飲服務學士班（Bachelor de service），以及法式麵包學士班（Bachelor de boulangerie française）等課程。

❸ 職業認證課程

- 培訓目標：這是用法英雙語授課，此類課程針對渴望重新調整個人職業方向的成年人而設，通過培訓，他們將獲得扎實的烹調料理技術，為再就業做準備。目前規劃有 8 個班，詳細課程內容及報名資訊還在籌備中。
- 課程內容：尚未公佈（2019 年招生後請洽學校）
- 學費：尚未公佈（2019 年招生後請洽學校）
- 課程期間：6 個月，結束後必須到業界實習 2 個月。

- 開設課程：廚師職業認證 CAP 班（CAP de reconversion en cuisine）、糕點師職業認證 CAP 班（CAP de reconversion en pâtisserie）、麵包師職業認證 CAP 班（CAP de reconversion en boulangerie）、巧克力及製糖師職業認證 CAP 班（CAP de reconversion en chocolaterie et confiserie）、冰淇淋師職業認證 CAP 班（CAP de reconversion en glacerie）、餐飲服務職業認證 CAP 班（CAP de Service de restaurant）、侍酒師職業認證 CAP 班（CAP de sommelier）、飯店管理職業認證 CAP 班（CAP gouvernant d'hôtel）等課程。

❹ 專業精進課程

- 培訓目標：法語授課，此類課程針對已經在飯店和餐飲業工作的職人而設，是為求精進繼續教育的課程。師資方面將全由該領域裡最優秀的大師進行教學（法國最佳職人 MOF、世界冠軍、博古斯世界料理大賽獲獎者、米其林星級大廚、廚藝大師）。目前規劃有 7 個班，詳細課程內容及報名資訊還在籌備中。
- 課程內容：尚未公佈（2019 年招生後請洽學校）
- 學費：尚未公佈（2019 年招生後請洽學校）
- 課程期間：不定
- 開設課程：廚師精進班（Cuisine）、糕點師精進班（Pâtisserie）、麵包師精進班（Boulangerie）、巧克力及製糖師精進班（Chocolaterie et confiserie）、冰淇淋師精進班（Glacerie）、餐飲服務精進班（Service de restaurant），以及侍酒師精進班（Sommelier）等課程。

❺ 短期專業國際班課程

- 培訓目標：這是英語授課的國際班，此類課程針對渴望重新調整個人職業方向的成年人而設，通過培訓，他們將獲得扎實的烹調料理技術，為再就業做準備。目前規劃有 8 個班，詳細課程內容及報名資訊還在籌備中。
- 課程內容：尚未公佈（2019 年招生後請洽學校）
- 學費：尚未公佈（2019 年招生後請洽學校）
- 課程期間：有冬季班和夏季班，課程期間為 2 個月，結束後必須到業界實習 2 個月。
- 開設課程：法式料理班（French culinary program）、法式糕點班（French pastry program）、巧克力及製糖班（French chocolate & confectionary program）、法式麵包班（French bakery program）、侍酒班（French

sommelier program）、客房管理班（House keeping manager）、餐飲管理班（Restaurant operations and management），以及吧檯管理班（Bar operations and management）等課程。

看這裡！ **這裡有很棒的單元課程！**

這間學校會開設多種「業餘單元課程」，皆為業餘愛好者所設的 1～5 日培訓課程，傳授專業廚藝的基礎技能。詳細課程目前尚未公布。

入 學 相 關

報名與入學

・所有課程

報名資訊仍在籌備中，可參照官網公布的資訊。

✎Memo 對這所學校感興趣嗎？
你可以先將資料記錄在這個 Memo 區，方便查找！

法國 專攻料理、麵包與糕點，學習國寶級大師的配方。

艾倫‧杜卡斯廚藝學校
Alain Ducasse Education

🏠 41, Rue de l'Abbé Ruellan 95100 Argenteuil France
📞 +33 1 34 34 19 10
✉ admissions@ducasse.com
⚙ http://www.centreformation-alainducasse.com

料理藝術學士班
💲 35,600 歐元　🕐 3 年
👥 年滿 18 歲

料理文憑班
💲 19,200 歐元　🕐 8 個月
👥 18 歲

高級料理文憑班
💲 15,000 歐元　🕐 6 個月
👥 年滿 18 歲

廚藝必修基礎班
💲 8,250 歐元　🕐 9 週
👥 年滿 18 歲

糕點必修基礎班
💲 4,333 歐元　🕐 5 週
👥 年滿 18 歲

三星級料理（單元）
💲 1,550 歐元　🕐 3 天
👥 無限制

糕點的純粹與自然（單元）
💲 830 歐元　🕐 2 天
👥 無限制

早餐與早午餐（單元）
💲 950 歐元　🕐 2 天
👥 無限制

品酒（單元）
💲 750 歐元　🕐 2 天
👥 無限制

認 識 學 校

課程實作率高，有機會在艾倫 ‧ 杜卡斯集團旗下餐廳實習

艾倫·杜卡斯（Alain Ducasse）是法國當代名廚，除了有「九星名廚」之稱，也是米其林評鑑百年來擁有最多星星的第一人。艾倫·杜卡斯由於精湛的廚藝，合作的餐廳遍布法國，後來成立了艾倫·杜卡斯集團，旗下餐廳不計其數。每次法國有廚藝界盛事，就少不了這位國寶級大師。

這間學校創立於 1999 年，位於巴黎西北郊區的城鎮阿讓特伊（Argenteuil），一開始的目標是幫集團旗下的餐廳和飯店培育人材，後來才決定開放給普羅大眾，把艾倫·杜卡斯大師畢生的廚藝傳承下去。雖然是老師傅帶領，旗下團隊多是新時代的年輕大廚，因此教學和烹調法皆能與時俱進，加上設備新穎，每年吸引 2,000 多名學生。目前糕點與麵包課程在法國國立高等糕點學校（École Nationale Supérieure de la Pâtisserie）上課；而料理課程則在阿讓特伊授課；短期課程則可在位於巴黎的校舍上課。

■ **學校特色**

1. 有開設 3 年制的學士文憑料理課程。
2. 可以學到許多國寶級大師艾倫 ‧ 杜卡斯的食譜配方，尤其是現代料理。
3. 課程有相當高的實作率，實習也多，而且是艾倫 ‧ 杜卡斯集團旗下的餐廳。
4. 有機會參觀歐洲最大的漢吉斯（Rungis）市場。
5. 可透過學校安排，取得國家認可的職業能力檢定 VAE（全名 La Validation des Acquis de L'expérience，意指具備某領域經驗的檢定）。

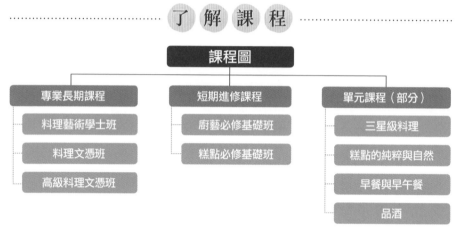

了 解 課 程

```
課程圖
├── 專業長期課程
│   ├── 料理藝術學士班
│   ├── 料理文憑班
│   └── 高級料理文憑班
├── 短期進修課程
│   ├── 廚藝必修基礎班
│   └── 糕點必修基礎班
└── 單元課程（部分）
    ├── 三星級料理
    ├── 糕點的純粹與自然
    ├── 早餐與早午餐
    └── 品酒
```

專業領域、課程類別與期程

　　以課程長短分成三類課程，分別是專業長期課程（Formation initiale）、短期進修課程（Reconversion professionnelle - entrepreneur）、單元課程（Formation continue & perfectionnement）。

❶ 專業長期課程

■料理藝術學士班 Bachelor des arts culinaires

- 培訓目標：從基礎到高階，教授完整的廚藝領域學識以及餐廳管理，以取得教育部承認的學位文憑為目標。課程結束取得法國教育部頒發的學士文憑（Bachelor diplôme）。
- 課程內容：英法雙語授課。第 1 年：掌握基本料理和糕點技巧，對食材和產品的認識，原物料成本管控，以及 5 個月的實習。第 2 年：學習餐飲領域新的趨勢和知識技術，艾倫‧杜卡斯的料理哲學與革新，基本的餐飲管理與行銷，以及 5 個月的實習。第 3 年：餐廳創業模擬，技術創新與研發方法，自我實現，菜單設計，工具軟體的應用，專題討論。
- 學費：第 1 年：12,000 歐元；第 2 年：11,800 歐元；第 3 年：11,800 歐元。
- 課程期間：3 年（期間有 2 次的 5 個月實習）
- 名額：每班 10 人
- 報名限制：（1）年滿 18 歲。（2）法文程度 DELF B2 水準，以及 TOEIC 成績 605 分以上。（3）具備法國高中會考普通組或技術組文憑，或是法國

Niveau4 之同等學力。（4）須通過學校安排的線上軟體入學筆試（多選題，範圍包括對餐飲領域的基本常識、組織架構、蔬菜魚肉五穀雜糧的認識、工具設備的認識，以及餐飲專有名詞）。

■料理文憑班 Diplôme de cuisine

- 培訓目標：掌握基本的烹飪技巧，學習最關鍵的廚藝認知、餐廳廚房團隊之分工組織。課程結束取得結業證書（Certificate），也可透過學校安排，取得國家認可的職業能力檢定 VAE（全名 La validation des acquis de lexpérience，意指具備某領域經驗的檢定）。
- 課程內容：可選擇英語班或法語班。第 1 部分：基本工、醬汁與調料、烹調法、蔬菜和五穀類，以及第一次評量。第 2 部分：溝通、肉類與禽類，以及第二次評量。第 3 部分：管理與行政、水產、糕點基礎，以及第三次評量。參觀歐洲最大的漢吉斯（Rungis）市場、供應商，以及期末測驗。第 4 部分：12 週在艾倫‧杜卡斯集團旗下的餐廳實習。
- 學費：19,200 歐元（包括午餐費、刀具組、2 套制服、1 件褲子和 1 雙安全鞋）。
- 課程期間：8 個月（包含 12 週在艾倫‧杜卡斯集團旗下的餐廳實習）
- 名額：每班 10 人
- 報名限制：（1）年滿 18 歲。（2）須具備法國高中會考文憑或其同等學力。

■高級料理文憑班 Diplôme supérieur de cuisine

- 培訓目標：適合至少有 2 ～ 3 年廚房經驗者，透過前瞻和實用的料理課程，學習更高階的烹飪技巧，也利用長時間的實習經驗，豐富學員的技能和履歷。課程結束取得結業證書（Certificate），也可透過學校安排，取得國家認可的職業能力檢定 VAE（全名 La validation des acquis de l'expérience，意指具備某領域經驗的檢定）。
- 課程內容：英語授課。第 1 部分：複習基本工、傳統與創新、真空烹調法、宴會料理和熟食，以及第 1 次評量。第 2 部分：趨勢、自然、早餐、自助式餐點和客房餐點，以及第 2 次評量。第 3 部分：資訊軟體、溝通、管理、參觀以及期末測驗。第 4 部分：12 週在艾倫‧杜卡斯集團旗下的餐廳實習。
- 學費：15,000 歐元（包括 2 套制服）
- 課程期間：6 個月（包含 12 週在艾倫‧杜卡斯集團旗下的餐廳實習）
- 名額：每班 10 人

- **報名限制**：（1）年滿 18 歲。（2）須具備流利的英文。（3）具備廚藝之學習背景，或至少有 2 ～ 3 年廚房經驗。

❷ 短期進修課程

■廚藝必修基礎班 L'Essentiel des arts culinaires

- **培訓目標**：用最短的時間，密集的實作訓練（80％），教授所有基礎必會的烹飪技巧。課程結束取得結業證書（Certificate），也可透過學校安排，取得國家認可的職業能力檢定 VAE（全名 La validation des acquis de l'expérience，意指具備某領域經驗的檢定）。
- **課程內容**：法語授課。第 1 部分：廚藝技巧如基本工、高湯、醬汁、蔬菜、禽和肉、魚貨水產、基本甜點和地中海料理等，共 6 週。第 2 部分：餐廳管理、成本管理、參觀歐洲最大的漢吉斯（Rungis）市場，以及期末測驗，共 1 週。第 3 部分：在艾倫·杜卡斯集團旗下的餐廳實習 1 週。第 4 部分：衛生和營運法規課程，共 1 週。
- **學費**：8,250 歐元（包括刀具組、2 套制服、1 件褲子和 1 雙安全鞋）
- **課程期間**：9 週
- **名額**：每班 10 人

■糕點必修基礎班 L'essentiel de la pâtisserie

- **培訓目標**：用最短的時間，密集的實作訓練（75％），教授所有基礎必會的糕點技巧。課程結束取得結業證書（Certificate）。
- **課程內容**：法語授課。糕點基礎 1 週、艾倫·杜卡斯的經典甜點 1 週、巧克力、焦糖與榛果 1 週、小西點和三明治 1 週、輕食鹹點，以及成本控制和期末測驗 1 週。
- **學費**：4,333 歐元（包括刀具組、2 套制服、1 件褲子和 1 雙安全鞋）
- **課程期間**：5 週（共 200 小時）
- **名額**：每班 10 人

❸ 單元課程

■三星級料理 Entrées et plats 3 étoiles

- **培訓目標**：以艾倫·杜卡斯米其林三星級的餐廳菜色為主題，教授精緻料理的烹調技巧。

- 課程內容：以廚房領班職級以上的廚師為主要對象。糕點基礎 1 週、艾倫·杜卡斯的經典甜點 1 週、巧克力、焦糖與榛果 1 週、小西點和三明治 1 週、輕食鹹點，以及成本控制和期末測驗 1 週。
- 學費：1,550 歐元（含午餐）
- 課程期間：3 天（共 24 小時）
- 名額：每班 10 人

■糕點的純粹與自然 Simplicité et naturalité en pâtisserie
- 培訓目標：創作餐廳裡無糖、無奶油的甜點技巧。
- 課程內容：以助理廚師職級以上人員為對象，教授製作無糖、無奶油點心。
- 學費：830 歐元（含午餐）
- 課程期間：2 天（共 16 小時）
- 名額：每班 10 人

■早餐與早午餐 Petit-déieuner et brunch
- 培訓目標：早餐和早午餐的備料方式及成本控管。
- 課程內容：以廚房各級人員，以及吧檯、服務生與經理為對象，教授餐飲備料、做法與成本計算。
- 學費：950 歐元（含午餐）
- 課程期間：2 天（共 16 小時）
- 名額：每班 10 人

■品酒 Autour des vins
- 培訓目標：選酒、侍酒與管理酒藏。
- 課程內容：以吧檯、服務生與經理等初學者為對象，教授認識酒、選酒與儲藏等。
- 學費：750 歐元（含午餐）
- 課程期間：2 天（共 16 小時）
- 名額：每班 10 人

Points 單元課程種類很多，授課時間約 2 ～ 3 天。大致有以下這些類別：精選料理（Cuisine d'exception）、艾倫·杜卡斯自然輕食（Naturalité d'alain Ducasse）、食材導向（Autour des produits）、烹調法（Perffectionnement des techniques）、現代料理（Tendances culinaires）、輕食餐車

（Restauration nomade et cantine chic）、糕點（Pâtisserie）、餐飲服務（Arts de la table），以及餐飲管理（Les autres expertises de la restauration）等。

.... 入 學 相 關 ....

報名與入學

• 專業長期課程

① 料理藝術學士班

A. 課程有報名限制，可參照各別課程的解說。

B. 下載並填妥官網報名表上的基本資料、學經歷、入學梯次。檢附護照影本、照片、履歷表、法文動機信、最高學歷影本、80 歐元的報名費匯款證明。若有實習證明、雇主證明、DELF 法文檢定成績證明、TOEIC 英文檢定成績證明、推薦信也可檢附。備妥以上資料，寄給學校。學校審核你的報名資料，一旦通過，將會用電子郵件寄發筆試通知等詳細資訊。

C. 依通知進行線上筆試，15 天後可知道筆試結果，合格者將收到口試通知。

D. 依通知進行 15 ～ 20 分鐘的口試，10 天後收到口試錄取與否之結果。

E. 一旦錄取，須再檢附廚服尺寸、1,200 歐元的預付學費匯款證明、體檢證明、保險證明，以及法國的健保卡或社會安全號碼。

F. 每年分 3 月、9 月兩個梯次入學，須提前 1 個月報名。

Points 料理藝術學士班設有獎學金，詳情請洽學校。

② 料理文憑班

A. 課程有報名限制，可參照各別課程的解說。

B. 下載並填妥官網的報名表（包括預約報名表 Fiche de réservation，以及 Diplôme de cuisine 班的建檔表格），連同履歷和動機信，以傳真、電子郵件或郵寄給學校。

C. 學校收到報名資料後，將以傳真或電子郵件寄出報名合約和課程簡章，學員填妥這些表格後簽名回傳。

D. 學員將在課程開始前 15 天收到開學通知單。

F. 每年分 3 月、11 月兩個梯次入學。

③ 高級料理文憑班

A. 課程有報名限制,可參照各別課程的解說。

B. 下載並填妥官網的報名表,以傳真、電子郵件或郵寄給學校。

C. 學校收到報名資料後,將以傳真或電子郵件寄出報名合約和課程簡章,學員填妥這些表格後簽名回傳。

D. 學員將在課程開始前 15 天收到開學通知單。

• **短期進修課程**

A. 年滿 18 歲。

B. 下載並填妥官網的報名表,以傳真、電子郵件或郵寄給學校。

C. 學校收到報名資料後,將以傳真或電子郵件寄出報名合約和課程簡章,學員填妥這些表格後簽名回傳。

D. 學員將在課程開始前 15 天收到開學通知單。

F. 廚藝必修基礎班每年有 6 個梯次入學。

G. 糕點必修基礎班每年分 3 月、10 月兩個梯次入學

• **單元課程**

下載並填妥官網的報名表,以傳真、電子郵件或郵寄給學校。

Memo　對這所學校感興趣嗎?
你可以先將資料記錄在這個 Memo 區,方便查找!

 法國　課程包含名廚的料理配方，設備與教師皆為一時之選。

艾倫・杜卡斯
廚藝教室

Ecole Culinaire d'Alain Ducasse

🏠 64, rue du Ranelagh 75016 Paris France
📞 +33 1 44 90 91 00
✉ ecole@alain-ducasse.com
⚙ http://www.ecolecuisine-alainducasse.com

熱門課程─舒芙蕾（單元）
$ 90 歐元　🕐 2 小時
👥 無限制

波爾多紅酒（單元）
$ 90 歐元　🕐 2 小時
👥 無限制

小酒館甜點（單元）
$ 170 歐元　🕐 4 小時
👥 無限制

葡萄酒與乳酪（單元）
$ 110 歐元　🕐 2 小時
👥 無限制

三星級料理─晚宴大餐（單元）
$ 140 歐元　🕐 2 小時
👥 無限制

四手聯彈親子下午茶（單元）
$ 140 歐元　🕐 2 小時
👥 6～12 歲孩童與父母

小酒館料理─英文班（單元）
$ 90 歐元　🕐 2 小時
👥 無限制

沉浸在料理中─青少年班（單元）
$ 290 歐元　🕐 3 天
👥 年滿 13 歲的青少年

‧‧‧‧‧ 認 識 學 校 ‧‧‧‧‧

2009 年創立，針對一般大眾開設的料理與烘焙教室

　　艾倫・杜卡斯（Alain Ducasse）是法國當代名廚，他在摩納哥開設了「路易十五餐廳」（Le Louis XV），另外也在紐約及巴黎開設了兩間餐廳。這三間餐廳皆獲得著名美食評鑑「米其林指南」評為「三顆星」（最高等級），合計便有九星，因此也被稱為「九星名廚」。但其實他現在光在法國就已經擁有 19

顆星星了，也是米其林評鑑百年來擁有最多星星的第一人。艾倫·杜卡斯由於精湛的廚藝，合作的餐廳遍布法國，後來成立了艾倫·杜卡斯集團，旗下餐廳不計其數。每次法國有廚藝界盛事，就少不了這位國寶級大師。2017 年法國總統府宴請 200 位大廚的餐會，就是由艾倫·杜卡斯帶領其他五位超級名廚的團隊完成。

前面介紹過的「艾倫·杜卡斯廚藝學校」位於巴黎西北郊區的城鎮阿讓特伊（Argenteuil），主要針對專業人士提供中、長期課程。而這一間「艾倫·杜卡斯廚藝教室」則位於繁華的巴黎 16 區，對象是業餘愛好者，全為短期單元課程，即便是初學者，或想要親子同樂的家庭，都可在這佔地 700 平方公尺、舒適又生活化的空間裡，找到許多有趣的課程。

■ 學校特色

1. 可以學到許多國寶級大師艾倫·杜卡斯的食譜配方，尤其是現代料理。
2. 位於法國花都巴黎，風景名勝多，活動也多，可盡情享受浪漫的法式生活。
3. 「艾倫·杜卡斯廚藝教室」的課程會比「艾倫·杜卡斯廚藝學校」來得親切與貼近生活。
4. 有許多用英語授課的課程。

了 解 課 程

```
                    課程圖
                       │
               單元課程（部分）
        ┌──────────────┴──────────────┐
   小酒館甜點                    熱門課程—舒芙蕾
   小酒館料理                    三星級料理—晚宴大餐
   葡萄酒與乳酪                  波爾多紅酒
   沉浸在料理中—青少年班         四手聯彈親子下午茶
```

專業領域、課程類別與期程

　　艾倫‧杜卡斯廚藝教室全為短期單元課程，依照料理、糕點、酒，親子和青少年班分類。課程期間通常只有幾個小時，最多 2～3 天，以下舉例部分課程說明，讀者也可至官網查看課程。

單元課程

■熱門課程──舒芙蕾 Plein feu sur : le soufflé
- 課程內容：學習甜的與鹹的舒芙蕾配方，以及烤成功的祕訣，實作乳酪舒芙蕾、蘭姆酒舒芙蕾和榛果巧克力舒芙蕾。
- 學費：90 歐元
- 課程期間：2 小時

■小酒館甜點 La pâtisserie des bistrots d'alain Ducasse
- 課程內容：以艾倫‧杜卡斯小酒館級的餐廳甜點為主題，學習修女舒芙蕾、紅杏仁糖塔與車輪榛果泡芙。
- 學費：170 歐元
- 課程期間：4 小時

■三星級料理──晚宴大餐 Cuisine 3*: la soirée grande cuisine
- 課程內容：以艾倫‧杜卡斯米其林三星級的餐廳菜色為主題，邊做邊學一道精緻料理 ── 燒烤魛菱魚佐生蠔醬和海藻沙拉。
- 學費：140 歐元
- 課程期間：2 小時

■小酒館料理──英文班 Cooking class in english: bistro cuisine
- 課程內容：以艾倫‧杜卡斯小酒館級的餐廳菜色為主題，邊做邊學一道精緻料理 ── 香煎小牛胸腺佐鬆軟洋芋與婆羅門參。
- 學費：90 歐元
- 課程期間：2 小時

■波爾多紅酒 Bordeaux rouge
- 課程內容：波爾多紅酒品味賞析。
- 學費：65 歐元
- 課程期間：1.5 小時

■葡萄酒與乳酪 Vins / Fromages
- 課程內容：跟著侍酒師，學習葡萄酒與乳酪的選擇與搭配。
- 學費：110 歐元
- 課程期間：2 小時

■四手聯彈親子下午茶 Parents + Enfants : préparez son "tea-time" à 4 mains
- 課程內容：招生 6 ～ 12 歲的小朋友，跟著主廚和父母，用有趣的方式，一起準備幾道下午茶點心。
- 學費：140 歐元
- 課程期間：2 小時

■沉浸在料理中——青少年班 L'immersion en cuisine pour les teens
- 課程內容：招生 13 歲以上的青少年，用 3 個早上的時間，學習料理和糕點的樂趣。如香草泡芙、巧克力榛果蛋糕、熱帶水果奶昔、煎鮭魚佐甜椒醬、巧克力和開心果馬芬、蘑菇披薩、雞肉串佐花生醬，以及檸檬百里香烤布蕾。
- 學費：290 歐元
- 課程期間：3 天

入 學 相 關

報名與入學
• 單元課程
透過官網的互動式網頁，只要將感興趣的課程加入購物清單，再進行線上付費即可。

法國　巴黎市中心的精華學校，
集合多位 MOF 客座教授助陣。

巴黎貝魯耶協會
美食學校
École Gastronomique Bellouet Conseil Paris

🏠 304/306 rue Lecourbe 75015 Paris France
📞 +33 1 40 60 16 20
✉ bellouet.conseil@wanadoo.fr
⚙ http://www.ecolebellouetconseil.com

糕點班
$ 14,400 歐元　🕐 432 小時
👤 年滿 18 歲

麵包—傳統法國麵包（單元）
$ 2,325 歐元　🕐 40 小時
👤 無限制

熟食與輕食—
三明治與烤麵包總匯（單元）
$ 1,500 歐元　🕐 24 小時
👤 無限制

巧克力製糖—復活節巧克力（單元）
$ 1,395 歐元　🕐 24 小時
👤 無限制

盤式甜點—
餐廳盤式甜點設計與精鍊
$ 1,395 歐元　🕐 24 小時
👤 無限制

冰淇淋與雪酪—
糕點店的冰淇淋與雪酪（單元）
$ 930 歐元　🕐 16 小時
👤 無限制

拉糖—拉糖藝術（單元）
$ 1,860 歐元　🕐 32 小時
👤 無限制

········· 認 識 學 校 ·········

地理位置佳，師資極優的專業學校

　　這是一間私立的教育機構，位於巴黎市中心 15 區的精華地段，創校已經有 28 年了，創校校長貝魯耶（G. Joël Bellouet）曾經是雷諾特（Lenôtre）糕點學校的老師，現任校長米歇·爾貝魯（Jean Michel Perruchon）則曾任職於名店馥頌（Fauchon）。校長本人就是位糕點 MOF（法國最佳職人），因此除了校內八位高級師傅授課以外，也邀請了許多 MOF 擔任客座主廚。課程領域涵蓋

糕點、麵包、巧克力、冰淇淋及法式熟食,長期課程提供每天的早餐,短期課程則提供每日午餐,還可代訂住宿旅館,而且是三星的德拉佩飯店(Hotel de la Paix)和蒙帕納斯會議飯店(Hotel de la Convention Montparnasse),是很適合外國人學習的學校。

■ 學校特色
1. 上課與實習皆可選擇法文班或英文班。
2. 課程種類豐富,並能頒發教育部認可的學士文憑與 CAP 文憑。
3. 學校可代訂住宿旅館。

了 解 課 程

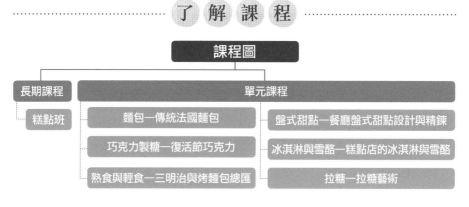

專業領域、課程類別與期程

目前分為兩大類課程:長期課程(Formations longue durée)、單元課程(Cours professionnels)。介紹如下:

❶ 長期課程

■**糕點班** Formations longue durée
- 培訓目標:每週有不同的主題課程,由名師教授各種經典、創意糕點的製作方法,以及相關的理論、食材等知識。培養成為糕點師的基礎技能。
- 課程內容:有 12 個單元主題,包含:經典與傳統糕點、維也納麵包與塔麵團、特色糕點、傳統與創新糕點、小糕點、冰點心、巧克力節慶、特色餐廳甜點、糖果、餐飲服務、糕點裝飾等。
- 學費:14,400 歐元(含刀器具、3 件廚服、2 件廚褲及 3 件圍裙)
- 課程期間:每種單元上 1 週(週一～四全日制,週五上午),12 種單元共

12 週（432 小時）；實習最多可申請 60 天。
- 名額：每班 10 人

Points 提供每日早餐。

❷ 單元課程

■麵包─傳統法國麵包 Boulangerie - le pain traditionnel français
- 培訓目標：在短時間中，從基礎麵團、麵包製作技巧開始教授，進而學會製作各類麵包。
- 課程內容：基本麵團與技巧、法式鄉村麵包、傳統麵包、雜糧麵包等，在密集的時間裡，由 MOF 麵包師傅授所有做好麵包的技巧。
- 學費：2,325 歐元
- 課程期間：5 天（共 40 小時）

■巧克力製糖─復活節巧克力 Chocolat & Confiserie - chocolat spécial pâques
- 培訓目標：於密集課程中，鑽研學習製作復活節慶巧克力。
- 課程內容：蛋形創意巧克力、半球巧克力、上色技術、造型巧克力。
- 學費：1,395 歐元
- 課程期間：3 天（24 小時）

■熟食與輕食─三明治與烤麵包總匯
Traiteur et snacking - festival de sandwiches et tartines
- 培訓目標：於密集課程中，學習特定麵包與餡料製作技巧。
- 課程內容：各種三明治、貝果、簡單義大利麵、披薩。
- 學費：1,595 歐元
- 課程期間：3 天（共 24 小時）

■盤式甜點─餐廳盤式甜點設計與精鍊
Desserts à l'assiette - desserts de restaurant desingn et raffines
- 培訓目標：於密集課程中，學習特定糕點冰品製作與盤飾。
- 課程內容：盤式甜點快速備料、季節性甜點、冰淇淋與雪酪的盤飾。
- 學費：1,395 歐元
- 課程期間：3 天（共 24 小時）

■冰淇淋與雪酪—糕點店的冰淇淋與雪酪

Glaces et sorbets - glaces, sorbets pour le pâtissier de boutique

- 培訓目標：於密集課程中，學習冰品、醬料製作。
- 課程內容：外帶式冰淇淋與雪酪、配料與淋醬、杯式碗式棒式的製作，所有冰淇淋與雪酪的技術。
- 學費：930 歐元
- 課程期間：2 天（共 16 小時）

■拉糖—拉糖藝術 Travail du sucre - sucre d'art pieces artistiques

- 培訓目標：於密集課程中，學習專業拉糖工藝。
- 課程內容：糖的花藝、畫糖、糖彩帶、拉糖與吹糖，所有關於拉糖的技術，甚至比賽的準備。
- 學費：1,860 歐元
- 課程期間：4 天（共 32 小時）

Points 短期單元課程跨麵包、糕點、巧克力、冰淇淋和輕食領域，多達 36 種，期程大多是 2 ～ 5 天，學費已包含午餐，也可代訂住宿旅館。上述列舉部分課程給讀者參考。

········· 入 學 相 關 ·········

報名與入學

- **專業課程**

A. 年滿 18 歲以上的成人，可透過電子郵件（Email）、傳真，或上官網系統線上報名，並將所有書面資料郵寄校方。需繳交保險證明影印本。

B. 準備資料包含：照片、履歷表、護照影印本、健康證明影印本、民事責任保險、3,000 歐元實習押金。

Points 對於居留法國超過 3 個月的外國人，註冊時學校提供註冊證明（Attestaton d'inscription）以辦理長期觀光簽證（Visiteur longue durée）。

- **單元課程**

透過電子信箱（Email）、傳真，或上官網系統線上報名，並將所有書面資料郵寄校方。

 法國 由知名的麵粉大廠創立，堅固傳統與創新的學校。

巴黎麵包及糕點學校

École de Boulangerie et Pâtisserie de Paris (EBP)

🏠 64 rue des Pirogues de Bercy – 75012 Paris France
📞 +33 1 53 02 93 70
✉ francisco@ebp-paris.com
✿ http://www.ebp-paris.com

麵包師／糕點師 CAP 文憑 1 年班

$ 無，可支薪 　🕐 1 年
👥 年滿 15 ～ 25 歲

糕點師精進班

$ 無，可支薪 　🕐 1 年
👥 年滿 15 ～ 25 歲

麵包師／糕點師 CAP 認證實習加長班

$ 麵包師 7,207 歐元
　糕點師 7,917 歐元
🕐 6 個月 　👥 無限制

麵包師／糕點師 CAP 認證短期班

$ 麵包師 7,207 歐元
　糕點師 7,917 歐元
🕐 4 個月 　👥 無限制

維也納麵包班（單元）

$ 588 歐元 🕐 3 天
👥 無限制

糕點班（單元）

$ 980 歐元 🕐 5 天
👥 無限制

麵包班（單元）

$ 980 歐元 🕐 5 天
👥 無限制

········· 認 識 學 校 ·········

巴黎的傳統名校，教師陣容堅強

　　這間專門學校是法國大磨坊麵粉公司（Les grands moulins de Paris）為了培養麵包、糕點職人，於 1929 年創立的學校。課程上有針對成人的班，也有針對年輕學徒的班。主要都是以法國職業認證 CAP（Certificat d'aptitude

professionnelle）為目標，成人班需自費，學徒不但學費全免，依照法國法律，還有部分薪資可領，當然這麼令人夢寐以求的機會，相對申請也難，不但法文程度要好到如同法國中學生，還要自己有能力找到雇主簽三方的學徒合約才能就讀。

Points 關於 CAP（職業能力認證，certificat d'aptitude professionnelle）和學徒制，可參照 p.40 ～ 41 的説明。

■ **學校特色**

1. 每年收 240 名糕點和麵包學徒，從 1 ～ 3 年制都有，結業後可參加國家考試，取得教育部認可的學歷。
2. 學徒課程不但學費全免，還可依照法國法律領薪。

················ 了 解 課 程 ·····················

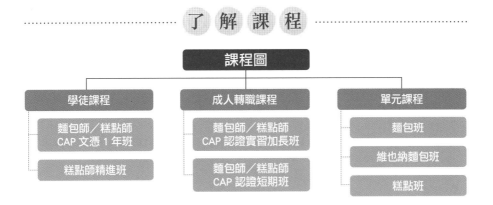

課程圖

| 學徒課程 | 成人轉職課程 | 單元課程 |

麵包師／糕點師 CAP 文憑 1 年班	麵包師／糕點師 CAP 認證實習加長班	麵包班
糕點師精進班	麵包師／糕點師 CAP 認證短期班	維也納麵包班
		糕點班

專業領域、課程類別與期程

目前分為以下三大類課程：學徒課程（Formation d'apprentis）、成人轉職課程（Formations pour adults en reconversion）、單元課程（Formation courte / sur mesure）。

➊ 學徒課程

■麵包師／糕點師 CAP 文憑 1 年班
CAP Boulangerie ou pâtisserie pour diplômés
- 培訓目標：經由學科和術科的教學，取得 CAP 麵包師／糕點師的文憑。
- 課程內容：包括實作、技術應用、應用科學、企業認知、環境、法律與社會、業界實習。
- 學費：無
- 課程期間：1 年（460 小時在學校研修）
- 名額：麵包師班 12 人，糕點師班 12 人。
- 報名限制：（1）年滿 15 ～ 25 歲。（2）具有其他 CAP 文憑（如廚師或巧克力師）或 Bac Pro 文憑。

Points 課程結束後，通過學校安排的國家考試，可取得法國教育部頒發的文憑（CAP Niveau 5 – diplôme d'etat）。

■糕點師精進班 Mention complementaire patisserie
- 培訓目標：補足和精進糕點師技能。
- 課程內容：包括實作、技術應用、應用科學、企業認知、環境、法律與社會、業界實習。
- 學費：無
- 課程期間：1 年（330 小時在學校研修）
- 名額：每班 12 人

Points 另有 2 年制和 3 年制學徒課程，詳情請洽學校官網。

➋ 成人轉職課程

■麵包師／糕點師 CAP 認證實習加長班
Préparation session longue au CAP de boulangerie ou de pâtisserie
- 培訓目標：經由學科和術科的教學，考取 CAP 麵包師／糕點師的國家認證。
- 課程內容：包括實作、技術應用、應用科學、企業認知、環境、法律與社會、業界實習。
- 學費：麵包師 7,207 歐元；糕點師 7,917 歐元。

- 課程期間：6 個月（13 週的課，以及 13 週必要的實習）
- 名額：麵包師班 12 人，糕點師班 12 人。

 Points 1. 所有想考 CAP 麵包師／糕點師的成人，皆可報名。

2. 課程結束取得修業證書（Certificate），通過學校安排的國家考試，可取得法國教育部頒發的文憑（CAP Niveau 5 – diplôme d'etat）。

■麵包師／糕點師 CAP 認證短期班

Préparation session courte au CAP boulanger ou CAP pâtissier

- 培訓目標：經由學科和術科的教學，考取 CAP 麵包師／糕點師的國家認證。
- 課程內容：包括實作、技術應用、應用科學、企業認知、環境、法律與社會、業界實習。
- 學費：麵包師 7,207 歐元；糕點師 7,917 歐元。
- 課程期間：4 個月（13 週的課，以及 5 週必要的實習）
- 名額：麵包師班 24 人，糕點師班 24 人。
- 報名限制：想考CAP麵包師／糕點師，且具有BAC文憑或具有業界經驗的人。

Points 課程結束取得修業證書（Certificate），通過學校安排的國家考試，可取得法國教育部頒發的文憑（CAP Niveau 5 – diplôme d'etat）。

看這裡！ **這裡有很棒的單元課程！**

　　巴黎麵包及糕點學校的單元課程種類很多，主要是開放給所有對麵包、維也納麵包和糕點有興趣的大眾，無年齡限制，都可以參加，可直接在官網上報名。以下列舉幾種受歡迎的課程：

課程	時間和學費
麵包班	5 天、980 歐元
維也納麵包班	3 天、588 歐元
糕點班	5 天、980 歐元

報名與入學

・學徒課程

A. 課程有報名限制，可參照各別課程的解説。

B. 下載網路報名表格，填寫完畢後，將所有書面資料郵寄校方報名。

C. 所有 CAP 類的課程都是第一關報名審核，第二關面試審核，通過面試始可入學。

・成人轉職課程

A. 課程有報名限制，可參照各別課程的解説。

B. 下載網路報名表格，填寫完畢後，將所有書面資料郵寄校方報名。

C. 所有 CAP 類的課程都是第一關報名審核，第二關面試審核，通過面試始可入學。

・單元課程

填寫報名表通訊報名即可。

Memo

對這所學校感興趣嗎？
你可以先將資料記錄在這個 Memo 區，方便查找！

法國 業界經驗豐富的主廚齊聚，
超人氣的料理、烘焙教室。

主廚工作坊
Atelier des Chefs

🏠 8 rue Pernelle, 75004 Paris France
📞 +33 1 83 81 66 37
✉ formation@atelierdeschefs.com
⚙ https://www.atelierdeschefs.fr

廚房執行管理企劃課程
$ 15,400 歐元　🕐 6 個月
👥 無限制

實習實作課程
$ 250 ～ 1,500 歐元　🕐 1 ～ 10 天
👥 無限制

廚師職業資格認證 CQP 課程
$ 30,240 歐元　🕐 7 個月
👥 無限制

線上廚師職業認證 CAP 課程
$ 每個單元，54 歐元
🕐 註冊起有效 2 年　👥 無限制

職業複習衝刺課程
$ 洽詢學校　🕐 6 週
👥 無限制

單元課程
$ 17 ～ 114 歐元
🕐 0.5 小時～數天　👥 無限制

······ 認 識 學 校 ······

歐洲廚藝教學領域的翹楚，影片教學的先驅

　　這是一所以示範教學影片聞名的學校，常常我們在網路上搜尋特定的法式料理食譜或技巧時，就會找到這個網站的影片。它於 2004 年創立，擁有超過 36 位主廚的團隊，以料理教學為主，但也有一些甜點示範。全法有 15 個工作坊，城市遍及巴黎、艾克斯、波爾多、里爾、里昂、吐魯茲、南特和史特拉斯堡等，甚至連倫敦與杜拜都有。此外，也有販售器具、食譜的商店。

■ 學校特色
1. 廚藝教室設備齊全且優質,地點遍布全法國。
2. 課程種類繁多,線上教學影片堪稱全法第一。

········· 了 解 課 程 ·········

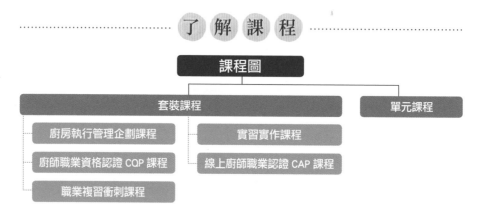

專業領域、課程類別與期程

　　課程可大致劃分成兩大類:套裝課程(Formations)和單元課程(Coursen atelier)。套裝課程是因應各類學員需求而開創的中、長期課程,主題包括 CAP 認證、中年轉業,甚至餐飲管理課程,期程從幾天至 1 年都有,選擇很多。單元課程則是主廚工作坊最富盛名的主打,舉凡各類料理、甜點、麵包課程,甚至異國料理或親子課程,都在它們廚藝教室的課程清單中。

套裝課程

■廚房執行管理企劃課程 Executive MBA cuisine et entrepreneuriat

- 培訓目標:這是一個與巴黎 ESG 商業管理學院合作開辦的課程,主要目標是讓有志開餐廳,或將投入餐飲業的學生及社會人士,能夠具備餐飲管理的基礎能力。
- 課程內容:課程中以 10 人小組為單位,跟著主廚們學習廚房團隊該具備的認知和技術,包括菜單設計、食材選擇、供應商管理和財務研究。
- 學費:15,400 歐元
- 課程期間:6 個月(240 小時在 ESG 學院上課,200 小時在主廚工作坊學藝),每年 2 月及 10 月開課。

Points

1. 套裝課程聯絡窗口：

電子信箱：formation@atelierdeschefs.com

電話：+33 01 83 81 66 37

2. 此課程的特別聯絡窗口：

電子信箱：fclaret@esg-executive.fr

電話：+33 01 55 25 69 52

地址：35 avenue Philippe Auguste-75011 Paris, Framce

3. 符合向雇主和勞工局提出在職訓練 CIF（Congé individuel de formation）
與 PSE（Plan de sauvegarde de i'emploi）的學費補助申請條件。

■廚師職業資格認證 CQP 課程 CQP - IH Cuisinier

- 培訓目標：課程全名 Certificat de qualification professionelle cuisinier，主要
  目標為取得「廚師職業資格認證」，與 CAP 課程極類似。適合轉職餐飲工
  作，或者要創業的人，對於本身已在餐飲領域，想為自己的競爭力加值也
  有幫助。
- 課程內容：理論課與實作課皆有，包括食材管控、產品管理和團隊管理，
  其中 13 週在教育單位上課，另外也包含業界實習。
- 學費：30,240 歐元（包含 2 套制服、教科書及午餐）
- 課程期間：7 個月
- 名額：每班 7 人

Points

1. 此課程的特別聯絡窗口：

電子信箱：eugenie.lucas@atelierdeschefs.com

電話：+33 01 83 81 66 37

上課地址：8 rue Jacques Daguerre, 92500 Rueil-Malmaison France

2. 符合向雇主和勞工局提出在職訓練 CIF（Congé individuel de formation）
與 PSE（Plan de sauvegarde de i'emploi）的學費補助申請條件。

■職業複習衝刺課程 Reconversion professionnelle

- 培訓目標：以短時間的密集課程，複習基礎與主廚專業技能。
- 課程內容：根據不同需求所開的密集衝刺班，用以複習基礎能力和主廚應
  具備的技術，包括廚師 CAP 與甜點師 CAP 皆有考前衝刺班。
- 學費：需洽詢學校
- 課程期間：針對不同對象和需求有不同的期程，例如：傳統料理班 6 週。

■實習實作課程 Stages

- 培訓目標：針對各該主題課程加強實作部分，習得專業技巧。
- 課程內容：類似較長期的主題性單元課程，特別加強實作，不管是料理或甜點，都可以找到有趣的實作課。
- 學費：從 250 ～ 1,500 歐元，依課程班別不同，可參照下方 Points 的說明。
- 課程期間：從 1 ～ 10 天不等
- 名額：每班 7 人

Points 以下表格中的實習實作課程，每種課的上課時間與學費皆不同，讀者們可參考。

課程	時間和學費
維也納麵包課（可頌）	2 天、550 歐元
雞料理的基礎課	1 天、250 歐元
素食料理課	1 天、250 歐元
無國界料理課	5 天、1,350 歐元
法式甜點課	5 天、1,410 歐元

■線上廚師職業認證 CAP 課程 CAP cuisine en ligne

- 培訓目標：考取各類法國 CAP 廚師職業認證。
- 課程內容：這是一套遠距教學課程，專為法國 CAP 廚師職業認證做準備，提供超過 70 小時、200 支以上的法語示範影片線上觀看，由主廚讓‧薩巴斯汀‧邦波（Jean Sébastien Bompoil）示範，有任何疑問也可透過網站平台或電話發問，將有專業廚師團隊解答與互動。課程總共有 24 個單元，可分別購買，每月還提供一次線上直播的重點技術示範。此外，在巴黎的考試中心可享有一次模擬考的練習。
- 學費：購買 1 個單元，54 歐元，效期 3 個月；購買全套 24 個單元，975 歐元，效期 24 個月。保證考取，否則全額退費。
- 課程期間：自註冊起有效 2 年

 Points　此課程的特別聯絡窗口：

電子信箱：capcuisine@atelierdeschefs.com

電話：+33 01 31 44 60 19

 看這裡！　**這裡有很棒的單元課程！**

種類豐富的單元課程是主廚工作坊的極大特色，課程時數從半小時至幾天都有，以下表格介紹部分有趣的課程，可供讀者參考。

課程類型	主題	時間和學費
小酒館料理類	簡單出好菜	1 小時、38 歐元
義式料理類	新鮮麵條製作	2 小時、76 歐元
亞洲料理類	親子亞洲菜	1.5 小時、57 歐元（2 人）
無國界料理課	不可思議的午餐	0.5 小時、17 歐元
當季食材類	跟著主廚逛市場	3 小時、114 歐元
肥肝主題（鵝肝鴨肝）	經典肥肝製作	2 小時、76 歐元
高壓瓶料理技巧	掌握高壓瓶技巧	2 小時、76 歐元
甜點類	經典法式甜點	2 小時、69 歐元
熱門馬卡龍主題	馬卡龍的祕密	2 小時、76 歐元
開胃小點心類	讓你過關的開胃菜	1.5 小時、57 歐元

入 學 相 關

報名與入學

‧ 套裝課程與單元課程

A. 因為是法文授課，建議要有法文基本程度。

B. 報名套裝課程的話，下載網路 PDF 表單填妥回傳，並附上照片、履歷表、動機信和最高學歷影本。

法國 英語授課且歡迎各地的學生，觀光簽證即可就讀單元課程。

加斯多諾米康餐飲學院
Gastronomicom

🏠 8, rue des Moulins à Huile, 34300 Agde France
📞 +33 4 67 32 15 07
✉ contact@gastronomicom.fr
⚙ http://gastronomicom.fr

料理與糕點雙修體驗班
$ 4,010 歐元　🕓 4 週
👤 年滿 18 歲

料理與糕點雙修品味班
$ 6,284 歐元　🕓 8 週
👤 年滿 18 歲

料理與糕點雙修精緻美食班
$ 8,470 歐元　🕓 3 個月
👤 年滿 18 歲

料理與糕點雙修全套班
$ 10,090 歐元　🕓 3 個月
👤 年滿 18 歲

料理與糕點雙修 1 年班
$ 18,904 歐元　🕓 1 年（含實習）
👤 年滿 18 歲

料理與糕點雙修 2 年班
$ 37,568 歐元　🕓 2 年（含實習）
👤 年滿 18 歲

單元課程
$ 100 ～ 330 歐元　🕓 3 ～ 9 小時
👤 無限制

‧‧‧‧‧‧‧‧‧‧‧‧‧‧‧‧‧ 認 識 學 校 ‧‧‧‧‧‧‧‧‧‧‧‧‧‧‧‧‧

米其林級的教師陣容，美國也有分校

　　加斯多諾米康餐飲學院位於南法地中海邊的城市阿格德（Cap d'Agde），提供米其林星級的料理與糕點教學成果。2014 年，學校有了新校區，佔地 800 平方公尺，料理和糕點的廚房各佔 110 平方公尺，同時，每班學生限制最多 16 人，以確保教學品質。學生被安排住在離學校僅 10 分鐘車程的渡假村中，

而且公車的學生月票僅 12 歐元，等於將學習手藝與到法國渡假相結合。學習過程中，安排學生到法國各地四星和五星級旅館甚至國外工作。自 2016 年起，美國邁阿密、佛羅里達也設有分校。米其林級的教師陣容，能學到最新與扎實技術。

Points

1. 主要以英語授課，吸引來自世界各地的學生。

2. 是少數提供住宿，甚至像是渡假的學校，房間 2 人一室，每人每月租金 360 歐元 ，設備包括游泳池。

了 解 課 程

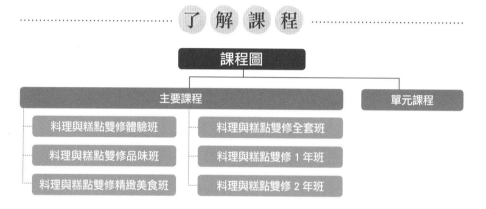

專業領域、課程類別與期程

課程大致分為兩大類：主要課程（Programmes principaux）與單元課程（Programmes spéciaux）。

❶ 主要課程

■料理與糕點雙修體驗班 Prorramme gourmet

- 培訓目標：熟悉法式料理、糕點的各種基本技巧、盤飾，了解食材的特性。課程結束取得結業證書（Certificate）。
- 課程內容：料理包含冷前菜、熱前菜、魚、肉與醬汁的課程；糕點包含麵包、麵團、維也納麵包、蛋糕、巧克力與盤式甜點。
- 學費：4,010 歐元
- 課程期間：4 週，每週 30 小時（包含料理課 15 小時、糕點課 15 小時）

■料理與糕點雙修品味班 Programme épicure

- 培訓目標：熟悉法式料理、糕點的各種基本技巧、盤飾，了解食材的特性。課程結束取得結業證書（Certificate）。
- 課程內容：課程單元與料理與糕點雙修體驗班相同，但品項更多，難度增高。學生學習團隊合作，以分組完成實習操作課程。
- 學費：6,284 歐元
- 課程期間：8 週，每週 30 小時（包含料理課 15 小時、糕點課 15 小時）

■料理與糕點雙修精緻美食班 Programme gastronomique

- 培訓目標：熟悉法式料理、糕點的各種基本技巧。課程結束取得結業證書（Certificate）。
- 課程內容：課程單元與料理與糕點雙修體驗班相同，但品項更多，難度增高。
- 學費：8,470 歐元
- 課程期間：3 個月，每週 30 小時（包含料理課 15 小時，糕點課 15 小時）

■料理與糕點雙修全套班 Programme complet

- 培訓目標：熟悉法式料理、糕點的各種基本技巧、盤飾，了解食材的特性。課程結束取得結業證書（Certificate）。
- 課程內容：料理和烘焙課程都分成 3 個單元，每個單元上 4 週，課程內容與料理與糕點雙修精緻美食班相同。
- 學費：10,090 歐元
- 課程期間：3 個月課程，每週 30 小時（包含料理課 15 小時，糕點課 15 小時），加上在高級法式料理餐廳實習 4 個月。

Points 料理與糕點也可以擇一上課（料理與糕點擇一全套班），但學費只便宜一點點（9,790 歐元）。

■料理與糕點雙修 1 年班 Programme D'1 an

- 培訓目標：熟悉法式料理、糕點的各種基本技巧、盤飾，了解食材的特性。課程結束取得廚師和糕點師畢業證書（Diplôme）。
- 課程內容：課程單元和料理與糕點雙修體驗班相同，但品項更多，難度增高。學生學習團隊合作，以分組完成實習操作課程。
- 學費：18,904 歐元
- 課程期間：6 個月課程，每週 30 小時（包含料理課 3 個月、糕點課 3 個月），

加上在高級法式料理餐廳實習 6 個月。

Points 對於不會法語的學生，料理課和糕點課只能擇一上課。

■料理與糕點雙修 2 年班 Programme D'2 an

- 培訓目標：熟悉法式料理、糕點的各種基本技巧、盤飾，了解食材的特性。課程結束取得美食餐飲管理畢業證書（Diplôme）。
- 課程內容：課程單元和料理與糕點雙修體驗班相同，但品項更多，難度增高。學生學習團隊合作，以分組完成實習操作課程。
- 學費：37,568 歐元
- 課程期間：1 年課程，每週 30 小時（包含料理課 3 個月，糕點課 3 個月，管理課程 6 個月），加上在高級法式料理餐廳實習 6 個月，以及在企業界管理實習 4 個月。

Points 學校安排的實習皆由實習雇主提供食宿，每月食宿費用為 554 歐元。

主要課程的詳細費用

上述主要課程各班的詳細費，讀者可參照以下表格，詳細仍須詢問該校或於官網查詢。

班別	課程費	註冊費	住宿費	總計
料理與糕點雙修體驗班	3,410 歐元	240 歐元	360 歐元	4,010 歐元
料理與糕點雙修品味班	5,324 歐元	240 歐元	720 歐元	6,284 歐元
料理與糕點雙修精緻美食班	7,150 歐元	240 歐元	1,080 歐元	8,470 歐元
料理與糕點擇一全套班	8,470 歐元	240 歐元	1,080 歐元	9,790 歐元
料理與糕點雙修全套班	8,770 歐元	240 歐元	1,080 歐元	10,090 歐元
料理與糕點雙修 1 年班	16,504 歐元	240 歐元	2,160 歐元	18,904 歐元
料理與糕點雙修 2 年班	33,008 歐元	240 歐元	4,320 歐元	37,568 歐元

❷ 單元課程

■巧克力班 Atelier chocolat

- 課程內容：巧克力基本技巧、品項製作。
- 學費：330 歐元
- 課程期間：3 天（共 9 小時）

■馬卡龍班 Atelier macarons

- 課程內容：馬卡龍製作。
- 學費：100 歐元
- 課程期間：1 天（共 3 小時）

■分子料理入門班 Atelier d'initiation à la cuisine moléculaire

- 課程內容：說明與示範透過液態氮（Liquid nitrogen）烹調料理。
- 學費：230 歐元
- 課程期間：2 天（共 6 小時）

■葡萄園探索班 Atelier découverte vignoble

- 課程內容：與釀酒師一起參觀葡萄酒莊園，了解葡萄酒的製程、裝瓶，並可品嘗葡萄酒。
- 學費：230 歐元
- 課程期間：1 天（共 6 小時）

■餐酒搭配班 Atelier mets et vins

- 課程內容：介紹食譜與葡萄酒的搭配原則，並說明起司如何搭配葡萄酒享用。
- 學費：100 歐元
- 課程期間：1 天（共 4 小時）

Points 短期的單元課程班別也很多，從料理、糕點到酒類課程都有。以上只是列舉部分課程供讀者參考，詳細課程可參見網站上的說明。

······· 入 學 相 關 ·······

報名與入學

· 主要課程

A. 須年滿 18 歲,直接在官網填寫報名表格。

B. 第一關報名審核,第二關面試審核,通過面試始可入學。

· 單元課程

填寫報名表通訊報名即可。

Memo 對這所學校感興趣嗎?
你可以先將資料記錄在這個 Memo 區,方便查找!

 法國 多元化課程教學，最佳職前訓練，學費不貴、教學佳的短期學校。

可麗餅披薩和廚師學校
Ecole Maître Crêpier, Pizzaïolo et Cuisinier (EMCC)

🏠 8 Rue Jules Maillard de la Gournerie, 35000 Rennes France
📞 +33 2 99 34 86 76
✉ info@ecole-maitre-crepier.com
✿ http://www.ecole-maitre-crepier.fr

可麗餅專業班
$ 2,064 歐元　🕐 70 小時
👤 年滿 16 歲

披薩單元班
$ 90 歐元　🕐 1 天
👤 年滿 16 歲

配料與可麗餅甜點班
$ 洽詢學校　🕐 35 小時
👤 年滿 16 歲

潮流輕食班
$ 洽詢學校　🕐 14 小時
👤 年滿 16 歲

可麗餅高級美食學班
$ 1,678 歐元　🕐 35 小時
👤 年滿 16 歲

鹹派與塔班
$ 洽詢學校　🕐 21 小時
👤 年滿 16 歲

無國界可麗餅班
$ 洽詢學校　🕐 35 小時
👤 年滿 16 歲

沙拉專班
$ 洽詢學校　🕐 21 小時
👤 年滿 16 歲

可麗餅單元班
$ 80 ～ 90 歐元　🕐 1 天
👤 年滿 16 歲

鬆餅專班
$ 洽詢學校　🕐 21 小時
👤 年滿 16 歲

披薩專業班
$ 洽詢學校　🕐 70 小時
👤 年滿 16 歲

義大利麵班、布列茲輕食班
$ 洽詢學校　🕐 21 小時
👤 年滿 16 歲

認 識 學 校

全法唯一，知名度高的可麗餅、披薩專門學校

　　法式可麗餅在世界上聞名遐邇，在法國，尤其以發源地布列塔尼（Bretagne）的可麗餅更夙負盛名。這間學校是全法唯一一所可麗餅專門學校，除了可以學基本的可麗餅，也有類似黑麥做成的薯泥肉醬餅、鱸魚之類的白魚可麗餅捲、蘋果酒煮淡菜、蘋果泥加鹹焦糖做成的花飾，和可麗餅千層這些花樣呢！學校所在的城市雷恩（Rennes），正是位處布列塔尼中心地帶，軟硬體設備專業且齊全，有什麼地方學可麗餅能比這裡更道地且適合呢？

■ **學校特色**
1. 想以法式輕食創業開店，這裡是職前訓練學費不貴、品質佳的學校。
2. 所有課程只要持旅遊觀光簽證即可參加。
3. 法語授課，但上課講義也會給英語版本。
4. 是少數提供住宿清單，協助安排住宿的學校。
5. 雷恩有不少大學和語言學校，因此也有滿多台灣人住在這座城市。

了 解 課 程

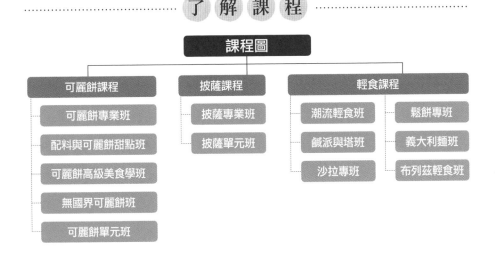

課程圖

- 可麗餅課程
  - 可麗餅專業班
  - 配料與可麗餅甜點班
  - 可麗餅高級美食學班
  - 無國界可麗餅班
  - 可麗餅單元班
- 披薩課程
  - 披薩專業班
  - 披薩單元班
- 輕食課程
  - 潮流輕食班
  - 鹹派與塔班
  - 沙拉專班
  - 鬆餅專班
  - 義大利麵班
  - 布列茲輕食班

專業領域、課程類別與期程

目前有三大類課程，分別是：可麗餅課程（Formations crêperie）、披薩課程（Pizzeria）與輕食課程（Snacking）。

① 可麗餅課程

■可麗餅專業班 Formation crêpier

- 培訓目標：訓練以可麗餅製作為專長職業，並培養開店能力。內容涵蓋基本介紹、餅皮種類介紹、實作技術、鹹的配料料理法、甜的配料準備工作，以及營業點餐系統、出餐系統、材料和品保理論、規章和法令執照、點心和飲料、行銷及營業管理。完成課程可授與結業證書。
- 課程內容：製作各種餅皮，以及餡料。
- 學費：2,064 歐元
- 課程期間：10 天（共 70 小時）
- 名額：每班 4 ～ 12 人

■配料與可麗餅甜點班

Les garnitures & desserts bretons / les bases de la cuisine en crêperie

- 培訓目標：可麗餅配料的烹飪法，甜式可麗餅製作。
- 課程內容：製作各種餅皮、配料和甜餡料、其他糕點。
- 學費：洽詢學校
- 課程期間：5 天（35 小時）
- 名額：每班 2 ～ 8 人

■可麗餅高級美食學班 Perfectionnement en crêperie

- 培訓目標：高級美食式的創新可麗餅和擺盤，提升專業能力和競爭力，藉由新的創意和材料，吸引人的主題來創造客源。
- 課程內容：製作各種餅皮與餡料，加入更多品項與高級技術。
- 學費：1,678 歐元
- 課程期間：5 天（共 35 小時）
- 名額：每班 8 人

■無國界可麗餅班 Crêpes du monde

- 培訓目標:世界上各種和可麗餅類似的餅的烹調製作(非洲式、美式、歐式、亞洲式)。
- 課程內容:製作各國風味的可麗餅、盤飾。
- 學費:洽詢學校
- 課程期間:5天(共35小時)
- 名額:每班12人

■可麗餅單元班 Samedis gourmands

- 培訓目標:用1天的時間學習甜與鹹風味的可麗餅。
- 課程內容:製作甜、鹹可麗餅、盤飾。
- 學費:80～90歐元
- 課程期間:1天(共4小時)
- 名額:洽詢學校

❷ 披薩課程

■披薩專業班 Formation pizzaïolo

- 培訓目標:訓練以披薩製作為專長職業,並培養開店能力。
- 課程內容:製作披薩餅皮、餡料、醬汁、烤製。
- 學費:洽詢學校
- 課程期間:10天(共70小時)
- 名額:每班2～4人

■披薩單元班 Samedis gourmands pizza

- 培訓目標:用1天的時間學披薩製作。
- 課程內容:製作披薩餅皮、餡料、醬汁、烤製。
- 學費:90歐元
- 課程期間:1天
- 名額:洽詢學校

❸ 輕食課程

■潮流輕食班 Formation tendance snacking
- 培訓目標：短時間內學會三明治、漢堡和法式烤點類輕食的烹調製作。
- 課程內容：三明治、漢堡麵包製作、夾餡搭配。
- 學費：洽詢學校
- 課程期間：2天（共14小時）
- 名額：每班2～5人

■鹹派與塔班 Formation quicherie-tarterie
- 培訓目標：短時間內學會各種法式鹹派和甜塔的烹調製作。
- 課程內容：各種派皮、塔皮和餡料製作，介紹鹹派的由來。
- 學費：洽詢學校
- 課程期間：3天（共21小時）
- 名額：每班2～6人

■沙拉專班 Formation saladerie
- 培訓目標：短時間內學會法式沙拉搭配技巧、醬汁製作和擺盤。
- 課程內容：各種沙拉的組合、排盤，以及冷熱醬汁製作與搭配。
- 學費：洽詢學校
- 課程期間：3天（共21小時）
- 名額：每班2～6人

■鬆餅專班 Formation gaufres
- 培訓目標：短時間內學會甜、鹹風味鬆餅製作和創作。
- 課程內容：各種甜味、鹹味和創新口味鬆餅製作，以及鬆餅麵團製作。
- 學費：洽詢學校
- 課程期間：3天（共21小時）
- 名額：每班2～5人

■義大利麵班 Formation pâtes fraîches a l'italienne et garnitures cuisinées
- 培訓目標：短時間內學會新鮮和乾燥義大利麵的烹調技巧。
- 課程內容：義大利麵與醬汁的組合。學習各種傳統經典、基本、魚和海鮮等

風味的義大利麵醬汁製作，認識各種小麥粉製成的義大利麵、教授製麵技術。

- 學費：洽詢學校
- 課程期間：3天（共21小時）
- 名額：每班2～6人

■布列茲輕食班 Snacking breizh

- 培訓目標：短時間內學會捲餅和可麗餅製作。
- 課程內容：學習製作甜、鹹點心、可麗餅、三明治、甜甜圈，以及肉類、熟食、海鮮、蔬菜、水果餡料與醬汁的搭配。
- 學費：洽詢學校
- 課程期間：3天（共21小時）
- 名額：每班2～5人

入 學 相 關

報名與入學

- **專業培訓課程**

A. 年滿16歲。

B. 隨時可報名，無梯次限制。可透過官網的電話和電子信箱（Email）與承辦窗口聯絡。

Points 課程學費不定期會有減免，在官網可以看到報名即將截止前的最後幾個名額通常有折扣。

Memo　對這所學校感興趣嗎？
你可以先將資料記錄在這個 Memo 區，方便查找！

 法國　課程結合料理、健康與樂趣，符合健康概念的新時代料理。

米歇爾・吉耶哈
健康餐飲學校
Institut Michel Guérard

🏠 Place de l'Impératrice 40320 Eugénie les Bains France
📞 +33 5 58 05 06 44
✉ contact@institutmichelguerard.com
⚙ http://www.institutmichelguerard.com

無麩質無乳糖糕點
$ 570 歐元　🕐 8 小時
👥 無限制

排毒健康料理
$ 1,704 歐元　🕐 24 小時
👥 無限制

進階健康料理
$ 2,940 歐元　🕐 39 小時
👥 無限制

中央廚房健康料理與糕點
—巴黎斐杭狄班
$ 2,940 歐元　🕐 39 小時
👥 無限制

健康料理與糕點
$ 5,232 歐元　🕐 78 小時
👥 無限制

········· 認 識 學 校 ·········

兼具美味與健康的課程，與其他知名廚藝學校合作

　　米歇爾・吉耶哈（Michel Guérard）是一位與世紀廚神保羅・伯庫斯（Paul Bocuse）、羅傑・弗杰（Roger Vergé）以及托斯柯爾兄弟（les Frères Troisgros）等法國廚神齊名的傳奇人物，25 歲即成為法國最佳職人 MOF，是料理主廚也是甜點主廚，法國的燉肉鍋（Pot-au-feu）便是他所創的一道家喻戶曉的法國菜，在 1970 年代便已經推出「纖體料理」的新法式料理概念，後來便被人們稱為新法式料理之父。

　　他在法國西南方的爾杰尼列邦小鎮（Eugénie -les-Bains）開的歐也尼草原餐廳（Les Prés d'Eugénie），1974 年才開始營業，1977 年即獲得米其林三星的

殊榮。大半生都奉獻給新式健康料理的他，直到 2013 年才創立學校，校址就位於三星餐廳附近，雖然只有一間實作廚房，但設備新穎，兼具美觀與生活美學，做料理彷彿在林中禪修。同時它也是一間旅館，有 7 間房可供學員預訂住宿。

課程設計上，結合料理、健康與樂趣，強調利用學員本身的特色，將傳統的實作法導向符合健康概念的新時代料理，憑著主廚多年經驗，運用新的料理方法與技巧，可以將熱量減低 5 倍。講師也包括營養學家、糖尿病醫師，許多食譜正是針對具有新陳代謝問題的病患設計的醫院餐點。

■ 學校特色
1. 極具健康概念的新式料理之父所創的課程。
2. 廚藝教室也是旅館，可搭配住宿，含早餐平均每天 75 歐元。
3. 廚房設備新穎，並兼具美觀與生活美學。

了 解 課 程

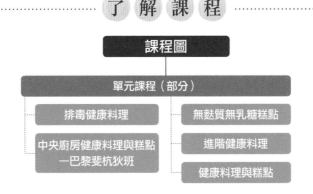

專業領域、課程類別與期程

課程最短 1 天，最長 10 天，每一門課皆教授健康烹煮技巧和好幾道食譜，最長的課程甚至教 100 道食譜，也有部分班別開在合作的巴黎斐杭狄廚藝學校裡，課程題材隨著季節，每年都不一樣，p.150 中舉幾個例子供讀者參考：

單元課程

■無麩質無乳糖糕點 Pâtisserie sans gluten et lactose

- 培訓目標：無麩質無乳糖糕點的 6 道食譜實作。適合所有層級的廚師和糕點師。課程結束後，學校頒發結業證書。
- 課程內容：包括製作咖啡布丁、漂浮島、巧克力夾心泡芙、奶酪、檸檬塔、巴黎布列斯特泡芙、青檸蘋果舒芙蕾等。
- 學費：570 歐元
- 課程期間：1 天（共 8 小時）

■排毒健康料理 Cuisine detox

- 培訓目標：健康料理必備的 20 道當季食譜實作，適合所有層級的廚師。課程結束後，學校頒發結業證書。
- 課程內容：包括高湯、醋、乳化醬、增稠劑、冷熱醬汁、果泥、排毒水，以及多種前菜與主菜等。
- 學費：1,704 歐元
- 課程期間：3 天（共 24 小時）

■進階健康料理 Cuisine de santé® niveau avancé

- 培訓目標：45 道健康料理實作，包含米歇爾吉耶哈主廚的星級餐廳料理，適合具有職場經驗的廚師。課程結束後，學校頒發結業證書。
- 課程內容：理論課：2 次營養講座，1 次醫學會議。實作課：健康烹煮的基本高湯、醋、乳化醬、增稠劑，以及松露雲綠湯、微酸小龍蝦串、蘑菇洋芋泥、塞餡包心菜、檸檬花干貝沙拉、白鳳豆燉肉鍋、香草水煮鱸魚、鮮蝦春蔬燉飯和香波瓦隆烤羊。
- 學費：2,940 歐元
- 課程期間：5 天（共 39 小時）

■中央廚房健康料理與糕點—巴黎斐杭狄班

Cuisine & Pâtisserie de santé® spécial collectivités en partenariat zvec ferrandi à paris

- 培訓目標：開在合作伙伴巴黎斐杭狄廚藝學校的課程，4 天的健康料理實作課，1 天的健康糕點實作課，共包含 40 道食譜，包括基本和中階難度的料理，尤其是大量備菜。適合所有層級的廚師。

- 課程內容：包含理論課：2次營養講座、1次醫學會議。實作課：健康烹煮的基本高湯、醋、乳化醬、增稠劑、魚和肉的烹調、真空烹調、五穀雜糧；以及蘑菇凍、柑橘蘿蔔湯、冷湯、蕃茄塞餡、牛排佐貝荷奶滋、義大利牛肉堡、焗烤蔬菜、豬脖子、燉小牛肉、牛肉沙拉、雞胸塞餡、烤蔬菜麵沙拉、青鱈與魚丸、雞肉沙拉、肉餡洋芋泥，以及醋栗凍、咖啡布丁、漂浮島、可麗餅、草莓雪酪、馬鞭草糕、覆盆子水果蛋糕、奶酪、巧克力夾心泡芙、柚子鳳梨慕斯、青檸草莓大黃果泥。
- 學費：2,940 歐元
- 課程期間：5 天（共 39 小時）

■健康料理與糕點 Cuisine & Pâtisserie de santé®

- 培訓目標：7 天包含 75 道健康料理當季、基本和進階食譜的實作；3 天包含 25 道健康糕點當季、基本和經典食譜的實作。適合所有層級的廚師。課程結束後，學校頒發結業證書。
- 課程內容：理論課：2次營養講座、1次醫學會議、1次糖的專論。實作課：健康烹煮的基本高湯、醋、乳化醬、增稠劑、魚和肉的烹調、真空烹調、五穀雜糧、柑橘蘿蔔凍、蕃茄冷湯、牛排佐貝荷奶滋、鴨肉堡、焗烤蔬菜、豬脖子、牛肉沙拉、雞胸塞餡、鱈魚抹醬、蘑菇酥皮塔、蟹肉通心麵、香波瓦隆烤羊和白鳳豆燉肉鍋。此外，另包括：糖的使用、質地、打發蛋白、吉利丁、巴伐利亞、英式鮮奶油、馬鞭草糕、覆盆子水果蛋糕、醋栗凍、咖啡布丁、漂浮島、火燒可麗餅、提拉米蘇、奶酪、青檸舒芙蕾、巧克力蛋糕、草莓雪酪、檸檬塔和巴黎布列斯特泡芙等。
- 學費：5,232 歐元
- 課程期間：10 天（共 78 小時）

入學相關

報名與入學

• 單元課程

A. 可透過官網下載報名表，備妥資料郵寄報名或用電子信箱（Email）報名。

B. 所有課程都是 1 年僅開 1 班，有興趣的人要提早看清楚官網規劃的行事曆。

C. 填表報名→匯款學費 30% →開課 15 天前繳清學費→收到開學通知→完成課程後頒發證書。

法國

MOF 齊聚師資陣容堅強，
環境清幽生活品質加分。

歐里拉法國麵包糕點及廚藝學校

École Française de Boulangerie, Pâtisserie & Cuisine
d'Aurillac (EFBPA)

🏠 3 rue Lavoisier 15000
　 Aurillac France
📞 +33 4 71 63 48 02
✉ accueil@efbpa.fr
⚙ http://www.efbpa.fr

麵包師職業認證 CAP 班
💲 9,200 歐元 🕐 29 週
👤 年滿 21 歲

廚師與糕點師職業認證 CAP 雙修班
💲 21,286 歐元 🕐 58 週
👤 年滿 21 歲

糕點師職業認證 CAP 班
💲 9,936 歐元 🕐 29 週
👤 年滿 21 歲

麵包密集班
💲 990 歐元 🕐 4.5 天
👤 年滿 18 歲

廚師職業認證 CAP 班
💲 11,350 歐元 🕐 29 週
👤 年滿 21 歲

糕點密集班
💲 990 歐元 🕐 4.5 天
👤 年滿 18 歲

麵包與糕點師職業認證 CAP 雙修班
💲 18,676 歐元 🕐 58 週
👤 年滿 21 歲

專業單元課程（每種課程）
💲 987 歐元 🕐 3 天
👤 洽詢學校

································ 認 識 學 校 ································

課程設計以取得職業能力認證（CAP）為目標

　　這是一間由麵包的法國最佳職人（MOF）克里斯狄翁・筏貝（Christian
Vabret）所創的學校，授課老師至少 7 位是 MOF。一開始只有麵包和糕點課程，
後來才加入了料理課程。課程設計主要以取得職業能力認證（CAP）為目標，
也有 2 ～ 5 天的單元課程和為期 5 天的密集課程。廚師 CAP 認證班是 2017

年起，與保羅‧伯博斯餐飲學院（Institut Paul Bocuse）合作新開辦的課程，由於上課地點在歐里亞克（Aurillac）東南的城鎮韋桼克（Vézac），因此可以申請住宿在上課的賽爾莊園（Château de Salles）裡。

　　學校所屬城市歐里亞克是法國中部奧弗涅大區的一個市鎮。大區內有 109 處源泉，近百餘座火山，2 萬多公里長的河流，湖泊、河谷、森林、池塘遍布，是歐洲面積最大的保護區之一。清新的空氣和乾淨的水源（包括富爾維克礦泉 Volvic），孕育出著名的奧維涅藍紋乳酪（Bleu d'auvergne）、安貝爾圓柱形乾酪（Fourme d'ambert）、聖內克泰爾乳酪（Saint-Nectaire）、康塔爾乳酪（Cantal）各種乳酪和傳統菜餚，區內也有夙負盛名的葡萄酒，生活在這裡絕對可以滿足對於品嘗法國傳統美食的心願。

■ **學校特色**

1. MOF 師資陣容堅強。
2. 位於風光明媚的法國城鎮，環境清幽，生活品質高。
3. CAP 認證課程包括在法國開業必備的講習證明（Stage de préparation à l'installation）。
4. 廚師 CAP 認證班、單元班、密集班可申請住宿在賽爾莊園裡。

了 解 課 程

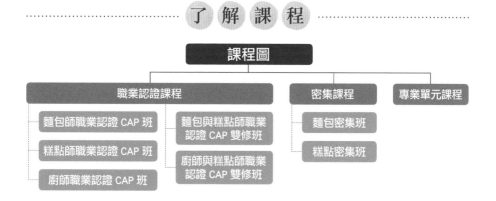

專業領域、課程類別與期程

　　課程大別為三大類：職業認證課程（Certifications CAP）、專業單元課程（Stages professionnels）、密集課程（Initiation remise à niveau）。

❶ 職業認證課程

■麵包師職業認證 CAP 班 CAP Boulanger

- 培訓目標：培養成人具備考取法國麵包師證照學科和術科的能力。課程結束取得結業證書（Certificate），通過學校安排的國家考試，可取得法國教育部頒發的文憑（CAP Niveau 5 – diplôme d'etat）。
- 課程內容：麵包製作的理論與實作 604 小時、環境健康預防與職場急救 75 小時、職前訓練 32 小時、行銷溝通及管理 21 小時、實習 245 小時，以及資源中心 31 小時等專業科目共 1,008 小時。
- 學費：9,200 歐元（專業科目 1,008 小時）；加選一般學科課程，含歷史、地理、法語、數學、物理和化學，加收 1,300 歐元；加選英語學科，加收 300 歐元。
- 課程期間：21 週在學校研修，1 週開業講習，7 週在業界實習。
- 名額：每班 12 ～ 16 人，每年 2 梯次。
- 報名限制：（1）年滿 21 歲。（2）具備法國 BEPC（Brevet d'études du premier cycle）文憑或 Niveau 5 之同等學力。

Points
聯絡窗口：e.tremouillere@efbpa.fr
上課地址：ZAC de Baradel II – 3 rue Lavoisier – 15000 Aurillac

■糕點師職業認證 CAP 班 CAP Pâtissier

- 培訓目標：培養成人具備考取法國糕點師證照學科和術科的能力。課程結束取得結業證書（Certificate），通過學校安排的國家考試，可取得法國教育部頒發的文憑（CAP Niveau 5 – diplôme d'etat）。
- 課程內容：糕點製作的理論與實作 604 小時、環境健康預防與職場急救 79 小時、職前訓練 32 小時、行銷溝通及管理 21 小時、實習 245 小時，以及資源中心 3 小時等專業科目共 984 小時。
- 學費：9,936 歐元（專業科目 984 小時）；加選一般學科課程，含歷史、地理、法語、數學、物理和化學，加收 1,300 歐元。
- 課程期間：21 週在學校研修，1 週開業講習，7 週在業界實習。
- 名額：每班 12 ～ 16 人，每年 2 梯次。
- 報名限制：（1）年滿 21 歲。（2）具備法國 BEPC（Brevet d'études du premier cycle）文憑或 Niveau 5 之同等學力。

Points
聯絡窗口：accueil@efbpa.fr
上課地址：ZAC de Baradel II – 17 avenue du Garric- 15000 Aurillac

■**廚師職業認證 CAP 班** CAP Cuisine signé institut Paul Bocuse à aurillac

- 培訓目標：與里昂的保羅·伯庫斯餐飲學院合作，培養成人具備考取法國廚師證照學科和術科的能力。課程結束取得結業證書（Certificate），通過學校安排的國家考試，可取得法國教育部頒發的文憑（CAP Niveau 5 – diplôme d'etat）。
- 課程內容：料理理論與實作 604 小時、環境健康預防與職場急救 87 小時、營業執照須知 33 小時、行銷溝通及管理 13 小時，以及實習 245 小時等專業科目共 982 小時。
- 學費：11,350 歐元（專業科目 982 小時）；加選一般學科課程，含歷史、地理、法語、數學、物理和化學，加收 1,300 歐元；加選英語學科，加收 300 歐元。
- 課程期間：22 週在學校研修，7 週在業界實習。
- 名額：每班 12 ～ 16 人，每年 2 梯次。
- 報名限制：（1）年滿 21 歲。（2）具備流利的法語能力。

Points
聯絡窗口：a.raoux@efbpa.fr
上課地址：La Roseraie – Château de Salles, 15130 Vézac（由於上課地點是在東南的城鎮韋紮克，因此可申請住宿在上課的莊園裡）。

■**麵包與糕點師職業認證 CAP 雙修班** CAP Boulanger-pâtissier

- 培訓目標：培養成人具備考取法國麵包師與糕點師證照學科和術科的能力。課程結束取得結業證書（Certificate），通過學校安排的國家考試，可取得法國教育部頒發的文憑（CAP Niveau 5 – diplôme d'etat）。
- 課程內容：麵包實作課 480 小時、糕點實作課 480 小時、麵包與糕點理論 305 小時、環境健康預防與職場急救 75 小時、職前訓練 32 小時、行銷溝通及管理 21 小時、實習 525 小時，以及資源中心 112 小時等專業科目共 1,949 小時。
- 學費：18,676 歐元（專業科目 1,949 小時）；加選一般學科課程，含歷史、地理、法語、數學、物理和化學，加收 1,300 歐元。；加選英語學科，加收 300 歐元。
- 課程期間：42 週在學校研修，1 週開業講習，15 週在業界實習。
- 名額：每班 12 ～ 16 人，每年 2 梯次。
- 報名限制：（1）年滿 21 歲。（2）具備法國 BEPC（Brevet d'études du premier cycle）文憑或 Niveau 5 之同等學力。

廚師與糕點師職業認證 CAP 雙修班 CAP Cuisinier-pâtissier

- 培訓目標：與里昂的保羅・伯庫斯餐飲學院合作，培養成人具備考取法國廚師與糕點師證照學科和術科的能力。課程結束取得結業證書（Certificate），通過學校安排的國家考試，可取得法國教育部頒發的文憑（CAP Niveau 5 – diplôme d'etat）。
- 課程內容：料理理論與實作 604 小時、糕點理論與實作 604 小時、環境健康預防與職場急救 158 小時、營業執照須知 66 小時、行銷溝通及管理 26 小時，以及實習 525 小時等專業科目共 1,963 小時。
- 學費：21,286 歐元（專業科目 1,963 小時）；加選一般學科課程，含歷史、地理、法語、數學、物理和化學，加收 1,300 歐元。；加選英語學科，加收 300 歐元。
- 課程期間：42 週在學校研修，1 週開業講習，15 週在業界實習。
- 名額：每班 12 ～ 16 人
- 報名限制：（1）年滿 21 歲。（2）具備流利的法語能力。

❷ 密集課程

■麵包密集班 Initiation et remise à niveau en boulangerie

- 培訓目標：針對初學者，或是成人轉職，利用密集課程對麵包和輕食領域做概括性的學習，以找出從事麵包行業的興趣。
- 課程內容：傳統麵包與現代麵包、揉麵法、發酵法、維也納麵包、加味麵包和披薩、地區麵包、酵母麵包、有機麵包，以及窯烤爐操作等。
- 學費：990 歐元（含廚服、帽子和午餐）
- 課程期間：4.5 天（共 31 小時）
- 報名限制：年滿 18 歲

■**糕點密集班** Initiation et remise à niveau en pâtisserie

- **培訓目標**：針對初學者，或是成人轉職，利用密集課程對糕點領域作概括性的學習，以找出從事糕點行業的興趣。
- **課程內容**：各類糕點麵團、各式塔派、泡芙類糕點、蛋糕、維也納麵包、小茶點，以及巧克力裝飾等。
- **學費**：990 歐元（含廚服、帽子和午餐）
- **課程期間**：4.5 天（共 31 小時）
- **報名限制**：年滿 18 歲

Points
1. 可申請住宿於賽爾莊園（Château de Salles），含午餐和晚餐每日費用 67 ～ 85 歐元。
2. 聯絡窗口：a.sepval@efbpa.fr
3. 上課地址：Espace Pâtisserie 17. Avenue du Garric 15000 Aurillac

這裡也有很棒的專業單元課程

這裡的專業單元課程是針對法語有一定程度，且在業界至少有 3 個月以上經驗者，可以透過與 MOF 工作的學習來精進技術能力。 課程結束取得結業證書（Attestation）。此外，可申請住宿於賽爾莊園（Château de Salles），含午餐和晚餐每日費用 67 ～ 85 歐元。以下是單元班的種類：

課程名稱	費用與時間	其他
裝飾的藝術（L'art du décor）、發酵麵包與有機麵包（Pain au levain, pain biologique）、冰淇淋與雪酪（Glaces & Sorbets déclinaisons）、創新維也納麵包（Viennoiserie créative, festive & revisitée）、考前準備（Préparation aux concours）煎餅與聖誕杉木蛋糕（Galettes & Bûches）、麵包店的商業午餐（Pause déjeuner chez mon Boulanger）、製糖、牛軋、棉花糖（Confiserie & Gourmandise chocolat - pâte de fruits - nougat- guimauve）等課程。	987 歐元（含午餐），每種單元班皆是 3 天（共 21 小時）。	聯絡窗口：accueil@efbpa.fr 上課地址：3 rue Lavoisier – 15000 Aurillac

入 學 相 關

報名與入學

• 職業認證課程

A. 課程皆有各別的報名限制,可參照各別課程的解説。

B. 可從官網填表報名。

• 密集課程

A. 課程皆有各別的報名限制,可參照各別課程的解説。

B. 可從官網填表報名。

• 專業單元課程

可從官網下載表格報名。

Memo 對這所學校感興趣嗎?
你可以先將資料記錄在這個 Memo 區,方便查找!

法國　講師多為歷屆法國最佳職人，
涵蓋糕點、巧克力和冰淇淋。

奧利維耶・巴雅爾
國際糕點學校

École internationale de Pâtisserie - Olivier Bajard

🏠 355, rue Docteur Parcé – Agrosud
　 – 66000 Perpignan France
📞 +33 4 68 38 78 85
✉ contact@olivier-bajard.com
🌐 https://olivier-bajard.com

國際糕點學校大證書班
$ 參照 p.161　🕑 5 ～ 16 週
👥 無限制

巧克力糖
$ 1,500 歐元　🕑 3 天
👥 無限制

冰淇淋、雪酪與烤小點心
$ 1,500 歐元　🕑 3 天
👥 無限制

甜馬卡龍
$ 90 歐元　🕑 3 小時
👥 無限制

藝術基礎與結婚蛋糕塔
$ 1,750 歐元　🕑 4 天
👥 無限制

蘋果創意
$ 90 歐元　🕑 3 小時
👥 無限制

盤式甜點
$ 1,500 歐元　🕑 3 天
👥 無限制

‧‧‧‧‧‧‧ 認 識 學 校 ‧‧‧‧‧‧‧

法國國寶級大師親自授課，師資水準高

如果你聽過馬卡龍大師皮耶・艾曼（Pierre Hermé）「甜點界的畢卡索」的稱號，你可能也會想認識被喻為「甜點界的莫札特」的奧利維耶・巴雅爾（Olivier Bajard）！這位奧利維耶・巴雅爾 25 歲即帶領法國國家代表隊參加世界糕點大賽拿到亞軍，27 歲成為 MOF（法國最佳職人），29 歲代表法國參加米蘭世界

甜點大賽，成為世界冠軍，堪稱法國當代甜點界影響力前三的甜點大師。

奧利維耶·巴雅爾在 2005 年創立了這間國際糕點學校，講師多是歷屆法國最佳職人，師資水準相當高。課程包括糕點、巧克力和冰淇淋，短期和長期的皆有。

■ **學校特色**

1. 堪稱由法國國寶級糕點大師直接授課。
2. 對於法語程度不夠的學生，學校可代為安排法語課程。
3. 地點位於法國極南邊的城市──佩皮尼昂，鄰地中海和庇里牛斯山，對於海邊玩水、山上滑雪或到西班牙巴塞隆納都非常方便。

········· 了 解 課 程 ·········

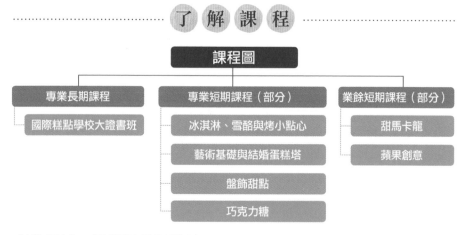

專業領域、課程類別與期程

主要有三類課程，分別是專業長期課程（Formations ongues professionnelles）、專業短期課程（Formations courtes professionnelles）、業餘短期課程（Atelier amateur）。

❶ 專業長期課程

■**國際糕點學校大證書班** Le grand diplôme de l'ecole internationale de pâtisserie

· 培訓目標：針對所有對糕點、巧克力和冰淇淋有興趣者，即便是初學或無經驗者也可以報名，授課教授多是時下的糕點大師級主廚，以法語學主。課程

結束取得結業證書（Certificate）。

- **課程內容**：維也納麵包與蛋糕與塔、點心與經典糕點、冰淇淋、雪酪與烤小點心、巧克力的工藝與技巧、巧克力糖、主廚拉蒙．莫拉多（Ramon Morato）的糕點創意、巧克力糖、藝術基礎與結婚蛋糕塔、製糖、巧克力的商業主題、糖的藝術、糕點口味、盤式甜點與豪華甜點、手工巧克力、盤式甜點，以及熟食店點心等課程，以每週為單位。
- **課程期間**：5～16週的課程，可以選擇性報名。
- **學費**：依照選擇週數、是否含早餐和午餐、是否含刀器具、制服和長褲，以及圍裙襪布，而有不同的學費選擇。可參照下方說明。

看這裡！

5 週和 16 週課程的費用

以下以最短的 5 週（共 160 小時）和最長的 16 週（共 528 小時）列出供讀者參考：

5 週課程

方案	費用
方案 1 含早餐	7,750 歐元
方案 2 含早餐及午餐	8,350 歐元
方案 3 含早餐及刀具制服	10,350 歐元
方案 4 含早餐、午餐及刀具制服	10,950 歐元

16 週課程

方案	費用
方案 1 含早餐	16,000 歐元
方案 2 含早餐及午餐	17,920 歐元
方案 3 含早餐及刀具制服	18,600 歐元
方案 4 含早餐、午餐及刀具制服	20,520 歐元

❷ 專業短期課程

■冰淇淋、雪酪與烤小點心 Glaces, sorbets et petits fours

- **培訓目標**：名師教授，短期內學會製作多種冰品。
- **課程內容**：學習製作和計算冰淇淋的配方，包括冰淇淋甜點，如雪酪、奶油冰、果泥、餅乾和烤小點心組合。
- **學費**：1,500 歐元（含早餐和午餐）

- 課程期間：3 天（共 24 小時）
- 授課教師：奧利維耶‧巴雅爾（Olivier Bajard）

■藝術基礎與結婚蛋糕塔 Pièces montées et bases artistiques
- 培訓目標：名師教授，短期內學會製作結婚蛋糕塔和冰品。
- 課程內容：以泡芙、馬卡龍和焦糖牛軋糖為基礎，做幾種不同的結婚蛋糕塔。學習製作和計算冰淇淋的配方，包括冰淇淋甜點，如雪酪、奶油冰、果泥、餅乾和烤小點心組合。
- 學費：1,750 歐元（含早餐和午餐）
- 課程期間：4 天（共 32 小時）
- 授課教師：奧利維耶‧巴雅爾（Olivier Bajard）

■盤式甜點 Desserts à l'assiette
- 培訓目標：名師教授，短期內學會盤飾。
- 課程內容：莉莉安‧博納富瓦（Lilian Bonnefoi）在高級美食餐廳裡當糕點主廚已經有相當多年的經驗，本堂課他將教大家如何簡單且運用好的審美觀創作盤式甜點，並傳授其現代創作靈感。
- 學費：1,500 歐元（含早餐和午餐）
- 課程期間：3 天（共 24 小時）
- 授課教師：莉莉安‧博納富瓦（Lilian Bonnefoi）

■巧克力糖 Bonbon chocolat
- 培訓目標：名師教授，短期內學會製作巧克力糖。
- 課程內容：本堂課教大家夾心巧克力糖的製作方法和技術，包括許多新穎的口味和質地的控制。
- 學費：1,500 歐元（含早餐和午餐）
- 課程期間：3 天（共 24 小時）
- 授課教師：克力斯坦‧康布里尼（Christian Camprini）

Points 這類課程其實就是專業長期課程中，以每一週為單位報名的獨立短期班，以上介紹的是部分課程。

❸ 業餘短期課程

■甜馬卡龍 Les macarons sucrés

- 培訓目標：名師教授，短期內學會製作馬卡龍。
- 課程內容：製作令人垂涎的馬卡龍。
- 學費：成人 90 歐元、小孩 75 歐元
- 課程期間：3 小時
- 授課教師：奧利維耶‧巴雅爾（Olivier Bajard）

■蘋果創意 Autour de la pomme

- 培訓目標：名師教授，短期內學會製作蘋果甜點。
- 課程內容：以蘋果為基底，製作不同創意的甜點食譜。
- 學費：成人 90 歐元、小孩 75 歐元
- 課程期間：3 小時
- 授課教師：奧利維耶‧巴雅爾（Olivier Bajard）

Points 這類課程幾乎都是 3 小時的課，讓一般人學會快速且簡單的實用糕點。以上介紹的是部分課程。

入 學 相 關

報名與入學

- **職業認證課程**

A. 利用官網的系統線上報名。

B. 下載並填妥官網報名表，備妥照片、履歷表、動機信、護照影本、社會保險證明、衣褲尺寸、30％的學費匯款證明，寄給學校。

C. 學校審核報名資料，一旦通過，將會寄發估價單、面試通知、課表選單、匯款收據等詳細資訊，並提供註冊證明以供辦理留法的長期簽證。

D. 最遲於開學第一天繳清學費餘額。

- **專業、業餘短期課程**

利用官網的系統線上報名。

 法國　　短期的英、法文課程，
持旅遊簽證亦可就讀。

博訥農業推廣及專業教育中心
Centre de Formation Professionnelle et de
Promotion Agricole de Beaune (CFPPA)

🏠 4 avenue du Parc - BP 10215
　BEAUNE Cedex 21206 France
📞 +33 3 80 24 79 95
✉ cfppa.beaune@educagri.fr
⚙ https://cfppa.lavitibeaune.com/cfppa/index.php

侍酒師職業文憑班
💲 洽詢學校　🕐 1 年
👤 年滿 16 歲

侍酒入門與勃根地酒法文班
💲 洽詢學校　🕐 6 個月
👤 年滿 18 歲

葡萄酒與烈酒侍酒顧問英文班
💲 洽詢學校　🕐 1.5 個月
👤 年滿 18 歲

勃根地酒英文班
💲 400 歐元　🕐 5 天
👤 年滿 18 歲

 認　識　學　校

以侍酒師、勃根地產區酒類課程聞名

　　博訥（Beaune）是位在距離勃根地大城第戎南方 42 公里的城市，周圍酒區環繞，稱得上勃根地區的心臟地帶。這間學校是勃根地農業學校附設的成人教育中心，是葡萄栽種領域的國家重要參考點，以侍酒師課程及勃根地產區酒類課程聞名，也有不少台灣和日本的酒類從業人員就讀。課程設計以學習侍酒師必須具備的酒的基本知識、理論和技巧為主，以利在世界上高級美食餐廳企業、食品精品產業和大型量販連鎖酒商工作的機會。入門課程從 5 天～ 1.5 個月都有；只是單純想認識勃根地酒區的酒和風土，也有單元課程可上；另外，對於有心取得葡萄酒法國文憑的學員，這裡有 BP 職業文憑的課程，而且已經有台灣人成功取得，值得推薦。

■ **學校特色**
1. 勃根地酒英文班可申請住宿＋早餐，比旅遊住宿還便宜。
2. 體驗勃根地酒區的酒鄉風情。
3. 法文和英文課程都有，而且很短期，適用旅遊簽證。
4. 提供法國教育部頒發具有學歷文憑的課程。

了 解 課 程

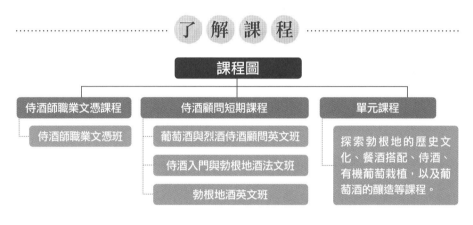

課程圖

侍酒師職業文憑課程	侍酒顧問短期課程	單元課程
侍酒師職業文憑班	葡萄酒與烈酒侍酒顧問英文班	探索勃根地的歷史文化、餐酒搭配、侍酒、有機葡萄栽植，以及葡萄酒的釀造等課程。
	侍酒入門與勃根地酒法文班	
	勃根地酒英文班	

專業領域、課程類別與期程

　　這裡分成侍酒師職業文憑課程、侍酒顧問短期課程兩大類，以及多元化的短期課程，介紹如下：

❶ 侍酒師職業文憑課程

■**侍酒師職業文憑班** Brevet professionnel sommellerie

· **培訓目標**：學習侍酒師必須具備的酒的基本知識、理論和技巧，考取法國職業文憑。課程結束後，通過學校安排的國家考試，可取得法國教育部頒發的文憑（Brevet professionnel Niveau 4 - diplôme d'etat）。
· **課程內容**：葡萄樹與葡萄酒的認識、其他飲品、葡萄園的認識、品酒、法規、應用管理、溝通與外語，以及酒莊參訪 6 次。
· **學費**：10,500 歐元
· **課程期間**：1 年共 1,120 小時（805 小時在學校研修，2 ～ 4 次業界實習，每次 2 週，共 315 小時）。
· **報名限制**：（1）16 歲以上。（2）5 年餐飲職場經驗，或者 2 年餐飲職場

經驗加上 CAP 職業文憑、BAC 高中畢業會考，或 BTS 高級技師文憑級別的餐飲文憑。（3）報名雖不需繳交法語程度證書，但若能有 DELF B2 程度會較好。

❷ 侍酒顧問短期課程

■葡萄酒與烈酒侍酒顧問英文班 Sommelier conseiller en vins et spiritueux

- 培訓目標：學習認識法國及世界葡萄酒，侍酒和建議酒單需具備的知識。課程結束後，學校頒發葡萄酒與烈酒侍酒顧問結業證書。
- 課程內容：品酒技巧、法國和世界葡萄種植產區、葡萄園及釀酒介紹、葡萄酒法律法規、侍酒師工作，以及參訪隆河產區、香檳區、阿爾薩斯省與侏羅產區等地酒莊。
- 學費：需洽詢學校
- 課程期間：1.5 個月共 238 小時（包括在校研修及葡萄園參訪）
- 報名限制：（1）18 歲以上。（2）對葡萄酒與烈酒有興趣，且英文流利。

■侍酒入門與勃根地酒法文班

Initiation a la sommellerie & connaissance des vins de bourgogne

- 培訓目標：認識法國勃根地葡萄酒，學習地理、風土、品酒和侍酒入門知識。課程結束後，頒發結業證書。
- 課程內容：葡萄園和葡萄酒認識、品酒入門，以及勃根地產區葡萄園認識。
- 學費：需洽詢學校
- 課程期間：6 個月內，上課 10 天共 70 小時。
- 報名限制：（1）18 歲以上。（2）對勃根地葡萄酒有興趣，且法文流利。

Points 這是一門由中法酒與文化協會所開的課，對象主要是所有在法國從事酒類工作者，如：酒窖總管、餐廳酒務總管、顧問、服務生、餐飲從業人員或量販連鎖酒商，以及有興趣者。

■勃根地酒英文班 Burgundy wines

- 培訓目標：認識法國勃根地葡萄酒，學習地理、風土、品酒和侍酒入門知識。課程結束後，頒發結業證書。
- 課程內容：勃根地的歷史和風土、葡萄栽培與品質改善、成熟研究：黑皮諾與夏多內、收穫準備和前期工作、收穫期間的安全、紅白酒的釀造、存放潛

力、熟成和保存、品酒理論與實作，以及酒莊參訪。
- 學費：400 歐元，可申請住宿＋早餐（86 歐元／週）。
- 課程期間：5 天
- 報名限制：（1）18 歲以上。（2）對勃根地葡萄酒有興趣。

這裡也有很棒的單元課程

　　這間學校的 Formations courtes 或稱 Parcours individualisés，即是指單元課程，主題都和酒類相關，而且分得很細，底下簡單列舉幾個，詳情請向學校諮詢。課程例如：探索勃根地的歷史文化（Découvrir le patrimoine historique et culturel de la Bourgogne）、餐酒搭配（Accords culinaires）、侍酒（Le service du vin）、有機葡萄栽植（Les biologie de la vigne），以及葡萄酒的釀造（Élaboration de vins spéciaux）等課程。

入 學 相 關

報名與入學

• 侍酒顧問短期課程
可透過官網下載報名表，備妥資料郵寄報名。

• 侍酒師職業文憑課程
A. 可透過官網下載報名表，備妥資料郵寄報名。
B.「葡萄酒與烈酒侍酒顧問英文班」第一關報名審核，第二關面試審核，通過面試始可入學，外國人可用 SKYPE 面試。
C.「勃根地酒英文班」須填妥報名表、履歷、動機信，以及醫療保險證書，第一關報名審核，第二關面試審核，通過面試始可入學。

法國 短期的英、法文課程，
持旅遊簽證亦可就讀。

波門歐特餐旅職訓中心
Prom'Hôte IFITEL

🏠 Place Pierre Jeannin 13 rue des
Halles 71150 Chagny France
📞 +33 3 85 91 27 32
✉ bourgogne@promhote.net
⚙ http://www.promhote.net/fr

飯店接待職業培訓班
💲 洽詢學校　🕐 6 個月
👥 年滿 18 歲

飯店接待職業資格認證 CQP 班
💲 洽詢學校　🕐 3 個月
👥 年滿 18 歲

飯店總務職業培訓班
💲 洽詢學校　🕐 6 個月
👥 年滿 18 歲

飯店總務職業資格認證 CQP 班
💲 洽詢學校　🕐 6 個月
👥 年滿 18 歲

開發顧問職業資格認證 CQP 班
💲 洽詢學校　🕐 5 個月
👥 年滿 18 歲

餐廳中央廚房職業培訓班
💲 洽詢學校　🕐 5 個月
👥 年滿 18 歲

餐廳中央廚房職業資格認證 CQP 班
💲 洽詢學校　🕐 3 個月
👥 年滿 18 歲

觀光事業經理職業培訓班
💲 洽詢學校　🕐 8 個月
👥 年滿 18 歲

樓層管理職業資格認證 CQP 班
💲 洽詢學校　🕐 4 個月
👥 年滿 18 歲

廚師職業認證 CAP 班
💲 約 8,100 歐元　🕐 8 個月
👥 年滿 18 歲

廚師職業培訓班
💲 洽詢學校　🕐 8 個月
👥 8 個月

廚師職業資格認證 CQP 班
💲 洽詢學校　🕐 4 個月
👥 年滿 18 歲

········· 認 識 學 校 ·········

連鎖的餐廳和旅館職業訓練機構

　　波門歐特餐旅職訓中心是一家連鎖的餐廳和旅館職業訓練機構,在法國一共有 6 個分部,都分布在東半部,從北到南為法蘭西島(Ile-de-France)、勃根地(Bourgogne)、隆河 — 阿爾卑斯(Rhône-Alpes)、普羅旺斯 — 蔚藍海岸(Var)、坎城(Cannes)和尼斯(Nice)。所開的課程可以說都是職業證照班,包括較簡單的 CQP 證照,較難的 CAP 證照,還有由勞工部授與證書的職業訓練班。這些證照都有利於在法國找工作,只是課程全都以法語授課,建議必須有法文 DELF B1 以上程度比較好。

■ 學校特色

1. 培訓課程種類多,尤其很多 CQP 證照課程。
2. 課程大多小班制,可與主廚和同學無距離感互動。
3. 實習次數的安排比一般學校多。
4. 在法國好幾個城市均有設點,可體驗除了巴黎以外的其他城市生活,如蔚藍海岸的尼斯、阿爾卑斯山的滑雪勝地。

········· 了 解 課 程 ·········

課程圖

飯店接待課程	飯店總務課程	餐旅開發顧問課程	餐廳中央廚房課程	觀光事業經理課程	樓層管理課程	廚師課程	服務生課程
飯店接待職業培訓班	飯店總務課程培訓班	開發顧問職業資格認證 CQP 班	餐廳中央廚房職業培訓班	觀光事業經理職業培訓班	樓層管理職業資格認證 CQP 班	廚師職業認證 CAP 班	服務生職業認證 CAP 班
飯店接待職業資格認證 CQP 班	飯店總務職業資格認證 CQP 班		餐廳中央廚房職業資格認證 CQP 班			廚師職業培訓班	服務生職業培訓班
						廚師職業資格認證 CQP 班	服務生職業資格認證 CQP 班

專業領域、課程類別與期程

　一共有八大類課程：飯店接待課程（Réceptionniste）、飯店總務課程（Gouvernant/Gouvernante en hôtellerie）、餐旅開發顧問課程（Assistant d'exploitation en hôtellerie et / ou en restauration）、餐廳中央廚房課程（Agent de restauration）、觀光事業經理課程（Responsable d'etablissement touristique）、樓層管理課程（Agent d'hôtellerie）、廚師課程（Cuisinier），以及服務生課程（Serveur en restaurant）。

❶ 飯店接待課程

■飯店接待職業培訓班 Titre professionnel réceptionniste en hôtellerie

- 培訓目標：成為進入連鎖或獨立飯店，以及觀光接待所的專業接待人員，學成通過檢定可取得法國勞工部的證書。
- 課程內容：接待技術、銷售技術、辦公室自動化資訊處理、人員與安全、英語與法語的口說和寫作溝通、找工作與實習的技巧。
- 學費：需洽詢學校
- 課程期間：6 個月（600 小時在中心上課，245 小時在業界的 2 次實習）
- 報名限制：（1）須具備法國 Niveau 4 以上學力（相當於滿 18 歲，並具高中畢業或同等學力文憑）。（2）建議要有法文 DELF B1 水準。

■飯店接待職業資格認證 CQP 班 CQP Réceptionniste en hôtellerie

- 培訓目標：通過 CQP 認證，進入專業接待人員領域。
- 課程內容：觀光領域探索與飯店業、接待技巧與預約安排、客人入住與退房、櫃檯行政與開單、行政管理、商業與統計、文書資訊軟體，以及職場英語。
- 學費：需洽詢學校
- 課程期間：3 個月共 490 小時（350 小時在中心上課，4 週共 140 小時在業界實習），每週上課 35 小時。
- 報名限制：（1）須具備法國 Niveau 4 以上學力（相當於滿 18 歲，並具高中畢業或同等學力文憑）。（2）建議要有法文 DELF B1 水準。

Points
在法國的職業接待人員必須以法語，以及第二外語（至少英語），在客人入住期間提供所有所需資訊。控制與安排從預約到入住、櫃檯行政、收款和開立發票等工作，並聯繫與其他各部門的協調工作。以上就是兩種飯店接待培訓的班別。

❷ 飯店總務課程

■飯店總務職業培訓班 Titre pofessionnel guvernant(e) en htellerie

- 培訓目標：成為進入連鎖或獨立飯店，以及觀光接待所的專業總務人員，學成透過檢定可取得法國勞工部的證書。
- 課程內容：客房維護與衛生規定、飯廳與客房的早餐準備、英語與法語的口說和寫作溝通、辦公室自動化資訊處理、組織管理。
- 學費：需洽詢學校
- 課程期間：6 個月共 847 小時（567 小時在中心上課，8 週共 280 小時在業界實習），每週上課 35 小時。
- 報名限制：（1）須具備法國 Niveau 4 以上學力（相當於滿 18 歲，並具高中畢業或同等學力文憑）。（2）建議要有法文 DELF B1 水準。（3）必須有英文 B1 水準。

■飯店總務職業資格認證 CQP 班 CQPIH Gouvernant(e) en hôtellerie

- 培訓目標：成為進入連鎖或獨立飯店，以及觀光接待所的專業總務人員，學成透過檢定可取得法國勞工部的證書。
- 課程內容：安全與衛生、飯廳與客房的早餐準備、英語與法語的口說和寫作溝通、辦公室自動化資訊處理、組織管理。
- 學費：需洽詢學校
- 課程期間：6 個月共 840 小時（644 小時在中心上課，8 週共 196 小時在業界 2 次實習），每週上課 35 小時。
- 報名限制：（1）須具備法國 Niveau 4 以上學力（相當於滿 18 歲，並具高中畢業或同等學力文憑）。（2）建議要有流利的英語及法語口語和寫作能力，對於一般時事、地理、數學和英語，皆有安排入學測驗，也必須通過面試。（3）建議要有法文 DELF B1 水準。（4）必須有英文 B1 水準。

Points 主要為培養能組織樓層服務的飯店總務人員，管理毛巾、織品和耗材的庫存，整合內部職員與日常庶務。以上就是兩種飯店總務培訓的班別。

❸ 餐旅開發顧問課程

■開發顧問職業資格認證 CQP 班 CQP Assistant d'exploitationie

- 培訓目標：成為進入連鎖或獨立飯店，以及觀光接待所的專業總務人員，學成透過檢定可取得法國勞工部的證書。

- **課程內容**：料理、餐飲服務與接待總論、安全與衛生、企業管理、工作法規、人力資源、溝通學、環境科學、英語，以及找工作與實習的技巧。
- **學費**：需洽詢學校
- **課程期間**：5 個月共 714 小時（504 小時在中心上課，6 週共 210 小時在業界實習），每週上課 35 小時。
- **報名限制**：（1）須具備法國 Niveau 4 以上學力（相當於滿 18 歲，並具高中畢業或同等學力文憑）。（2）建議要有法文 DELF B1 水準。

 餐旅開發顧問指的是為餐廳或飯店旅館提出指導和方向的顧問。主要工作是協助甚至代理經營者，對於整體服務及人員進行組織管理的工作，也包括商業策略的擬定。因此在培養專業上，至少在商業財務、管理、溝通和品管等四種學科上都要涉獵，是一種全方位的職務與職業。

❹ 餐廳中央廚房課程

■餐廳中央廚房職業培訓班 Titre professionnel agent de restauration

- **培訓目標**：通過 CQP 認證，培養進入中央廚房的工作能力。
- **課程內容**：冷盤、甜點與輕食的準備、面對客人烤與炒的能力、接待客人、組織自助式餐點服務的能力，以及洗碗及機器操作。
- **學費**：需洽詢學校
- **課程期間**：5 個月共 714 小時（504 小時在中心上課，6 週共 210 小時在業界實習），每週上課 35 小時。
- **報名限制**：（1）須具備法國 Niveau 4 以上學力（相當於滿 18 歲，並具高中畢業或同等學力文憑）。（2）建議要有法文 DELF B1 水準。

■餐廳中央廚房職業資格認證 CQP 班 CQP agent de restauration

- **培訓目標**：培養成為具有中央廚房工作能力的專業人員，學成通過檢定可取得法國勞工部的證書。
- **課程內容**：冷盤、甜點與輕食的準備、面對客人烤與炒的能力、接待客人、組織自助式餐點服務的能力，以及洗碗及機器操作。
- **學費**：需洽詢學校
- **課程期間**：3 個月共 400 小時（281 小時在中心上課，4 週共 119 小時在業界實習），每週上課 35 小時。
- **報名限制**：（1）須具備法國 Niveau 4 以上學力（相當於滿 18 歲，並具高中畢業或同等學力文憑）。（2）建議要有法文 DELF B1 水準。

Points 基本上這是一種廚師工作，只是把工作性質設定為中央廚房和外燴模式，注重供餐速度和主題式餐會。舉凡廚師該會的烹調法都少不了，此外，也針對甜點、後台洗碗和櫃檯結帳等工作培訓，目的是培養成為具有獨立出餐能力的廚房團隊，尤其是自助式的餐點服務。此類培訓學員的未來出路除了到中央廚房工作，也適合在咖啡店、輕食店和小酒館就業。以上就是兩種培訓班別的介紹。

❺ 觀光事業經理課程

■觀光事業經理職業培訓班

Titre professionnel responsable d'etablissement touristique

- 培訓目標：通過 CQP 認證，培養進入中央廚房的工作能力。
- 課程內容：餐飲與旅館服務總論、行銷與商學、經濟分析與投資管理、財務管理、溝通學、團隊管理、人員招募、課程管理與活動安排、工作法規、找工作與實習的技巧英語，以及辦公室自動化資訊處理。
- 學費：需洽詢學校
- 課程期間：8 個月共 1,127 個小時（819 小時在中心上課，308 小時在業界 2 次實習）
- 報名限制：（1）須具備法國 Niveau 4 以上學力（相當於滿 18 歲，並具高中畢業或同等學力文憑）。（2）建議要有法文 DELF B1 水準。（3）必須有英文 B1 水準。

Points 觀光事業經理是僅次於餐旅開發顧問的高階職位，舉凡人資、財務和資源管理，都在其管轄範圍。主要工作包括對於整體服務品質及人員的組織招募與管理、預算編列。執行層面包含客戶端、個人、供應商及大眾傳媒等活動，是一種全方位並且需要有諸多經驗的職務與職業。未來除了可在飯店任職外，也適合在青年旅館、渡假勝地和露營場就業。

❻ 樓層管理課程

■樓層管理職業資格認證 CQP 班　CQP Employé(e) d'étages

- 培訓目標：通過 CQP 認證，培養飯店樓層及客房管理的工作能力。
- 課程內容：飯廳與客房早餐準備、英語與法語口說和寫作溝通等。
- 學費：需洽詢學校
- 課程期間：4 個月共 574 小時（399 小時在中心上課，5 週共 175 小時在

業界實習），每週上課 35 小時。

- 報名限制：（1）須具備法國 Niveau 4 以上學力（相當於滿 18 歲，並具高中畢業或同等學力文憑）。（2）建議要有法文 DELF B1 水準。

Points **1.** 樓層管理人是隸屬於飯店總務底下的職位，負責的工作除了客房清潔，也包括公共空間和衛浴設備的維護，管理毛巾、織品和耗材的庫存。

2. 三種課程中還有兩種沒介紹到的，分別是：樓層管理職業認證 CAP 班（CAP Services hôteliers）、樓層管理職業培訓班（Titre professionnel agent d'hôtellerie），課程內容可向學校諮詢。

❼ 廚師課程

■廚師職業認證 CAP 班 CAP Cuisinier

- 培訓目標：通過 CAP 認證，培養進入廚房職場的基本能力。
- 課程內容：食材的認識與準備、廚房團隊與工作組織、食品應用科學、衛生規定、企業認知、環境、法律與社會、法語、歷史地理、數學、科學和英語等。
- 學費：約 8,100 歐元
- 課程期間：8 個月共 1,155 小時（840 小時在中心上課，9 週共 315 小時在業界 3 次實習），每週上課 35 小時。
- 報名限制：（1）須具備法國 Niveau 4 以上學力（相當於滿 18 歲，並具高中畢業或同等學力文憑）。（2）建議要有法文 DELF B1 水準。

■廚師職業培訓班 Titre professionnel cuisinier

- 培訓目標：培養進入廚房職場的基本能力，以勝任餐廳廚房或中央廚房幫廚職位，學成通過檢定可取得法國勞工部的證書。
- 課程內容：料理基礎和衛生規定、獨立完成套餐能力培養。
- 學費：約 8,100 歐元
- 課程期間：8 個月共 1,120 小時（910 小時在中心上課，6 週共 210 小時在業界 2 次實習，第 1 次實習在中央廚房，第 2 次實習在高級餐廳），每週上課 35 小時。
- 報名限制：（1）須具備法國 Niveau 4 以上學力（相當於滿 18 歲，並具高中畢業或同等學力文憑）。（2）建議要有法文 DELF B1 水準。

■廚師職業資格認證 CQP 班 CQP Cuisinier

- 培訓目標：通過 CQP 認證，培養進入廚房職場的基本能力。
- 課程內容：食材的認識與準備、廚房團隊與工作組織、食品應用科學、衛生規定、企業認知、環境，以及法律與社會等。
- 學費：約 8,100 歐元
- 課程期間：4 個月共 600 小時（400 小時在中心上課，6 週共 200 小時在業界 2 次實習），每週上課 35 小時。
- 報名限制：須具備法國 Niveau 4 以上學力（相當於滿 18 歲，並具高中畢業或同等學力文憑）。

Points 料理是外國人到法國學餐飲僅次於甜點的熱門選項，若打算從此在法國工作，進入法國廚房，考取職業資格認證是不錯的主意。波門歐特餐旅職訓中心的廚師課程有以下 3 種，CQP 班是比較簡單的，課程時數少，也不考一般科目；培訓班課程期間較長，完成學業只要通過勞工部的檢定即可；CAP 班比較難，課程期間長，也有一般科目要念，課程完成後要報名國家考試，通過才有證書。

看這裡！ **這裡也有很棒的餐飲服務生課程**

　在法國，服務生這門職業是被認真看待的，他們的工作是確保客人在用餐期間，從飲料、食物、酒水、起司和甜點，甚至是對於餐盤裡食物的來歷，都能夠給與客人建議和解答。工作地點不管是在小酒館，或是傳統餐廳、連鎖店、高級餐飲或外燴宴會，服務生皆扮演著客人與餐桌藝術間連結的重要角色。也因此服務生是一份有很多旅行機會的職業，冬天到山上，夏天到海邊，甚至到海外的飯店或餐廳。經過經驗累積的服務生，有機會成為外場領班甚至外場經理，有些甚至可以成為餐廳或酒吧裡參與設計規劃的核心人員。

　波門歐特餐旅職訓中心的服務生課程有以下 3 種，服務生職業認證 CAP 班（CAP Serveur de restaurant）、服務生職業培訓班（Titre professionnel serveur）和服務生職業資格認證 CQP 班（CQP Serveur en restauration），學費和課程內容請向學校諮詢。

報名與入學

・所有課程

A. 可透過官網填寫表格線上報名。

B. 飯店接待職業培訓班的報名須準備法文履歷表和動機信，現場 1 小時的性向測驗，以及通過當面或電話的面試。

C. 飯店總務職業資格認證 CQP 班報名須準備法文履歷表和動機信，現場 1 小時的性向測驗，以及通過當面或電話的面試。

Points 多數課程符合向雇主和勞工局提出在職訓練 CIF（Congé individuel de formation）的學費補助申請條件。

✎ **Memo**　對這所學校感興趣嗎？
你可以先將資料記錄在這個 Memo 區，方便查找！

法國 位於波爾多的市中心，交通方便，遊客、學生、在職進修皆可參與。

波爾多葡萄酒學校
École du vin de Bordeaux

🏠 3, Cours du XXX juillet, 33075 Bordeaux Cedex France

📞 +33 5 56 00 22 85

✉ ecole@bordeaux.com

✿ http://www.bordeaux.com/wschool/fr/ecoleduvin

波爾多葡萄酒專家
$ 390／273 歐元 🕐 2 天
👥 年滿 18 歲

葡萄酒產區認證指南
$ 290／230 歐元 🕐 8 小時
👥 年滿 18 歲

波爾多葡萄酒的祕密
$ 350／245 歐元 🕐 2 天
👥 年滿 18 歲

葡萄酒與料理
$ 114 歐元 🕐 1 天
👥 年滿 18 歲

特級酒莊護照
$ 670／649 歐元 🕐 3 天
👥 年滿 18 歲

從葡萄園到餐桌
$ 110 歐元 🕐 1 天
👥 年滿 18 歲

前進酒莊
$ 170 歐元 🕐 1 天
👥 年滿 18 歲

葡萄酒與巧克力
$ 98 歐元 🕐 3 小時
👥 年滿 18 歲

品酒
$ 190／133 歐元 🕐 8 小時
👥 年滿 18 歲

入門體驗課程
$ 39／27 歐元 🕐 2 小時
👥 年滿 18 歲

我的酒與我的酒窖
$ 230／161 歐元 🕐 8 小時
👥 年滿 18 歲

白酒還是玫瑰紅酒
$ 39／27 歐元 🕐 2 小時
👥 年滿 18 歲

酒莊半日遊
$ 15 歐元　**⏱** 半天
👥 年滿 18 歲的學生

葡萄酒產區認證指南
$ 124 歐元　**⏱** 10 小時
👥 年滿 18 歲的學生

酒莊一日遊
$ 30 歐元　**⏱** 1 天
👥 年滿 18 歲的學生

 認 識 學 校

交通、旅遊、觀光都非常方便的專業葡萄酒學校

　　波爾多葡萄酒學校隸屬於波爾多葡萄酒行業協會（Conseil Interprofessionnel du Vin de Bordeaux），學校坐落於波爾多市中心甘貢斯廣場（Quinconces）旁，波爾多遊客中心正對面的高必諾飯店（l'hôtel Gobineau）內。葡萄酒學校提供多種短期課程，白天的課程可以去波爾多地區的葡萄園實地參觀，包括學習品酒技巧、餐點與葡萄酒的和諧搭配，和列級名莊的認識與品賞；晚間的課程可以學習如何選擇葡萄酒和合適的酒具；週六的課程學習葡萄品種的混合藝術、葡萄酒品鑑的技巧，以及食物與葡萄酒的搭配；夏季的週末有葡萄酒釀造工藝課程和 2 小時的單元課程。亦有中文課程，但必須提前預約（最多 25 人實習 2 小時）。

■ 學校特色
1. 學校位於波爾多市中心，交通、旅遊、觀光都非常方便
2. 課程皆屬於短期課程，方便遊客、學生，或是在職的人短期進修，並依據課程授與上課證書。

····· 了 解 課 程 ·····

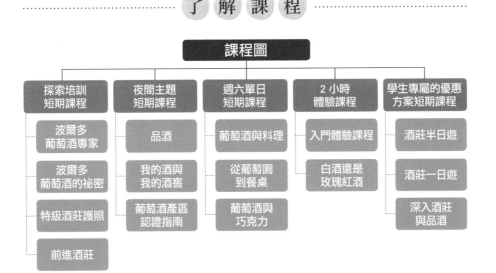

```
                        課程圖

探索培訓        夜間主題      週六單日      2 小時        學生專屬的優惠
短期課程        短期課程      短期課程      體驗課程      方案短期課程

波爾多          品酒         葡萄酒與料理    入門體驗課程     酒莊半日遊
葡萄酒專家

波爾多          我的酒與      從葡萄園       白酒還是       酒莊一日遊
葡萄酒的祕密     我的酒窖      到餐桌        玫瑰紅酒

特級酒莊護照     葡萄酒產區     葡萄酒與                   深入酒莊
               認證指南      巧克力                     與品酒

前進酒莊
```

專業領域、課程類別與期程

目前分為以下五大類課程：探索培訓短期課程（Les stages d'exploration）、夜間主題短期課程（Les ateliers du soir）、週六單日短期課程（Lessamedis gourmands）、2 小時體驗課程（Les ateliers découverte）、學生專屬優惠方案（Le campus）。依序介紹如下：

❶ 探索培訓短期課程

■波爾多葡萄酒專家 Experts en herbe

- 培訓目標：經由 2 天的課程，讓學員從零開始，系統性且完整了解品酒技術及波爾多葡萄園的特性，課程結束取得結業證書（Certificate）。
- 課程內容：品酒步驟與技巧、波爾多酒的風味品嘗、了解波爾多酒的風土條件（左岸、右岸的介紹）、了解波爾多葡萄酒的香氣、口味、葡萄園一年的生長過程、波爾多酒的分級制度，並且實地到波爾多葡萄園參觀，並在酒莊共進晚餐。
- 學費：一般個人 390 歐元，學生優惠價格 273 歐元。
- 課程期間：2 天
- 名額：小班制，最多 25 人，每月不定期開課。
- 報名限制：年滿 18 歲

■波爾多葡萄酒的祕密 Secrets d'inities

- 培訓目標：經由 2 天的課程，讓學員了解波爾多葡萄酒的祕密，提升學員品酒的藝術及增進味覺的層次，系統性了解風土條件及年分的影響。課程結束取得結業證書（Certificate）。
- 課程內容：品酒的方法、波爾多酒如何定位？侍酒的藝術、酒的相關配件及保存方法、波爾多葡萄酒與菜餚的和諧搭配。
- 學費：一般個人 350 歐元，學生優惠價格 245 歐元。
- 課程期間：2 天
- 名額：小班制，最多 25 人，每月不定期開課。
- 報名限制：年滿 18 歲

■特級酒莊護照 Passport grands crus

- 培訓目標：經由 3 天的旅遊課程，讓學員了解波爾多四大葡萄酒產區（Médoc, Sauternes, Graves 及 Saint-Emilion）的魅力，並且可以品飲特級酒。課程結束取得結業證書（Certificate）。
- 課程內容：排名制度的由來及介紹、特級酒莊參觀及品酒、Médoc 產區的排名及分級介紹、Saint-Emilion 的分級與葡萄園介紹、3 日午餐都在酒莊用膳。
- 學費：一般個人 670 歐元，學生優惠價格 469 歐元。
- 課程期間：3 天
- 名額：小班制，不定期開課。
- 報名限制：年滿 18 歲

■前進酒莊 Destination châteaux

- 培訓目標：經由 1 天的課程了解葡萄酒的基本知識，並且實地參觀酒莊與品酒。
- 課程內容：上午在學校介紹葡萄酒的基本知識（風土、葡萄品種、品酒詞彙、釀造過程），中午搭車前往葡萄園，與釀酒師一同共進午餐。下午參觀酒莊及品酒。
- 學費：一般個人 170 歐元
- 課程期間：2 天
- 名額：小班制，不定期開課。
- 報名限制：年滿 18 歲

❷ 夜間主題短期課程

■品酒 Dégustation, mode d'emploi

- **培訓目標**：經由 4 堂夜間課程，讓業餘的酒類愛好者精進為專業品酒師。課程結束取得結業證書（Certificate）。
- **課程內容**：品酒的關鍵（認識波爾多葡萄酒）、認識波爾多的風土條件（左岸、右岸及葡萄園）、葡萄酒的調配與芳香過程、波爾多 AOC 認證與排名。
- **學費**：一般個人 190 歐元，學生優惠價格 133 歐元。
- **課程期間**：4 堂夜間課程，每堂 2 小時（總計 8 小時）。
- **名額**：小班制，不定期開課。
- **報名限制**：年滿 18 歲

■我的酒與我的酒窖 Mon vin, ma cave

- **培訓目標**：經由 4 堂夜間課程，讓學員了解各個葡萄酒產區，執行水準及垂直的品酒練習，並認識酒標及學習建構平衡的酒窖。課程結束取得結業證書（Certificate）。
- **課程內容**：品酒方法的精進、創造屬於自己的酒窖、波爾多葡萄酒市場的認識、供應管道的認識、辨認酒標、侍酒的藝術、佐菜餐酒的和諧搭配。
- **學費**：一般個人 230 歐元，學生優惠價格 161 歐元。
- **課程期間**：4 堂夜間課程，每堂 2 小時（總計 8 小時）。
- **名額**：小班制，不定期開課。
- **報名限制**：年滿 18 歲

■葡萄酒產區認證指南 Appellations : suivez le guide !

- **培訓目標**：經由 4 堂夜間課程，讓學員了解葡萄園的歷史及認識各大產區，並且認識干型白酒與甜型白酒，深入比較與品酒。課程結束取得結業證書（Certificate）。
- **課程內容**：認識波爾多葡萄園產區（Bordeaux, Bordeaux supérieur, Côtes）；認識波爾多葡萄酒的多樣性與釀酒技術；認識聖愛美濃、玻美侯、弗朗薩克（St Emilion – Pomerol – Fronsac Côtes）產區及分級制度；認識梅鐸（Médoc）及格拉夫（Graves）產區紅酒與列級排名；認識波爾多地區干型白酒、蘇玳和巴薩克（Sauternes-Barsac, Graves）白酒分級制度，酒莊參觀導覽與晚餐。

- 學費：一般個人 290 歐元，學生優惠價格 230 歐元。
- 課程期間：4 堂夜間課程，每堂 2 小時（總計 8 小時）。
- 名額：小班制，不定期開課。
- 報名限制：年滿 18 歲

Points 夜間課程依照 3 個不同主題分成 3 個班，每個主題分別有 4 節課程，每節 2 小時，分別讓學員了解波爾多葡萄酒、盲飲及佐餐搭配葡萄酒入門等知識。

❸ 週六單日短期課程

■葡萄酒與料理 Oenochef

- 培訓目標：短短一個週六的課程，上午認識波爾多紅酒，中午在料理教室跟隨主廚烹飪料理，學習葡萄酒與料理的完美搭配及品嘗。
- 課程內容：上午課程認識波爾多的葡萄園風土及其葡萄品種、釀造技術、相關品酒術語及品酒；中午跟隨料理主廚到廚藝教室學習佐餐搭配葡萄酒，烹飪料理並且品嘗之。
- 學費：114 歐元
- 課程期間：1 天（共 5 小時）
- 名額：小班制，週六不定期開課。
- 報名限制：年滿 18 歲

■從葡萄園到餐桌 De la vigne à la table

- 培訓目標：短短一個週六的課程，一次滿足認識紅酒知識與實際品嘗波爾多美食的課程。
- 課程內容：上午課程認識波爾多的葡萄園風土及其葡萄品種、釀造技術、相關品酒術語及品酒；中午到一間波爾多風味的餐廳品嘗精心搭配過的餐與酒，並且學習品酒的藝術及餐酒的搭配。
- 學費：110 歐元
- 課程期間：1 天（共 5 小時）
- 名額：小班制，週六不定期開課。
- 報名限制：年滿 18 歲

■葡萄酒與巧克力 Choco'Bordeaux

- **培訓目標**：週六短短的午後，經由巧克力與紅酒的眾多共通點，一同學習並進入巧克力與葡萄酒的世界，且有甜點課學習製作巧克力。
- **課程內容**：類比學習波爾多葡萄酒與巧克力、品酒詞彙與方法、品飲及評述波爾多葡萄酒、到甜點教室實際製作巧克力甜點。
- **學費**：98 歐元
- **課程期間**：3 小時
- **名額**：小班制，週六不定期開課。
- **報名限制**：年滿 18 歲

❹2 小時體驗課程

■入門體驗課程 L'Atelier initiation

- **培訓目標**：透過 2 小時課程，讓學員了解波爾多四大葡萄酒產區（Médoc, Sauternes, Graves 及 Saint-Emilion）的魅力，並且品飲特級酒。
- **課程內容**：波爾多葡萄品種、釀造與調配、波爾多葡萄酒的芳香、實際品酒與評述（干型白酒與甜型紅白酒）。
- **學費**：一般個人 39 歐元，學生優惠價格 27 歐元。
- **課程期間**：2 小時
- **名額**：小班制，夏季平日 15 ～ 17 點幾乎天天開課。
- **報名限制**：年滿 18 歲

■白酒還是玫瑰紅酒 Plutôt blanc ou rosé？

- **培訓目標**：透過 2 小時課程，讓學員認識與品嘗白酒與玫瑰紅酒。
- **課程內容**：認識白酒、玫瑰紅酒葡萄品種、品嘗香氣、實際品酒與評述白酒及玫瑰紅酒。
- **學費**：一般個人 39 歐元，學生優惠價格 27 歐元。
- **課程期間**：2 小時
- **名額**：小班制，夏季平日 19 ～ 21 點幾乎天天開課。
- **報名限制**：年滿 18 歲

Points 這是夏季幾乎天天開的下午體驗課程（除了例假日），只有短短 2 小時，讓大家體驗葡萄酒的美好。

❺ 學生專屬的優惠方案短期課程

■酒莊半日遊 Pôle explorateur

- 培訓目標：經由波爾多工商協會及旅遊局協辦，本校專業導覽協助參觀兩座葡萄園，並且實際品酒，從波爾多市中心一起搭車前往參訪葡萄園。
- 課程內容：參訪葡萄園與品酒。
- 學費：學生專屬優惠價格 15 歐元
- 課程期間：半天
- 名額：小班制
- 報名限制：年滿 18 歲的學生

■酒莊一日遊 Pôle connaisseur

- 培訓目標：經由一天的旅遊課程，讓學員了解波爾多葡萄酒，並且實地到葡萄園參訪品酒。
- 課程內容：上午是品酒介紹研討會、學習表達自己的品酒感受、描述評述葡萄酒、品飲干型與甜型紅酒。下午經由波爾多工商協會及旅遊局協辦，本校專業導覽協助參觀兩座葡萄園，並且實際品酒，從波爾多市中心一起搭車前往參訪葡萄園。
- 學費：學生專屬優惠價格 30 歐元
- 課程期間：1 天
- 名額：小班制，不定期開課。
- 報名限制：年滿 18 歲的學生

■深入酒莊與品酒 Pôle expert

- 培訓目標：包含夜間的品酒班（Dégustation, mode d'emploi）＋酒莊半日遊（Pôle explorateur），更深入了解波爾多葡萄酒的知識，並且贈送品酒杯。
- 課程內容：參觀酒莊與實際品酒。
- 學費：學生專屬優惠價格 124 歐元
- 課程期間：10 小時
- 名額：小班制，不定期開課。
- 報名限制：年滿 18 歲的學生

Points 3 種專屬於學生的優惠短期課程，可能是白天或晚上的課程、適合初學入門者。

入 學 相 關

報名與入學

• 所有課程

透過官網系統選擇課程,並完成線上報名。

Points 持學生證報名可享學生優惠價格。

✏️ Memo

對這所學校感興趣嗎?
你可以先將資料記錄在這個 Memo 區,方便查找!

 法國 從專業的釀酒學學士和碩士班，
到一般品酒和釀酒入門課都有。

波爾多大學葡萄酒及
葡萄栽植科學研究所

Université de Bordeaux, Institut des
Sciences de la Vigne et du Vin (ISVV)

🏠 210, chemin de Leysotte CS 50008 33882
　 Villenave d'Ornon France
📞 +33 5 57 57 58 58
✉ isvv.fcontinue@u-bordeaux.fr
🌐 http://www.isvv.u-bordeaux.fr/fr

品酒師大學文憑班

$ 5,500 歐元　🕐 1 學年
👥 年滿 16 歲

釀酒入門大學文憑班

$ 4,000 歐元　🕐 1 學年
👥 年滿 16 歲

品酒單元 1 基礎入門（單元）

$ 310 歐元　🕐 1 天
👥 無限制

酒的行銷（單元）

$ 450 歐元　🕐 2 天
👥 無限制

波爾多酒行銷特色英文班（單元）

$ 1,500 歐元　🕐 3 天
👥 無限制

認 識 學 校

歷史悠久的葡萄酒鄉，知名的品酒、釀酒學校

　　波爾多原本有四間大學，俗稱波爾多第一大學、第二大學、第三大學和第四大學，2014 年，第一、第二與第四大學合併成波爾多大學（Université de Bordeaux），而許多台灣人去念語言學校的第三大學，則稱為 Université Bordeaux Montaigne。

　　葡萄酒及葡萄栽植科學研究所的歷史可追溯至 1880 年，微生物學之父巴斯德（Louis Pasteur）當時即在此研究過葡萄酒。自 1916 年起，它隸屬於波爾多大學，無論在法國或海外，都是非常知名且重要的科學研究站，所內培

養許多釀酒學的學士和碩士。另外也有適合在職進修的人念的品酒和釀酒入門課，最知名的便是品酒師大學文憑班（D.U.A.D.）與 釀酒入門大學文憑班（D.U.I.O.）課程，學生多為從事酒類工作的職場人士或酒商，台灣也有酒界名人從這裡畢業。

■ **學校特色**

1. 可體驗在波爾多上課與生活的葡萄酒鄉風情。
2. 大學文憑課程在業界頗獲好評，上課不密集，有點像在職進修，建議可同時念語言學校。
3. 單元課程法文和英文都有，適合旅遊體驗學習。

了 解 課 程

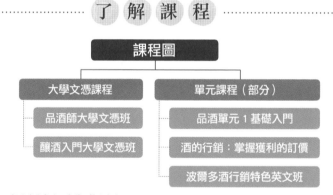

專業領域、課程類別與期程

這所學校有不少學士文憑和碩士文憑的課程（Formations initiales），大多為農學與釀酒專業領域，因此在這裡我們不介紹。它的成人在職進修課程（Formation professionnelle），包括大學文憑課程（Diplôme universitaire）和短期單元課程（Stages formations professionnelles），有比較多的餐飲、品酒、侍酒和管理班，介紹如下：

❶ 大學文憑課程

■**品酒師大學文憑班** Diplôme universitaire d'aptitude à la dégustation（D.U.A.D.）

• 培訓目標：理論與實作兼具的品酒課，培養更高層次的品酒分析和描述能力。課程結束後，由波爾多大學頒發結業證書。

- 課程內容：法語授課。課程包括（1）品酒（La Dégustation）：生理、感官與辨識力、感官分析方法論、品酒的規則、嗅覺與味覺的詞彙、個體感知與學習、品質管制、品酒分析、密集、規律和漸進式的品酒練習。（2）葡萄栽植（La Vigne）：植物素材、葡萄園的走向、土地和風土概念、葡萄的成熟，以及獲得優質葡萄。（3）葡萄酒（Le Vin）：波爾多葡萄酒的歷史、葡萄酒組成及其感官特徵、葡萄酒的精煉、穩定和保存、葡萄酒優質化與劣化的成因、不同葡萄產區的介紹技巧。
- 學費：5,500 歐元
- 課程期間：1 學年，從 10 月到隔年 5 月，每週上課 2 天，週一 9 點～12 點 30 分，以及週五 14 點～17 點。
- 招生名額：45 人
- 招生限制：（1）16 歲以上。（2）須具備法國高中畢業會考（Baccalauréat）文憑。

■釀酒入門大學文憑班 Diplôme universitaire d'Initiation à i'oenologie (D.U.I.O.)

- 培訓目標：針對不具有科學背景或專業的人，例如：業餘愛好、觀光業、酒商，對葡萄栽植、品酒，以及釀酒的認識和詞彙有興趣者。課程結束後，由波爾多大學頒發結業證書。
- 課程內容：法語授課。課程包括（1）單元 1：葡萄栽植的緣起與重要性、葡萄組成、葡萄栽植實作、風土、葡萄園地景、葡萄園與天災、葡萄園的新趨勢。（2）單元 2：阿基坦省的風土、18～20 世紀的葡萄酒與風土、遺產與建築、品味的歷史、風土的歷史、AOC 原產地管制命名的分類、筆試 2 小時。（3）單元 3：酵母、細菌、作用微生物、非揮發複合物、揮發複合物、粉紅酒、紅酒、白酒。（4）單元 4：利口酒、加烈酒、氣泡酒、桶槽與芳香、熟齡化的芳香、蒸餾酒、新市場、酒的穩定性、筆試 2 小時。（5）單元 5：桶槽製作、酒塞、干邑製桶廠參觀、桶槽污水、品酒、酒與菜、酒與健康、酒的缺點。（6）單元 6：品酒詞彙、酒的行銷介紹、原產地管制命名的國家機構、法規、特徵和品種、法國酒的分區、波爾多酒的特徵、品酒比賽和管制、影響品酒的因素、筆試 2 小時。
- 學費：4,000 歐元
- 課程期間：1 學年，從 10 月到隔年 5 月，挑出其中 6 個月上課，每次上課用 1 週時間上 2 種單元主題，全部 6 種單元主題共 150 小時。
- 招生名額：25 人

- 招生限制：（1）16 歲以上。（2）須具備法國高中畢業會考（Baccalauréat）文憑，或具有足夠的專業經驗。

Points 此類課程授課老師為波爾多大學裡的專任教授，以及酒界的傑出專業人士，因此課程內容優質且深入。但要特別注意，「Diplôme Universitaire」的字面解釋容易讓人誤以為是大學學士文憑，實際上指的只是「由大學認證頒發的文憑」，它並不代表法國教育部認可的學歷文憑（Diplôme d'etat）。

❷ 單元課程

■品酒單元 1 基礎入門 Formations en degustation module 1 – fondamentaux

- 培訓目標：用 1 天的時間學習品酒詞彙，並進入基礎入門的品酒領域（另有單元 2 和單元 3 中高階課程），適用一般大眾。
- 課程內容：學習品酒的每個步驟。用適合的詞彙，解釋與分享感受。藉由深入的欣賞，加深了解酒的味道。了解各種葡萄品種的特徵。探索不同地區酒的不同。
- 學費：310 歐元
- 課程期間：1 天（共 7 小時）。
- 招生名額：40 人

■酒的行銷：掌握獲利的訂價

Marketing du vin : savoir fixer le prix des vins pour être rentable

- 培訓目標：了解並整合訂價的方式，適用葡萄栽植者、行銷負責人、酒商及一般大眾。
- 課程內容：酒類行銷的特徵、行銷策略、訂價策略與商業供應的定義，以及三種訂價方法論。
- 學費：450 歐元
- 課程期間：2 天（共 14 小時）。
- 招生名額：30 人

Points
1. 本課程的特別聯絡窗口是：formco@agro-bordeaux.fr。
2. 這裡的單元課程分為品酒（Dégustation）、釀酒實作（Pratiques œnologiques）、葡萄栽植（Viticulture）、法規管理與經濟（Droit - Gestion - Economie）、釀酒觀光（Œnotourisme）和英語課程（Formations en anglais）幾大類，上面列舉幾門與餐飲和侍酒相關課程，詳情可向學校諮詢。

■波爾多酒行銷特色英文班 Bordeaux wine making specificities

- 培訓目標：了解波爾多酒的特色，更新對波爾多葡萄酒釀造技術的知識，根據葡萄酒的特點調整釀酒方式，說明關鍵做法的感官影響。適用學生、酒製造商、葡萄園經理人、釀酒顧問、實驗室主任和酒商董事。
- 課程內容：波爾多白酒闡述、貴腐葡萄甜白酒、波爾多紅酒闡述、酒和木頭、紅酒熟化管理、紅酒混合，以及酒莊參訪。
- 學費：1,500 歐元

Points 本課程的特別聯絡窗口：formco@agro-bordeaux.fr。

入 學 相 關

報名與入學

- **大學文憑課程**

A. 先透過官網登錄到 APOFLUX 系統。

B. 下載報名表和允許肖像使用說明，備妥資料以電子郵件報名：isvv-scolarite@u-bordeaux.fr；或是實體郵件可寄到 ISVV – Service Scolarité 210 chemin de leysotte 33140 Villenave d'ornon。

C. 5/2 ～ 6/15 開放下載報名申請書；6/23 截止報名；6/28 審理報名；7/2 公告錄取結果。

D. 開學日以前把須檢附的文件補齊，開學日當天收到學生證和學校證明。

- **單元課程**

可透過官網線上報名，也可下載報名表備妥資料郵寄報名。英文班有特別的聯絡窗口：formco@agro-bordeaux.fr。

法國 學徒免學費並領有薪資，學校備有宿舍可以申請。

瑟法餐飲建教合作歐洲中心
Centre Européen de Formation en
Alternance et par Apprentissage（CEFAA）

🏠 Avenue Jean Fourgeaud -
93420 Villepinte France
📞 +33 1 49 63 42 42
✉ contact@cefaa.net
⚙ http://www.cefaa.net

服務生 CAP 文憑班
💲 無，可支薪　🕐 2 年
👥 16 ～ 25 歲

無過敏料理加修學程班
💲 無，可支薪　🕐 1 年
👥 18 ～ 25 歲

餐廳中央廚房 CAP 文憑班
💲 無，可支薪　🕐 2 年
👥 16 ～ 25 歲

調酒師加修學程班
💲 無，可支薪　🕐 1 年
👥 18 ～ 25 歲

廚師 CAP 文憑 1 年班
💲 無，可支薪　🕐 1 年
👥 16 ～ 25 歲

飯店總務職業文憑班
💲 無，可支薪　🕐 2 年
👥 16 ～ 25 歲

高中畢業會考職業組餐飲文憑班
💲 無，可支薪　🕐 3 年
👥 16 ～ 25 歲

餐飲服務藝術高級技師文憑班
💲 無，可支薪　🕐 2 年
👥 16 ～ 25 歲

⋯⋯⋯ 認 識 學 校 ⋯⋯⋯

1 ～ 3 年制，專門招收餐飲各職業別學徒

　　瑟法是一間學徒教育中心 CFA（Centre de formation d'apprentis），也就是它不對成人招生，也沒有對外的單元課程，所設的課程都是招收餐飲各職業別學徒，從 1 ～ 3 年制都有，畢業頒發法國教育部認可的文憑。學校自 1993 年

創立，每年招收約 500 名學徒，校址就在巴黎東北郊外 25 公里遠的巴黎華西機場（l'aéroport de Roissy CDG）附近，進巴黎市中心可搭郊區快鐵 RER B 線，30 分鐘即可到達。多年來以培育 16 ～ 25 歲的年輕學徒學習一技之長，並取得法國高職、專科和技術師文憑為目標。職業別包括廚師、糕點師、調酒師、服務生、飯店總務、熟食店經營、咖啡酒吧和櫃檯。雖然法國學徒制的課程主要招收法國人，但外國人只要有心，一樣可以向學校申請，並不是沒有機會，因此編者很鼓勵台灣年輕人往這條路努力。

■ 學校特色
1. 非常正規的學徒教育中心，包含餐飲許多不同職業的課程。
2. 與業界緊密的建教合作，學徒從工作中習得扎實的專業技能，非一般廚藝學校的短暫實習能比擬。
3. 學徒免學費（由政府和雇主共同支付），並領有薪資。
4. 校內除了有學生餐廳、圖書館、多媒體中心外，還有體育中心。
5. 學校有宿舍可以申請。

了 解 課 程

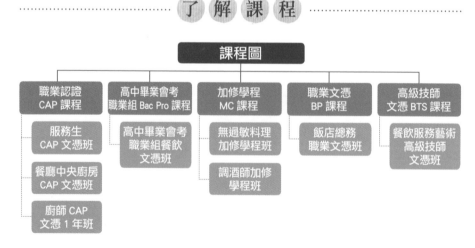

專業領域、課程類別與期程

本校課程皆專門開給 16 ～ 25 歲的青年學徒，接下來依不同學制分別介紹：

❶ 職業認證 CAP 課程

■服務生 CAP 文憑班 CAP Restaurant

- 培訓目標：培養成為服務生的能力，並考取法國服務生職業認證。課程結束後，通過學校安排的國家考試，可取得法國教育部頒發的文憑（CAP Niveau 5 – diplôme d'etat）。
- 課程內容：餐廳實作、餐飲技術、食品與衛生、葡萄酒學、企業認知、環境健康預防與職場急救、歷史、地理、法語、英語、數學、資訊。
- 學費：免學費，且有薪資。
- 課程期間：2 年（15 天在學校研修，15 天在業界工作）
- 合約種類：學徒合約或職訓合約
- 報名限制：（1）16 ～ 25 歲。（2）需具備法國 3ème générale 以上之同等學力（國中畢業）。

■餐廳中央廚房 CAP 文憑班 CAP Agent polyvalent de restauration

- 培訓目標：培養成為中央廚房廚師的能力，能應付大量的準備工作並遵守衛生規章，考取法國中央廚房職業認證。課程結束後，通過學校安排的國家考試，可取得法國教育部頒發的文憑（CAP Niveau 5 – diplôme d'etat）。
- 課程內容：料理實作、配送、儲存維護、餐飲技術、食品與衛生、環境健康預防與職場急救、歷史、地理、法語、數學、資訊。
- 學費：免學費，且有薪資。
- 課程期間：2 年（15 天在學校研修，15 天在業界工作）
- 合約種類：學徒合約或職訓合約
- 報名限制：（1）16 ～ 25 歲。（2）需具備法國 3ème générale 以上之同等學力（國中畢業）。

■廚師 CAP 文憑 1 年班 CAP Cuisine en 1 an prépa à l'entrée en BTS

- 培訓目標：提供給擁有高中會考普通組和技術組文憑的人，用 1 年培養成為廚師的能力，考取法國廚師職業認證，並以進入 BTS 高級技師文憑學校深造為目標。課程結束後，通過學校安排的國家考試，可取得法國教育部頒發的文憑（CAP Niveau 5 – diplôme d'etat）。
- 課程內容：餐飲技術與實作、旅館學、應用科學、環境健康預防與職場急救、企業管理、管理與溝通、法語、西班牙文、體適能與體育。

- 學費：免學費，且有薪資。
- 課程期間：1 年（15 天在學校研修，15 天在業界工作）
- 合約種類：學徒合約或職訓合約
- 報名限制：（1）16 ～ 25 歲。（2）擁有高中會考普通組和技術組文憑。

Points 職業認證 CAP 課程包括：廚師 CAP 文憑班（CAP Cuisine）、服務生 CAP 文憑班（CAP Restaurant）、咖啡酒館服務 CAP 文憑班（CAP Café brasserie）、餐廳中央廚房 CAP 文憑班（CAP Agent polyvalent de restauration）、廚師 CAP 文憑 1 年班（CAP Cuisine en 1 an prépa à l'entrée en BTS）。上述僅以當中幾種課程為例介紹，給讀者參考。

❷ 高中畢業會考職業組 Bac Pro 課程

■高中畢業會考職業組餐飲文憑班 Bac Pro restauration

- 培訓目標：可選擇廚師組或餐飲服務組，培養成為餐飲從業人員的能力，並通過法國高中畢業會考職業組廚師文憑（Bac Pro cuisine）或餐飲服務文憑（Bac Pro commercialisation et service en restauration）。課程結束後，通過學校安排的國家考試，可取得法國教育部頒發的文憑（Baccalauréat professionnel Niveau 4 - diplôme d'etat）。
- 課程內容：環境健康預防與職場急救、法語、外語、公民教育、歷史、地理、數學、應用美術、體適能與體育。
- 學費：免學費，且有薪資。
- 課程期間：3 年（每年 655 小時，15 天在學校研修，15 天在業界工作）
- 合約種類：學徒合約或職訓合約
- 報名限制：（1）16 ～ 25 歲。（2）需具備法國 3ème 或 2ndr générale 之同等學力（國中畢業）。

❸ 加修學程 MC 課程

■無過敏料理加修學程班 Mention complémentaire art de la cuisine allégée

- 培訓目標：教授針對過敏患者能食用的料理，包括過敏病理的認識、過敏食材的避免，以及特別的無過敏烹調法，授與加修學程文憑。課程結束後，通過學校安排的國家考試，可取得法國教育部頒發的文憑（Mention complémentaire Niveau 5 - diplôme d'etat）。
- 課程內容：食材與組織、衛生營養科學、溝通、管理、飲料、英語、資訊。

- **學費**：免學費，且有薪資。
- **課程期間**：1 年（每年 525 小時，15 天在學校研修，15 天在業界工作）
- **合約種類**：學徒合約或職訓合約
- **報名限制**：（1）18 ～ 25 歲。（2）需具備 CAP 廚師職業文憑。

■調酒師加修學程班 Mention complémentaire Barman

- **培訓目標**：學習吧檯飲料和調酒工作，授與加修學程文憑。課程結束後，通過學校安排的國家考試，可取得法國教育部頒發的文憑（Mention complémentaire Niveau 5 - diplôme d'etat）。
- **課程內容**：實作與技術理論、法規、銷售、飲料、英語、資訊。
- **學費**：免學費，且有薪資。
- **課程期間**：1 年（每年 525 小時，15 天在學校研修，15 天在業界工作）
- **合約種類**：學徒合約或職訓合約
- **報名限制**：（1）18 ～ 25 歲。（2）需具備咖啡酒館服務 CAP Café brasserie 或服務生職業文憑 CAP Restaurant。

Points 除了 Baccalauréat 高中會考之外，法國 18 歲的年輕人也可以攻讀修業期間 1 或 2 年的職業文憑，例如 1 年制的加修學程 MC（Mention complémentaire）或 2 年制的職業文憑 BP（Brevet professionnel），以便自行創業，或至少讓未繼續就學的年輕人，不是空無文憑離開教育體系，而是具有一技之長進入社會。上述僅以當中幾種課程為例介紹，給讀者參考。

❹ 職業文憑 BP 課程

■飯店總務職業文憑班 Brevet Professionnel Gouvernante

- **培訓目標**：主要為培養能組織樓層服務的飯店總務人員，管理毛巾、織品和耗材的庫存，整合內部職員與日常庶務，並通過法國職業文憑。課程結束後，通過學校安排的國家考試，可取得法國教育部頒發的文憑（Brevet Professionnel Niveau 4 - diplôme d'etat）。
- **課程內容**：法語、英語、西班牙語、資訊、旅館學、樓層施工、應用管理、應用科學與環境、經濟環境、法律與社會。
- **學費**：免學費，且有薪資。
- **課程期間**：2 年（每年 595 小時，15 天在學校研修，15 天在業界工作）
- **合約種類**：學徒合約或職訓合約
- **報名限制**：（1）16 ～ 25 歲。（2）需具備 CAP 職業文憑，或高中畢業會

考職業組 Bac Pro 或技術組 Bac Tec 文憑，或是高級技師文憑 BTS 中的餐飲相關科系。

Points 包括廚師職業文憑班（Brevet professionnel cuisine）、服務生職業文憑班（Brevet professionnel restaurant）、飯店總務職業文憑班（Brevet professionnel gouvernante）。上述以飯店總務職業文憑舉例介紹。

❺ 高級技師文憑 BTS 課程

■高級技師文憑 BTS 課程

BTS Restauration option B : art culinaire, art de la table et du service

- **培訓目標**：培養成為餐廳、旅館及餐桌服務管理者的能力，並通過法國國家考試取得文憑。課程結束後，通過學校安排的國家考試，可取得法國教育部頒發的 BTS 文憑。
- **課程內容**：料理與餐飲實務、旅館學、料理技法和維護工程、技術與科學、企業認知、環境、法律與社會、溝通學、環境健康預防與職場急救、法語、英語、西班牙語、方法論、資訊、應用美術、體育、管理學、行銷與經濟。
- **學費**：免學費，且有薪資。
- **課程期間**：2 年（每年 675 小時，15 天在學校研修，15 天在業界工作）
- **合約種類**：學徒合約或職訓合約
- **報名限制**：（1）16～25 歲。（2）需具備法國高中畢業會考（Baccalauréat）文憑。

············· 入 學 相 關 ·············

報名與入學

・所有課程

A. 課程皆有各別的報名限制，可參照各別課程的解說。

B. 可透過官網的線上系統報名。

C. 所有班別皆在每年 1 月受理報名及入學測驗。

D. 第一關報名審核，第二關面試審核，通過面試始可入學。

法國 與業界緊密的建教合作，
從工作中習得扎實技能。

瑟夫帕餐飲專業推廣歐洲中心

Centre Européen de Formation et de
Promotion Professionnelle par Alternance
pour l'Industrie Hôtelière (CEFPPA)

🏠 77, route du Rhin 67400 Illkirch-
Graffenstaden France
📞 +33 3 90 40 05 10
✉ secretariat@cefppa.eu
⚙ http://www.cefppa.fr/index.php

夜間調酒師職業資格班
$ 無，可支薪 🕐 1 年
👥 16 ～ 25 歲

餐廳甜點師加修學程班
$ 無，可支薪 🕐 1 年
👥 18 ～ 25 歲

廚師 CAP 文憑班
$ 無，可支薪 🕐 2 年
👥 16 ～ 25 歲

廚藝職業文憑班
$ 無，可支薪 🕐 2 年
👥 16 ～ 25 歲

高中畢業會考職業組廚師文憑班
$ 無，可支薪 🕐 2 年
👥 18 ～ 25 歲

餐飲服務藝術高級技師文憑班
$ 無，可支薪 🕐 2 年
👥 16 ～ 25 歲

侍酒師加修學程班
$ 無，可支薪 🕐 1 年
👥 18 ～ 25 歲

觀光餐旅學士文憑班
$ 無，可支薪 🕐 1 年
👥 18 ～ 25 歲

認 識 學 校

1992 年創立，正規傳統的學徒教育中心

　　瑟夫帕（CEFPPA）與瑟法（CEFAA）非常類似，都是學徒教育中心 CFA
（Centre de Formation d'Apprentis），不同的是它有一些單元課程對成人招生；
相同的是它招收的也是餐飲各職業別學徒，從 1 ～ 3 年制都有，職業別包括

廚師、糕點師、調酒師、服務生、飯店總務、侍酒師、熟食店經營、咖啡酒吧和櫃檯。畢業頒發法國教育部認可的高職、專科、技術師,甚至學士文憑。

學校自 1992 年創立,校址位於法國東北部阿爾薩斯大省的伊爾基希一格拉芬斯塔登(Illkirch-Graffenstaden)城鎮,離著名的城市史特拉斯堡 22 公里。鄰近法德邊境,就業環境也因此與德國息息相關,許多學程都要求加修德語。

■ 學校特色
1. 正規傳統的學徒教育中心,包含餐飲許多不同職業的課程。
2. 與業界緊密的建教合作,學徒從工作中習得扎實的專業技能,非一般廚藝學校的短暫實習能比擬。
3. 學徒免學費(由政府和雇主共同支付),並領有薪資。
4. 校內有容納 200 名客人的實習餐廳、圖書室、會議室、電腦室。

········· 了 解 課 程 ·········

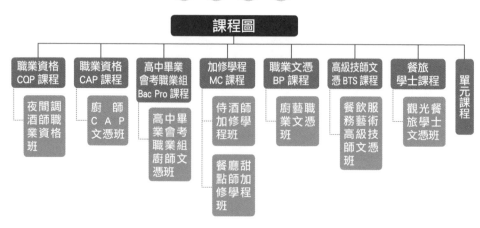

專業領域、課程類別與期程

這所學校課程以 16 ～ 25 歲之青年學徒為主,但也有短期單元課程提供成人進修。底下我們以不同學制來分別介紹:

❶ 職業資格 CQP 課程

■夜間調酒師職業資格班 CQP Barman du monde de la nuit

- 培訓目標：學習吧檯飲料和調酒工作，培養在夜間場所工作的能力，並取得法國職業資格。CQP 職業資格在課程進行時即不斷考核，順利完成課程即可取得證照。
- 課程內容：備料與供應、服務與販售、接待、雞尾酒製作、環境健康預防與職場急救、溝通與社會。
- 學費：免學費，且有薪資。
- 課程期間：1 年（共 480 小時，2 天在學校研修，5 天在業界工作）
- 合約種類：職訓合約
- 報名限制：（1）16 ～ 25 歲。（2）需具備法國 3ème générale 以上之同等學力（國中畢業）。

❷ 職業資格 CAP 課程

■廚師 CAP 文憑班 CAP Cuisine

- 培訓目標：培養成為廚師的能力，考取法國廚師職業認證。課程結束後，通過學校安排的國家考試，可取得法國教育部頒發的文憑（CAP Niveau 5 – diplôme d'etat）。
- 課程內容：料理實作、餐飲技術、應用科學、食品與衛生、環境健康預防與職場急救、歷史、地理、法語、數學、體適能與體育。
- 學費：免學費，且有薪資。
- 課程期間：2 年（共 840 小時，1 週在學校研修，2 週在業界工作）
- 合約種類：學徒合約或職訓合約
- 報名限制：（1）16 ～ 25 歲。（2）需具備法國 3ème générale 以上之同等學力（國中畢業）。

Points 包括廚師 CAP 文憑班（CAP Cuisine）、餐飲服務 CAP 文憑班（CAP Commercialisation et services en hôtel-café-restaurant）、餐飲服務 CAP 文憑 1 年班（CAP Commercialisation et services en hôtel-café-restaurant en 1 an）等。上方為舉例介紹。

❸ 高中畢業會考職業組 Bac Pro 課程

■高中畢業會考職業組廚師文憑班 Bac Professionnel cuisine

- 培訓目標：培養成為高階廚師的能力，並通過法國高中畢業會考職業組廚師文憑（BAC PRO Cuisine）。課程結束後，通過學校安排的國家考試，可取得法國教育部頒發的文憑（Baccalauréat professionnel Niveau 4 - diplôme d'etat）。
- 課程內容：廚房理論、應用科學、資訊、環境健康預防與職場急救、法語、英語、德語、公民教育、歷史、地理、數學、銷售管理、應用美術、體適能與體育。
- 學費：免學費，且有薪資。
- 課程期間：2年（每年 750 小時，每週 20 小時在學校研修，其餘天數在業界工作）
- 合約種類：學徒合約
- 報名限制：（1）18 ～ 25 歲。（2）須具備法國廚師 CAP 文憑。

❹ 加修學程 MC 課程

■侍酒師加修學程班 Mention complémentaire sommellerie

- 培訓目標：學習餐廳酒類管理、儲存與服務工作，授與加修學程文憑。課程結束後，通過學校安排的國家考試，可取得法國教育部頒發的文憑（Mention complémentaire Niveau 5 - diplôme d'etat）。
- 課程內容：技術理論、葡萄酒學、酒與飲料的感官分析、企業法規與管理、應用科學、溝通、英語、德語。
- 學費：免學費，且有薪資。
- 課程期間：1年（15 週共 480 小時，每週 4 天在學校研修，隔週在業界工作）
- 合約種類：職訓合約
- 報名限制：（1）18 ～ 25 歲。（2）具備服務生職業文憑 CAP Restaurant。

■餐廳甜點師加修學程班

Mention complémentaire cuisinier en desserts de restaurant

- 培訓目標：學習餐廳裡實用的甜點製作，授與加修學程文憑。課程結束後，通過學校安排的國家考試，可取得法國教育部頒發的文憑（Mention complémentaire Niveau 5 - diplôme d'etat）。

- 課程內容：糕點技術實作與理論、繪畫、應用科學、企業管理、法語、英語、德語。
- 學費：免學費，且有薪資。
- 課程期間：1 年（15 週共 480 小時，每週 4 天在學校研修，隔週在業界工作）
- 合約種類：職訓合約
- 報名限制：（1）18 ～ 25 歲。（2）具備 CAP 廚師職業文憑。

> **Points** 除了 Baccalauréat 高中會考之外，法國 18 歲的年輕人也可攻讀一些修業期間 1 或 2 年的職業文憑，例如 1 年制的加修學程 MC（Mention complémentaire）或 2 年制的職業文憑 BP（Brevet professionnel），以便可以自行創業，或至少讓未繼續就學的年輕人，不是空無文憑離開教育體系，而是具有一技之長進入社會。上面為課程舉例。

❺ 職業文憑 BP 課程

■廚藝職業文憑班 Brevet professionnel arts de la cuisine

- 培訓目標：培養成為高階廚師的能力，並通過法國職業文憑。課程結束後，通過學校安排的國家考試，可取得法國教育部頒發的文憑（Brevet Professionnel Niveau 4 - diplôme d'etat）。
- 課程內容：廚房理論與實作、應用科學、資訊、環境健康預防與職場急救、企業管理、法語、英語／德語、歷史、地理、數學、物理。
- 學費：免學費，且有薪資。
- 課程期間：2 年（每年 750 小時，每週 20 小時在學校研修，其餘天數在業界工作）
- 合約種類：學徒合約
- 報名限制：（1）18 ～ 25 歲。（2）具備廚師 CAP 職業文憑。

❻ 高級技師文憑 BTS 課程

■餐飲服務藝術高級技師文憑班

BTS Restauration option B : Art culinaire, art de la table et du service

- 培訓目標：培養成為餐廳、旅館及餐桌服務管理者的能力，並通過法國國家考試取得文憑。課程結束後，通過學校安排的國家考試，可取得法國教育部頒發的 BTS 文憑。
- 課程內容：料理與餐飲實務、旅館學、旅館工程維護、應用科學、經濟學、

企業經濟、管理與法律、銷售管理、溝通學、法語、英語、德語、數學。

- 學費：免學費，且有薪資。
- 課程期間：2 年（每年 750 小時，每週 4 天在學校研修，隔週在業界工作）
- 合約種類：學徒合約
- 報名限制：（1）18 ～ 25 歲。（2）具備法國高中畢業會考（Baccalauréat）文憑。（3）具備流利的英語，以及第二外語。

❼ 餐旅學士課程

■觀光餐旅學士文憑班

Bachelor responsable centre de profit tourisme hôtellerie restauration

- 培訓目標：取得在觀光、餐飲和旅館方面皆完整研習的法國學士文憑。課程結束後，通過學校安排的國家考試，可取得法國教育部頒發的學士文憑。
- 課程內容：團隊與人力資源管理、社會法規、商業與服務發展、財務管理等。
- 學費：免學費，且有薪資。
- 課程期間：1 年（學校研修與業界工作輪替）
- 合約種類：學徒合約
- 報名限制：（1）18 ～ 25 歲。（2）具備法國大學 2 年級的文憑。

Memo

對這所學校感興趣嗎？
你可以先將資料記錄在這個 Memo 區，方便查找！

看這裡！

這裡也有很棒的單元課程

　　除了餐旅管理（Cycle management en hôtellerie et restauration）這個班為 29 天的課之外，其餘皆為 2～4 天的短期課程，種類包括：領導與統御、料理、糕點、餐飲服務、櫃檯管理、吧檯管理、基礎課程和法規課程，共約 50 門課。舉例如下：

課程名稱	課程內容	費用與時間
以「真空烹調法（Le sous-vide et les cuissons longues）」為例	以廚師為對象。掌握安全衛生規範的規定，善用食材的特性使用真空烹調法，及其保存要訣。	1,100 歐元、3 天（共 21 小時）
以「無麩質糕點（Pâtisserie sans gluten）」為例	以糕點師或廚師為對象。了解無麩質食材，分析潮流趨勢及計算成本，並實作數種配方，包括塔、蛋糕、奶油。	850 歐元、2 天（共 14 小時）
以「認識阿爾薩斯的酒（Mieux connaître les vins d'alsace）」	以餐飲從業人員為對象。認識法國東北阿爾薩斯省的酒。	850 歐元、2 天（共 14 小時）
以「餐旅管理（Cycle management en hôtellerie et restauration）」為例	以企業負責人和領導階層為對象。發展分析的能力、加強管理的理念、團隊帶領、成本銷售和財務的管理。	6,200 歐元、1 年（每月 2 天，每天 8 小時，共計 23 天 184 小時）

入 學 相 關

報名與入學

・學徒課程

A. 課程皆有各別的報名限制，可參照各別課程的解說。

B. 可透過官網的線上系統報名，所有班別皆在每年 9 月入學。

C. 第一關報名審核，第二關面試審核，通過面試始可入學。

・單元課程

下載官網的報名表，填妥報名表寄給校方。等校方確認收件，與教學單位確認班別即可上課。課程結束後頒發結業證書。

法國 學校位於巴黎的繁華鬧區，
培育法國最佳職人與學徒。

瑟鉑克廚藝專業歐洲中心
Centre Européen des Professions Culinaires
(CEPROC)

🏠 19, rue Goubet 75019 Paris France
📞 +33 1 42 39 19 64
⚙ https://www.ceproc.com/fr

豬肉製品及熟食（以豬肉製品及熟食 CAP 文憑 2 年班為例）
$ 洽詢學校　🕐 2 年
👥 16 ～ 25 歲

糕點（以糕點師 CAP 文憑 2 年班為例）
$ 洽詢學校　🕐 2 年
👥 無限制

料理（以廚師 CAP 文憑 1 年班為例）
$ 洽詢學校　🕐 1 年
👥 16 ～ 25 歲

麵包（以麵包糕點師 Bac pro 文憑 3 年班為例）
$ 洽詢學校　🕐 3 年
👥 16 ～ 25 歲

牛肉屠宰商（以肉商 Bac pro 文憑 3 年班）
$ 洽詢學校　🕐 3 年
👥 無限制

商業販賣（以駐店經理 CQP 班為例）
$ 洽詢學校　🕐 6 ～ 11 個月
👥 16 ～ 25 歲

職業認證課程（CAP）
$ 約 8,150 歐元　🕐 23 ～ 31 週
👥 26 歲以上

職業資格課程（CQP）
$ 洽詢學校　🕐 洽詢學校
👥 16 ～ 25 歲

單元課程
$ 350 ～ 700 歐元　🕐 1 ～ 2 天
👥 洽詢學校

認 識 學 校

1969 年創校，學制多樣化的學徒教育中

　　瑟鉑克廚藝學校是一間很標準、學制也很多樣化的學徒教育中心，1969 年創校，當時的校長是豬肉製品與熟食國家聯合會（Confédération nationale des charcutiers traiteurs）主席傑哈荷・巴耶荷（Gérard Baert），所以從當時起即是以豬肉製品及熟食製作領域為強項。後來在 1980 年開始整合其他廚藝相關職業別，1990 年開始成為學徒教育中心之一，同時也開始了糕點相關的課程。

　　學校位在巴黎繁華鬧區，佔地面積卻有 10,000 平方公尺，10 間廚房，23 間教室，1 間會議室，1 間學校餐廳與 1 間實習餐廳。學校與業界有很緊密的建教合作，畢業學生在考取認證和升學的錄取率都保持很高水準，至今已經有超過 16,000 名學生從這間學校畢業，投入餐飲領域，不但培養了很多法國最佳職人（Meilleurs ouvriers de France），也有很多法國最佳學徒（Meilleurs apprentis de France）從比賽中脫穎而出。

■ 學校特色

1. 設有學徒教育中心 CFA（Centre de formation d'apprentis），招收餐飲各職業別學徒，從 1 ～ 3 年制都有，畢業頒發教育部認可的文憑。
2. 學徒班的報名，一般都會面臨找雇主的難題，而此間學校接受學生先報名學校再尋找匹配的雇主。
3. 學校有宿舍可以申請，月租 495 歐元，僅供學徒班學生。

> **Memo**　對這所學校感興趣嗎？
> 你可以先將資料記錄在這個 Memo 區，方便查找！

了解課程

課程圖		
學徒課程	成人課程	單元課程（部分）
豬肉製品及熟食	職業認證課程（CAP）	法式臘腸
糕點	職業資格課程（CQP）	雞尾酒宴會
料理		醬汁與真空烹調
麵包		可麗餅輕食
牛肉屠宰商		糕點基礎培訓
商業販賣		巧克力製糖基礎培訓

專業領域、課程類別與期程

　課程大致分成三大類：學徒課程（Formations jeunes）、成人課程（Formations adultes）、單元課程（Stages）。

❶ 學徒課程

■豬肉製品及熟食 Charcutier traiteur

以豬肉製品及熟食 CAP 文憑 2 年班 CAP Charcutier traiteur **為例**

- 培訓目標：學習豬肉製品的製作、熟食的料理法，以及準備宴會料理的方法，並通過法國職業認證學科和術科的考試。課程結束後，通過學校安排的國家考試，可取得法國教育部頒發的文憑（CAP Niveau 5 – diplôme d'etat）。
- 課程內容：包括豬肉製品的技術與實作、企業認識、科學應用、繪畫、社會與職涯生活；以及法文、英文、地理、歷史、數學、物理、化學和體育等一般科目。
- 課程期間：2 年（以 1 週在學校研修，2 週在業界實習的週期輪替）
- 報名限制：具有國中畢業同等學力

■糕點 Pâtisserie

以糕點師 CAP 文憑 2 年班 CAP Pâtissier en 2 ans **為例**

- 培訓目標：學習糕點製作，並通過法國職業認證學科和術科的考試。課程結束後，通過學校安排的國家考試，可取得法國教育部頒發的文憑（CAP Niveau 5 – diplôme d'etat）。
- 課程內容：包括糕點技術與實作、企業認識、科學應用、繪畫、環境健康預防與職場急救；以及法文、英文、地理、歷史、數學、物理、化學和體育等一般科目。
- 課程期間：2 年（以 1 週在學校研修，2 週在業界實習的週期輪替）
- 報名限制：具有國中畢業同等學力

■料理 Cuisine restauration

以廚師 CAP 文憑 1 年班 CAP Cuisine connexe en 1 an **為例**

- 培訓目標：學習餐廳法式料理的烹飪法，並通過法國職業認證學科和術科的考試。課程結束後，通過學校安排的國家考試，可取得法國教育部頒發的文憑（CAP Niveau 5 – diplôme d'etat）。
- 課程內容：包括料理技術與實作、企業認識、科學應用、英文及社會與職涯生活等科目。
- 課程期間：1 年（以 1 週在學校研修，2 週在業界實習的週期輪替）
- 報名限制：不受年齡限制（超過 25 歲亦可），已具有其他職業如糕點師、麵包師的 CAP 文憑者。

■麵包 Boulangerie

以麵包糕點師 Bac pro 文憑 3 年班 Bac professionnel pâtissier boulanger **為例**

- 培訓目標：學習麵包、糕點以及熟食的製作，並取得法國高中畢業會考職業組的文憑。課程結束後，通過學校安排的國家考試，可取得法國教育部頒發的文憑（Baccalauréat professionnel Niveau 4 - diplôme d'etat）。
- 課程內容：包括 45％麵包技術與實作、45％糕點技術與實作、10％熟食製作、科學應用、環境健康預防與職場急救；以及法文、英文、地理、歷史、數學、物理、化學等一般科目。
- 課程期間：3 年（以 2 週在學校研修，2 週在業界實習的週期輪替）
- 報名限制：具有國中畢業同等學力

■牛肉屠宰商 Boucherie

以肉商 Bac pro 文憑 3 年班 Bac Professionnel boucher charcutier traiteur 為例

- 培訓目標：不只學習牛肉的處理，也包括豬肉以及熟食的製作，並取得法國高中畢業會考職業組的文憑。課程結束後，通過學校安排的國家考試，可取得法國教育部頒發的文憑（Baccalauréat professionnel Niveau 4 - diplôme d'etat）。
- 課程內容：包括牛肉、豬肉及熟食領域的技術與實作、科學應用、環境健康預防與職場急救；以及法文、英文 1 級、西班牙文 2 級、藝術教育與應用、地理、歷史、數學、物理、化學和體育等一般科目。
- 課程期間：3 年（以 2 週在學校研修，2 週在業界實習的週期輪替）
- 報名限制：不受年齡限制（超過 25 歲亦可），已具有其他職業如糕點師、麵包師的 CAP 文憑者。

■商業販賣 Vente et commerce

以駐店經理 CQP 班 CQP Manager de boutique 為例

- 培訓目標：取得從事食品販售的職業能力與資格。
- 課程內容：共有 16 個單元的課，包括企業環境、商品陳列與組織、財務管理、團隊管理、行銷學、生鮮產品的販售原則、衛生安全規則及食品特性了解等。
- 課程期間：6 ～ 11 個月

Points 這類課程專門開給 16 ～ 25 歲之青年，職業別包括豬肉製品及熟食、糕點、料理、麵包、牛肉屠宰商和商業販賣，學習的年制也從 1 ～ 3 年制都有。上述 6 種職業別中，編者各取一種班別舉例介紹，供讀者參考。

❷ 成人課程

■職業認證課程 CAP

- 培訓目標：培養成人具備考取法國職業認證學科和術科的能力，包括廚師班、糕點師班、麵包師班和豬肉製品班。課程結束取得結業證書（Certificate），通過學校安排的國家考試，可取得法國教育部頒發的文憑（CAP Niveau 5 – diplôme d'etat）。
- 課程內容：完成上述料理基礎班及進階班的學員或是餐飲專業人士，甚至是主廚等級的專業人士，可以選擇高級班進修。該課程為期 2 週，完訓後受

頒證書,也有機會進入麗池飯店的廚房,接受為期 4 天的實踐培訓。

- **學費**:7,750 歐元(另有雜費 400 歐元)
- **課程期間**:13 週(455 小時)在學校研修,10 ～ 18 週(350 ～ 630 小時)業界實習。
- **報名限制**:(1)具備法國 Niveau 5 之同等學力,或國中畢業同等學力。(2)通過本校入學的基本考試。

Points 成人課程專門開給 26 歲以上之一般成人,也適用於具有 CIF、CPF 及 PEE 資格的法國職業人士。依照文憑種類,底下還可分成四大類:職業認證課程(CAP)、職業資格課程(CQP)、職業能力檢定(VAE)及工作營運準備(POE)。VAE 全名 La validation des acquis de l'expérience,意指具備某領域經驗的檢定,這種檢定資格可以在法國法定的文件或場合填入學、經歷。POE 全名 La préparation opérationnelle à l'emploi,意指受過某領域大約 400 小時培訓,具有與企業僱主洽談合作或聘僱的合法資格。台灣人在法國念 VAE 與 POE 的需求較罕見,底下編者僅介紹 CAP 與 CQP 課程。

■職業資格課程 CQP

① 豬肉商班 CQP Charcutier

- **培訓目標**:取得法國豬肉商資格,從事豬肉製品(火腿、香腸、培根和肉凍等)的製造。
- **課程內容**:共有 8 個單元的課,包括製造豬肉製品基本技術、產品的保存和包裝、機器操作、收貨、工作規劃、溝通與團隊合作、衛生安全規則及產品特性了解。
- **學費**:需洽詢學校
- **課程期間**:需洽詢學校

② 豬肉製作廚師班 CQP Chef charcutier

- **培訓目標**:取得法國豬肉製作廚師資格,從事豬肉製品(火腿、香腸、培根和肉凍等)的製造、販賣和建議。
- **課程內容**:共有 8 個單元的課,包括製造豬肉製品基本技術、高階技術、產品的保存和包裝、機器操作、管理庫存、販賣和建議產品給客人、創新研發、溝通與團隊合作。
- **學費**:需洽詢學校
- **課程期間**:需洽詢學校

③ **熟食店班** CQP Traiteur boutique

- 培訓目標：取得法國熟食店開業資格，從事冷盤、熱菜、肉凍、魚和蔬菜等熟食的料理，乃至於糕點的準備。
- 課程內容：共有 8 個單元的課，包括冷熱熟食的製作、產品的保存和包裝、機器操作、收貨、工作規劃、販賣和建議產品給客人、溝通與團隊合作、衛生安全規則及產品特性了解。
- 學費：需洽詢學校
- 課程期間：需洽詢學校

Points 職業資格課程（CQP），班別包括：豬肉製作廚師班（CQP Chef charcutier）、商店管理班（CQP Manager de boutique）、熟食收貨管理班（CQP Traiteur organisateur de réception）、熟食顧問班〔CQP Conseiller（ère）de vente en charcuterie traiteur〕、熟食店班（CQP Traiteur boutique）和豬肉商班（CQP Charcutier），上述僅介紹豬肉商班、豬肉製作廚師班和熟食店班，詳細課程資訊可向學校諮詢。

 看這裡！ **這裡也有很棒的單元課程**

豬肉製品及熟食製作領域為本校強項，因此單元課程也皆為此開設，並由法國最佳職人（MOF）授課，課程期間通常為 1～2 天。聯絡窗口統一為 stages@leceproc.fr，課程舉例如下：

課程名稱	課程內容	費用與時間
法式臘腸（Saucisson sec）	了解各種法式臘腸的殺菌、乾燥和製作的技術。課程包括：肉的選擇與保存、混合法、瀝乾、熟成等。	350 歐元（含午餐費及講義）、1 天（共 7 小時）
雞尾酒宴會（Buffet cocktail）	學會宴會點心、冷食、熱菜和甜點的準備。課程包括：明蝦捲、凱撒雞捲、醃鮭魚、肉餡捲、生魚薄片、希臘式優酪、烤布蕾、沙丁慕斯等。	700 歐元（含午餐費及講義）、2 天（共 14 小時）
醬汁與真空烹調（Sauces et sousVide）	學會各式醬汁與真空烹調和保存的技術。課程包括：綠蘆筍慕斯、白肉酸模醬、烤肉醬、貝荷奶滋、荷蘭醬、英式奶油、鵝肝果泥、酥皮鑲牛肉、小牛胸腺、烤小牛菲力、干貝餡餅等。	700 歐元（含午餐費及講義）、2 天（共 14 小時）

········· **入 學 相 關** ·········

報名與入學

・學徒課程

A. 課程皆有各別的報名限制，可參照各別課程的解説。

B. 最好能在每年 1 月、3 月和 5 月的開放參觀日參加説明會和報名；如果不克前往，也可從官網下載報名表報名。

C. 第一關報名審核，第二關面試審核。

・成人課程

A. 課程皆有各別的報名限制，可參照各別課程的解説。

B. 最好能在每年 1 月、3 月和 5 月的開放參觀日參加説明會和報名；如果不克前往，也可從官網下載報名表報名。

C. 第一關報名審核，第二關面試審核，視情況增加一般學科的入學筆試，通過始可入學。

Points 成人課程符合向雇主和勞工局提出在職訓練 CIF（Congé individuel de formation）、CPF（Compte personnel de formation）或 PFE（Plan de formation de l'entreprise）的學費補助申請條件。

Memo 對這所學校感興趣嗎？
你可以先將資料記錄在這個 Memo 區，方便查找！

法國 名廚示範的教學影片，
線上觀看學習無國界。

餐飲專業教育網
École des Pros

🏠 85-87 rue Gabriel Péri, CS 9001 92541
Montrouge Cedex
📞 +33 1 46 00 67 76
⚙ https://www.ecoledespros.fr

廚師職業認證 CAP 班
$ 2,180 歐元　🕐 自註冊起有效 3 年
👤 年滿 16 歲

糕點職業認證 CAP 班
$ 2,180 歐元　🕐 自註冊起有效 3 年
👤 年滿 16 歲

·········· 認 識 學 校 ··········

遠距教學，學習時間自行彈性安排

　　這是一間遠距教學課程的學校，提供法國廚師職業認證、糕點師職業認證的線上課程，它並不存在一個實體學校可以讓學生學習，而是提供超過 120 支法語示範影片線上觀看，包括學科和術科。料理是由在餐旅領域教學 30 年經驗的主廚杰赫·何波（Gérard Baud）示範，糕點則是由米其林三星餐廳的糕點主廚，並且在 2014 年《米高樂》（Gault et Millau）雜誌評選為年度最佳糕點師的女主廚克莉黛兒·布亞（Christelle Brua）示範，她同時也是糕點師職業認證國家考試的評審委員。線上除了可觀看影片示範，也提供學習進度追蹤和自我評量的功能，同時，也有一位辦公室的工作人員負責學生事務及電話諮詢。

■ **學校特色**

1. 遠距教學，學習時間自行彈性安排；人在國外也能準備法國的 CAP 考試。
2. 學費比實體教 CAP 課程的學校便宜。
3. 繳費註冊後可使用 3 年。
4. 客服電話提供專業法語諮詢。
5. 保證考取，否則全額退費。

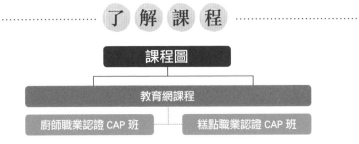

了 解 課 程

```
課程圖
    │
教育網課程
    │
┌─────────────┴─────────────┐
廚師職業認證 CAP 班      糕點職業認證 CAP 班
```

專業領域、課程類別與期程

　　只有兩種課程，分別是廚師職業認證 CAP 班（CAP Cusinier）與糕點師職業認證 CAP 班（CAP Pâtissier）。

❶ 教育網課程

■廚師職業認證 CAP 班 CAP Cusinier

- 培訓目標：具備考取法國廚師證照學科和術科的能力。需自行報名 CAP 國家考試，通過國家考試，可取得法國教育部頒發的文憑（CAP Niveau 5 – diplôme d'etat）。
- 課程內容：課程主題根據法國教育部頒定的課綱，包括：①食材的認識與準備：食品預先處理、認識食材第 1 部分（奶製品、香料、蔬菜水果、酒、米及麵等）、認識食材第 2 部分（海鮮、肉、禽和內臟等）。②專業術科實作：基本準備、烹調法、料理準備，以及配菜及味道搭配。③衛生與營養：餐飲衛生、料理營養學。④料理基本認識、環境及歷史：料理的架構、料理字典、料理的歷史、專業倫理與溝通，以及環境健康預防與職場急救。⑤基礎學科：法語、數學、英語、歷史地理、物理，以及化學。
- 學費：2,180 歐元（含紙本教科書）
- 課程期間：自註冊起有效 3 年
- 報名限制：（1）年滿 16 歲。（2）建議要有法文 DELF B1 水準。

Points 雖然實習並非必需，學校仍會協助尋找實習機會。

■糕點師職業認證 CAP 班 CAP pâtissier

- 培訓目標：具備考取法國糕點師證照學科和術科的能力。需自行報名 CAP 國家考試，通過可取得法國教育部頒發的文憑（CAP Niveau 5 – diplôme d'etat）。

- 課程內容：課程主題根據法國教育部頒定的課綱，包括：①食材的認識與準備：認識食材第 1 部分、認識食材第 2 部分。②專業術科實作：組織方式與製作方法、糕點師的感官與藝術角度。③衛生與營養：衛生與預防、衛生與營養，以及環境健康預防與職場急救。④糕點基本認識、環境及歷史：糕點的世界、食品預處理、糕點廚房核心、設備與場所的應用科學，以及專業倫理與溝通。⑤基礎學科：法語、歷史地理、數學 —— 代數、數學 —— 幾何、物理，以及化學。
- 學費：2180 歐元（含紙本教科書）
- 課程期間：自註冊起有效 3 年
- 報名限制：（1）年滿 16 歲。（2）建議要有法文 DELF B1 水準。

Points 雖然實習並非必需，學校仍會協助尋找實習機會。

 入 學 相 關

報名與入學

・所有課程

A. 隨時可報名，無梯次和年齡限制。

B. 可透過官網填寫表格與客服人員聯絡。

C. 報名需填寫書面合約並簽名。

D. 繳費可透過轉帳。

Points 不論是在學學生，或是領薪的工作者，或是待業中的人，只要有合法身分，都有配套的學費補助方式，可以向學校、雇主及勞工局申請。

Memo　對這所學校感興趣嗎？
你可以先將資料記錄在這個 Memo 區，方便查找！

日本

留學前，
先認識日本的教育體系和學制

鄰近的日本和台灣一樣是 12 年義務教育。初等教育（小學）6 年，中等教育 6 年（國中 3 年和高中 3 年），然後才是高等教育，而一般外國人會去讀的是高等教育。日本的高等教育機構有短期大學、專門學校、大學還有研究所，想進入這些高等教育學校學習，日語程度必需達到 N1 或 N2（依學校可能還會加上其他測驗成績的限制）。以下稍微介紹一下各類學校的特色：

■**專門學校**
高中、高職畢業即可考試就讀，修業期限 1 ～ 3 年，修業滿 2 年以上會授與專門士學位。學習內容為專業知識，讓學生畢業後在就業市場上具有競爭能力，本書中介紹的日本廚藝和料理學校，大部分都屬於這類專門學校。

■**短期大學**
高中、高職畢業即可考試就讀，修業期限 2 ～ 3 年，畢業後授與副學士學位。學習內容以實務、技巧為主。

■**大學**
高中、高職畢業即可考試就讀，修業期限 4 年，畢業後授與學士學位。學習內容從學術理論到應用科目都有。

■**研究所**
大學之後的教育機構，包含 2 年碩士課程、3 年博士課程。除了研究理論，也有開設實務課程。

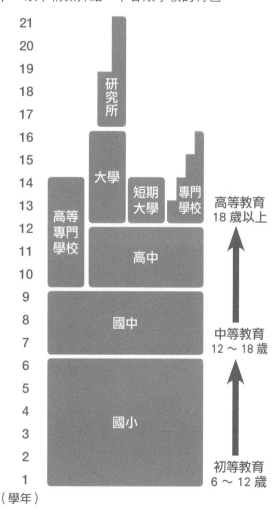

日本 創校超過 50 年，操作與理論並重，
日本唯一三年制的料理專門學校。

大阪阿倍野辻調理師專門學校

大阪・あべの辻調理師専門学校

🏠 日本大阪市阿倍野区松崎町 3-16-11
📞 +81 6 6629 0208
✉ nyugaku@tsuji.ac.jp
🌐 http://www.tsuji.ac.jp

調理師本科烹飪班
$ 2,170,000 日元 🕐 1 年
👥 年滿 18 歲

師本科烹飪班＋法國分校留學課程
$ 5,428,000 日元 🕐 約 2 年
👥 年滿 18 歲

調理師本科職業班
$ 2,170,000 日元 🕐 1 年
👥 年滿 18 歲

調理技術餐飲經營管理本科
$ 3,790,000 日元 🕐 2 年
👥 年滿 18 歲

調理師本科雙證書班
$ 洽詢學校 🕐 2 年
👥 年滿 18 歲

高級調理技術餐飲經營管理本科
$ 5,090,000 日元 🕐 3 年
👥 年滿 18 歲

  認 識 學 校

專業的名門料理學校：辻調理師專門學校

　　屬於辻調集團學校。位於大阪市，創立於 1960 年 4 月，是一所歷史悠久的料理專門學校。辻調理師（料理師、廚師）專門學校的課程原只有 1 年制與 2 年制，但於 2016 年春新增開辦 3 年制課程，以將學生培育成「用料理改變世界的人」為目標，是日本料理專門學校中唯一有 3 年制課程的。課程內容以烹調異國料理、日本料理、中國料理等國料理為主，同時教授食品衛生、營養學、食品學、店鋪經營等專業知識，是一個技術與知識、應用並重的學校。

■ 學校特色

1. 烹飪技術與飲食理論課程並重。從刀具的使用、烹調、盛盤,到衛生、營養學、食品學、飲食文化、店鋪經營等知識,加深學生對各方面的理解與應用。

2. 每學科以 40 人為 1 班,每班配置班導、副班導各 1 名,以便隨時掌握學生們的學習進度,讓學生可以安心學習。

3. 辻調理師專門學校於法國里昂設有分校。調理師本科課程中可加修「法國分校留學課程」,在學習期間即可同時為赴法留學做好準備。

4. 聘請活躍於日本料理界、媒體的名廚親自授課,讓學生獲得最好的指導。

5. 提供外國留學生獎助學金申請。

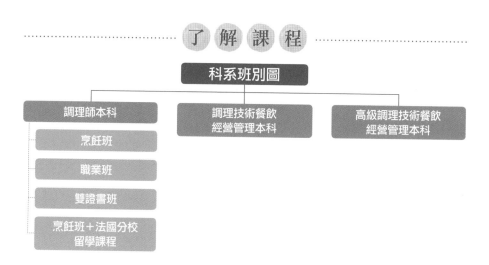

了 解 課 程

科系班別圖

調理師本科 — 調理技術餐飲經營管理本科 — 高級調理技術餐飲經營管理本科

調理師本科
- 烹飪班
- 職業班
- 雙證書班
- 烹飪班+法國分校留學課程

專業領域、課程類別與期程

目前分為以下三個學科:調理師本科(調理師本科)、高級調理技術餐飲經營管理本科(高度調理技術マネジメント学科)、調理技術餐飲經營管理本科(調理技術マネジメント学科)。當中調理師本科(1 年制課程)開設 4 種班級可選擇,但依加選課程會改變就讀年限。

❶ 調理師本科

■烹飪班 調理クラス

- 培訓目標：以1年的時間，將學生培育成「用料理改變世界的人」，適合想廣泛學習各國正統料理烹調技術的人。以學習為基礎烹調技巧目標。
- 課程內容：除了西洋料理（法國料理、義大利料理、民族料理）、日本料理、中國料理、製菓基本技術、理論之外，還有料理盛盤與搭配的課程，注重料理知識和烹調技能。
- 學費：2,170,000日元（詳細項目可參照下方表格）

項目	第1年金額
入學金	250,000日元
教育充實費	100,000日元
授課費	1,090,000日元
實習費	730,000日元
總計	2,170,000日元

＊此費用僅供參考，可洽詢學校。

- 課程期間：1年（週一～五全日制，週六視狀況可能上課）
- 招生名額：調理師本科共400人
- 報名限制：（1）年滿18歲。（2）在日本國外已修畢12年以上學校教育者（原則上需要修畢第12年的正規學校教育），或具同等資格，由日本文部科學大臣指定者。（3）符合以下①～⑤之任何一項條件：
  ①於日本語教育機構學習半年以上（僅限認定課程）者。
  ②日本語能力測驗（JLPT）已取得N1或N2（舊制1級及舊制2級）者。
  ③日本留學試驗（EJU）之日文科目超過200分者。
  ④BJT商務日語能力考試得分超過400分者。
  ⑤於日本學校教育法第1條所規定（幼稚園除外）的日本學校受過1年以上教育者（包含短大、大學1年以上別科日語課程）。

■職業班 キャリアクラス

- 培訓目標：除了高中畢業生之外，本科學生中，有30％是大學、短大以及社會人士。本科是給大學畢業後想改念料理，或者想開一家自己的店或從事料理相關行業就讀。
- 課程內容：除了西洋料理（法國料理、義大利料理、民族料理）、日本料理、中國料理、製菓基本技術、理論之外，還有料理盛盤與搭配的課程，注重料理知識和烹調技能。

- 學費：2,170,000 日元（詳細項目可參照下方表格）

項目	第 1 年金額
入學金	250,000 日元
教育充實費	100,000 日元
授課費	1,090,000 日元
實習費	730,000 日元
總計	2,170,000 日元

＊此費用僅供參考，可洽詢學校。

- 課程期間：1 年（週一～五全日制，週六視狀況可能上課）
- 招生名額：調理師本科共 400 人
- 報名限制：（1）年滿 18 歲。（2）在日本國外已修畢 12 年以上學校教育者（原則上需要修畢第 12 年的正規學校教育）。或具同等資格，由日本文部科學大臣指定者。（3）符合以下①～⑤之任何一項條件：
  ①於日本語教育機構學習半年以上（僅限認定課程）者。
  ②日本語能力測驗（JLPT）已取得 N1 或 N2（舊制 1 級及舊制 2 級）者。
  ③日本留學試驗（EJU）之日文科目超過 200 分者。
  ④ BJT 商務日語能力考試得分超過 400 分者。
  ⑤於日本學校教育法第 1 條所規定（幼稚園除外）的日本學校受過 1 年以上教育者（包含短大、大學 1 年以上別科日語課程）。

■雙證書班 ダブルマスタークラス

- 培訓目標：以畢業後直接升入辻製菓專門學校學習，修滿課程後，可考調理師、製菓衛生師兩種證照。修滿 1 年的烹飪班課程後，升入辻製菓專門學校學習，課程時間總共 2 年。
- 課程內容：第 1 年學習西洋料理（法國料理、義大利料理、民族料理）、日本料理、中國料理、製菓基本技術、理論、料理盛盤與搭配的課程。第 1 年課程結束後，可先考調理師證照。第 2 年於辻製菓專門學校的「製菓衛生師本科」學習各種烘焙技能、理論、實習操作和教養課程。課程結束後，可考製菓衛生師證照。
- 學費：第 1 年約 2,170,000 日元（詳細項目可參照上方表格），第 2 年需洽詢學校。
- 課程期間：2 年（週一～五全日制，週六視狀況可能上課）
- 招生名額：調理師本科共 400 人
- 報名限制：（1）年滿 18 歲。（2）在日本國外已修畢 12 年以上學校教育者（原則上需要修畢第 12 年的正規學校教育），或具同等資格，由日本文部科學

大臣指定者。（3）符合以下①～⑤之任何一項條件：

①於日本語教育機構學習半年以上（僅限認定課程）者。

②日本語能力測驗（JLPT）已取得 N1 或 N2（舊制 1 級及舊制 2 級）者。

③日本留學試驗（EJU）之日文科目超過 200 分者。

④BJT 商務日語能力考試得分超過 400 分者。

⑤於日本學校教育法第 1 條所規定（幼稚園除外）的日本學校受過 1 年以上教育者。（包含短大、大學 1 年以上別科日語課程）。

■烹飪班＋法國分校留學課程 調理クラス・フランス校留学コース

- 培訓目標：以畢業後，前往辻調集團法國分校留學、免入學考試直接進入學校就讀為目標。修滿 1 年的烹飪班課程後，可免試進入辻調集團法國里昂分校留學。
- 課程內容：第 1 年學習烹飪班課程，第 2 年前往留學。設有「法國料理研究課程」，先於分校內進行專業模擬教學（約半年），再由學校介紹前往餐廳、店面進行實地研修（就業實習課程約 5 個月，學生需年滿 18 歲），結束後實習店家會授予研修結業證，可增加專業經歷。
- 學費：5,428,000 日元（詳細項目可參照下方表格）

項目	第 1 年金額	第 2 年（法國留學）金額
入學金	250,000 日元	—
教育充實費	100,000 日元	—
授課費	1,090,000 日元	1,398,000 日元
實習費	730,000 日元	1,140,000 日元
宿舍費	—	510,000 日元
簽證、居留許可申請費	—	60,000 日元
研修制度管理費	—	150,000 日元
總計	2,170,000 日元	3,258,000 日元

＊此費用僅供參考，可洽詢學校。

- 課程期間：約 2 年（第 1 年週一～五全日制，週六視狀況可能上課），第 2 年（約 6 個月專業模擬教學，約 5 個月就業實習課程）。
- 招生名額：調理師本科共 400 人
- 報名限制：（1）年滿 18 歲。（2）在日本國外已修畢 12 年以上學校教育者（原則上需要修畢第 12 年的正規學校教育），或具同等資格，由日本文部科學大臣指定者。（3）符合以下①～⑤之任何一項條件：

①於日本語教育機構學習半年以上（僅限認定課程）者。

②日本語能力測驗（JLPT）已取得 N1 或 N2（舊制 1 級及舊制 2 級）者。

③日本留學試驗（EJU）之日文科目超過 200 分者。

④ BJT 商務日語能力考試得分超過 400 分者。

⑤於日本學校教育法第 1 條所規定（幼稚園除外）的日本學校受過 1 年以上教育者（包含短大、大學 1 年以上別科日語課程）。

Points

1. 學費可分期繳納。

2. 上述費用含全部材料費，但不包括工具、講座、旅遊等其他費用。

3. 法國留學課程可免除「入學金」、「教育充實金」。

❷ 調理技術餐飲經營管理本科

- **培訓目標**：除了習得料理烹調技能，第 2 年課程加重操作實習、講習時間，透過模擬餐廳的實習課程，學到更深入的專業知識。

- **課程內容**：第 1 年同料理師本科基礎課程的學習，第 2 年開始有選修課程，可自由選擇西洋料理、日本料理或中國料理為專業領域。

- **學費**：3,790,000 日元（詳細項目可參照下方表格）

項目	第 1 年金額	第 2 年金額
入學金	250,000 日元	—
教育充實費	100,000 日元	50,000 日元
授課費	1,026,000 日元	1,200,000 日元
實習費	540,000 日元	624,000 日元
總計	1,916,000 日元	1,874,000 日元

＊此費用僅供參考，可洽詢學校。

- **課程期間**：2 年（週一～五全日制）。第 1 年上課時數為操作實習 424 小時、理論與教養 600 小時；第 2 年上課時數為操作實習與演習 394 小時、理論與教養 418 小時。

- **招生名額**：本科共 400 人

- **報名限制**：（1）年滿 18 歲。（2）在日本國外已修畢 12 年以上學校教育者（原則上需要修畢第 12 年的正規學校教育），或具同等資格，由日本文部科學大臣指定者。（3）符合以下①～⑤之任何一項條件：

①於日本語教育機構學習半年以上（僅限認定課程）者。

②日本語能力測驗（JLPT）已取得 N1 或 N2（舊制 1 級及舊制 2 級）者。

③日本留學試驗（EJU）之日文科目超過 200 分者。

④ BJT 商務日語能力考試得分超過 400 分者。

⑤於日本學校教育法第 1 條所規定（幼稚園除外）的日本學校受過 1 年以上教育者（包含短大、大學 1 年以上別科日語課程）。

Points
1. 學費可分期繳納。
2. 上述費用含全部材料費，但不包括工具、講座、旅遊等其他費用。

❸ 高級調理技術餐飲經營管理本科

- 培訓目標：學習高級料理技術與多元化深入的教養知識，期望能藉由餐飲，為大眾與社會做出貢獻。

- 課程內容：這是 2016 年新增設的課程。除了第 1 年的料理師本科基礎課程的學習、第 2 年的專業領域選修課程，第 3 年則期望藉由「食品」，達成為人類與社會做出貢獻的目標，並探討廚師的社會責任。課程以課堂討論和主動學習等為主。

- 學費：5,090,000 日元（詳細項目可參照下方表格）

項目	第 1 年金額	第 2 年金額	第 3 年金額
入學金	250,000 日元	─	─
教育充實費	100,000 日元	50,000 日元	50,000 日元
授課費	1,026,000 日元	1,040,000 日元	1,034,000 日元
實習費	540,000 日元	560,000 日元	440,000 日元
總計	1,916,000 日元	1,650,000 日元	1,524,000 日元

＊此費用僅供參考，可洽詢學校。

- 課程期間：3 年（週一～五全日制）。第 1 年上課時數為實習 392 小時、理論與教養 600 小時；第 2 年上課時數為操作實習與演習 622 小時、理論與教養 210 小時；第 3 年上課時數為實習 492 小時、理論與教養 320 小時。

- 招生名額：本科共 40 人

- 報名限制：（1）年滿 18 歲。（2）在日本國外已修畢 12 年以上學校教育者（原則上需要修畢第 12 年的正規學校教育），或具同等資格，由日本文部科學大臣指定者。（3）符合以下①～⑤之任何一項條件：

①於日本語教育機構學習半年以上（僅限認定課程）者。

②日本語能力測驗（JLPT）已取得 N1 或 N2（舊制 1 級及舊制 2 級）者。

③日本留學試驗（EJU）之日文科目超過 200 分者。

④ BJT 商務日語能力考試得分超過 400 分者。

⑤於日本學校教育法第 1 條所規定（幼稚園除外）的日本學校受過 1 年以上教育者（包含短大、大學 1 年以上別科日語課程）。

Points
1. 學費可分期繳納。
2. 上述費用含全部材料費，但不包括工具、講座、旅遊等其他費用。

入 學 相 關

報名與入學

・所有學科

A. 課程皆有報名限制，可參照學科介紹中的敘述。

B. 於每年 9 ～ 10 月展開第一次招生，約有 3 次招生，但即使尚處於報名期間，只要人數達到名額上限，就會截止報名。每人每年僅可報名 1 次。

C. 填寫報名表（願書），並準備書面資料，寄至學校。校方收到報名表後審查，先面試，過了才有筆試，最後通知錄取與否。

Points 目前此校的獎助學金和減免，介紹部分如下，其他獎助學金或減免的詳細資訊可見學校官方網站。

名稱	金額	評選方式
辻調集團學校留學生獎學金	1 年支付150,000 日元	入學後提出獎學金申請報表，即可參加評選考試。
自費外國人留學生學習獎勵費	每月支付48,000 日元	入學後舉辦說明會，並舉辦自費外國人留學生學習獎勵費評選考試。

 集結西式、日式糕點與麵包，
關西地區專業資深製菓名校。

大阪阿倍野辻製菓專門學校
大阪・あべの辻製菓専門学校

🏠 日本大阪市阿倍野区松崎町 3-9-23
📞 +81 6 6629 0208
✉ nyugaku@tsuji.ac.jp
✿ http://www.tsuji.ac.jp

製菓衛生師本科製菓班
$ 2,170,000 日元 ⏱ 1 年
👤 年滿 18 歲

製菓衛生師本科製菓班+法國分校留學課程
$ 5,428,000 日元 ⏱ 約 2 年
👤 年滿 18 歲

製菓衛生師本科雙證書班
$ 洽詢學校 ⏱ 2 年
👤 年滿 18 歲

製菓技術餐飲經營管理本科
$ 3,790,000 日元 ⏱ 2 年
👤 年滿 18 歲

認 識 學 校

理論、技術、應用並重，學得扎實

　　屬於辻調集團學校。位於大阪市，創立於 1984 年，是關西地區的資深製菓名校。課程以製作西式、日式糕點，以及烘焙麵包為主，適合有心未來朝著烘焙之路前行的人，當然對於還無法決定究竟要朝麵包或是糕點方面就業的學生，進入此校，由淺入深的綜合性學習，從學科基礎知識，到採購、計量、個人技術與分工合作，扎實的技術與知識，讓你對職涯選擇更有信心。在校除了可學得烘焙專業技能，學校亦同時重視食品衛生、營養、食品學、店鋪經營，以及烘焙理論的教授。目前設有 2 年制的「製菓技術餐飲經營管理本科」，1 年制的「製菓衛生師本科」課程，適合想在短期內學得大量糕點製作相關知識的人。此外，也有法國留學課程可就讀。

■ 學校特色

1. 1 年內學會糕點、麵包、巧克力、糖果的基本技術,多領域學習,屬於短期集中型課程。從基礎到應用的一系列理論、操作實習課程,新手循序漸進安心學習。

2. 每學科以 36 人為一班,每班配置班導,以便隨時掌握學生們的學習進度,讓學生可以安心學習。

3. 辻製菓專門學校於法國里昂設有分校。製菓師本科課程中可加修「法國分校留學課程」,在學習期間即可同時為赴法留學做好準備。

4. 聘請活躍於日本糕點界、媒體的甜點名廚親自授課,讓學生獲得最好的指導。

5. 提供外國留學生獎助學金申請。

了 解 課 程

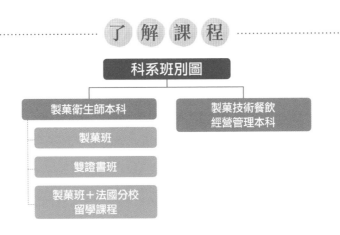

科系班別圖

- 製菓衛生師本科
  - 製菓班
  - 雙證書班
  - 製菓班+法國分校留學課程
- 製菓技術餐飲經營管理本科

專業領域、課程類別與期程

目前開設兩個課程:2 年制的製菓技術餐飲經營管理本科(**製菓技術マネジメント学科**)、1 年制的製菓衛生師本科(**製菓衛生師本科**)。此外,「製菓衛生師本科」另有直升法國分校留學課程,就讀期間便可準備留法相關事宜,開闊國際視野。當中,1 年制的製菓衛生師本科開設以下 3 種班級可選擇。

❶ 製菓衛生師本科

■製菓班 製菓クラス

- 培訓目標：集中於 1 年之內學會烘焙糕點、麵包的專業技術，並且培養廣泛的視野，以及業界工作的專業能力、意志力。
- 課程內容：以學習糕點、麵包、巧克力、糖果、杏仁膏的基本技術為主。從糕點的基本技法與知識、工具使用，到學習製作西式、日式糕點和烘焙麵包的專業課程。此外，加上食品衛生、營養以及糕點製作理論等一系列完整的課程，學習範圍廣。
- 學費：2,170,000 日元（詳細項目可參照下方表格）

項目	第 1 年金額
入學金	250,000 日元
教育充實費	100,000 日元
授課費	1,090,000 日元
實習費	730,000 日元
總計	2,170,000 日元

＊此費用僅供參考，可洽詢學校。

- 課程期間：1 年（週一～五全日制，週六視狀況可能上課）。上課時數為操作實習 472 小時、理論 180 小時、教養 450 小時。
- 招生名額：製菓衛生師本科共 144 人
- 報名限制：（1）年滿 18 歲。（2）在日本國外已修畢 12 年以上學校教育者（原則上需要修畢第 12 年的正規學校教育），或具同等資格，由日本文部科學大臣指定者。（3）符合以下①～⑤之任何一項條件：
①於日本語教育機構學習半年以上（僅限認定課程）者。
②日本語能力測驗（JLPT）已取得 N1 或 N2（舊制 1 級及舊制 2 級）者。
③日本留學試驗（EJU）之日文科目超過 200 分者。
④BJT 商務日語能力考試得分超過 400 分者。
⑤於日本學校教育法第 1 條所規定（幼稚園除外）的日本學校受過 1 年以上教育者（包含短大、大學 1 年以上別科日語課程）。

■雙證書班 ダブルマスタークラス

- 培訓目標：以畢業後直接升入辻製菓專門學校學習，修滿課程後，可考調理師、製菓衛生師兩種證照。修滿 1 年的製菓課程後，升入辻調理師專門學校學習，課程時間總共 2 年。
- 課程內容：第 1 年為製菓衛生師課程，可學到各種甜點、糖果的製作技巧、專業理論與實作、教養課程；第 2 年則於辻調理師專門學校的調理師本科學習多種料理製作與理論、實作。
- 學費：第 1 年約 2,170,000 日元（詳細項目可參照 p.226 表格），第 2 年需洽詢學校。
- 課程期間：2 年（週一～五全日制，週六視狀況可能上課）
- 招生名額：製菓衛生師本科共 144 人
- 報名限制：（1）年滿 18 歲。（2）在日本國外已修畢 12 年以上學校教育者（原則上需要修畢第 12 年的正規學校教育），或具同等資格，由日本文部科學大臣指定者。（3）符合以下①～⑤之任何一項條件：
  ①於日本語教育機構學習半年以上（僅限認定課程）者。
  ②日本語能力測驗（JLPT）已取得 N1 或 N2（舊制 1 級及舊制 2 級）者。
  ③日本留學試驗（EJU）之日文科目超過 200 分者。
  ④BJT 商務日語能力考試得分超過 400 分者。
  ⑤於日本學校教育法第 1 條所規定（幼稚園除外）的日本學校受過 1 年以上教育者。（包含短大、大學 1 年以上別科日語課程）。

■製菓班＋法國分校留學課程 製菓クラス・フランス校留学コース

- 培訓目標：以畢業後，前往辻調集團法國分校留學、免入學考試直接進入學校就讀為目標。修滿 1 年的製菓班課程後，可免試進入辻調集團法國里昂分校留學。
- 課程內容：第 1 年學習製菓班課程，第 2 年前往留學。設有「製菓研究課程」。先於分校內進行專業模擬教學（約半年），再由學校介紹前往餐廳、店面進行實地研修（就業實習課程，約 5 個月，學生需年滿 18 歲），結束後實習店家會授予研修結業證，可增加專業經歷。
- 學費：5,428,000 日元（詳細項目可參照 p.228 上方表格）

項目	第 1 年金額	第 2 年（法國留學）金額
入學金	250,000 日元	—
教育充實費	100,000 日元	—
授課費	1,090,000 日元	1,398,000 日元
實習費	730,000 日元	1,140,000 日元
宿舍費	—	510,000 日元
簽證、居留許可申請費	—	60,000 日元
研修制度管理費	—	150,000 日元
總計	2,170,000 日元	3,258,000 日元

＊此費用僅供參考，可洽詢學校。

- 課程期間：約 2 年（第 1 年週一～五全日制，週六視狀況可能上課），第 2 年（約 6 個月專業模擬教學，約 5 個月就業實習課程）。
- 招生名額：製菓衛生師本科共 400 人
- 報名限制：（1）年滿 18 歲。（2）在日本國外已修畢 12 年以上學校教育者（原則上需要修畢第 12 年的正規學校教育），或具同等資格，由日本文部科學大臣指定者。（3）符合以下①～⑤之任何一項條件：
①於日本語教育機構學習半年以上（僅限認定課程）者。
②日本語能力測驗（JLPT）已取得 N1 或 N2（舊制 1 級及舊制 2 級）者。
③日本留學試驗（EJU）之日文科目超過 200 分者。
④BJT 商務日語能力考試得分超過 400 分者。
⑤於日本學校教育法第 1 條所規定（幼稚園除外）的日本學校受過 1 年以上教育者（包含短大、大學 1 年以上別科日語課程）。

Points
1. 學費可分期繳納。
2. 上述費用含全部材料費，但不包括工具、講座、旅遊等其他費用。
3. 法國留學課程可免除「入學金」、「教育充實金」。

❷ 製菓技術餐飲經營管理本科

- 培訓目標：結合理論、實作與教養課程，屬於職業實踐專門課程。以提升學生的技術精確度，培養豐富知識與專業精神為目標。
- 課程內容：第 1 年課程與製菓衛生師本科相同，以學習西式、日式糕點、麵包以及各種基本技術與知識為主。第 2 年課程除了加強技術、個人操作

能力、學習更高深的知識，以及提高技術質量之外，需決定專業（專攻）領域。目前的專業領域有以下 3 種班級可選（詳細課程可參照下方表格）。

專業領域（班別）	課程
糕點班	集中在學習製作西式糕點（含糕點、巧克力、糖果與糕點歷史）、烘焙技術，並提升專業操作能力和知識，理論、操作實習課程也以西式糕點為主。期望能培育出擁有烘焙技術，同時更擁有專業知識、創造力的西式糕點師人才。
麵包班	集中在學習製作麵包（含麵包的歷史、技術），理論、操作實習課程也以麵包為主。藉由反覆練習，以加強基本、應用技術，培育出專業的麵包師。
和菓子班	集中在學習製作日式糕點，以獲得更專業的技能。理論、操作實習課程也以日式糕點為主。藉由反覆練習，以加強基本、應用技術，培育出專業的日式糕點師。

＊此費用僅供參考，可洽詢學校。

- 學費：3,790,000 日元（詳細項目可參照下方表格）

項目	第 1 年金額	第 2 年金額
入學金	250,000 日元	—
教育充實費	100,000 日元	5,000 日元
授課費	1,026,000 日元	1,200,000 日元
實習費	540,000 日元	624,000 日元
總計	1,916,000 日元	1,874,000 日元

＊此費用僅供參考，可洽詢學校。

- 課程期間：2 年（週一～五全日制，但週六視狀況可能上課）。第 1 年上課時數為操作實習 472 小時、理論 180 小時、教養 450 小時；第 2 年上課時數為操作實習 480 小時、理論 240 小時、教養 152 小時。
- 招生名額：360 人
- 報名限制：（1）年滿 18 歲。（2）在日本國外已修畢 12 年以上學校教育者（原則上需要修畢第 12 年的正規學校教育），或具同等資格，由日本文部科學大臣指定者。（3）符合以下①～⑤之任何一項條件：
①於日本語教育機構學習半年以上（僅限認定課程）者。
②日本語能力測驗（JLPT）已取得 N1 或 N2（舊制 1 級及舊制 2 級）者。

③日本留學試驗（EJU）之日文科目超過 200 分者。

④ BJT 商務日語能力考試得分超過 400 分者。

⑤於日本學校教育法第 1 條所規定（幼稚園除外）的日本學校受過 1 年以上教育者（包含短大、大學 1 年以上別科日語課程）。

Points
1. 學費可分期繳納。
2. 上述費用含全部材料費，但不包括工具、講座、旅遊等其他費用。

   入 學 相 關

報名與入學

• 所有學科

A. 課程皆有報名限制，可參照學科介紹中的敘述。

B. 於每年 9 ～ 10 月展開第一次招生，約有 3 次招生，但即使尚處於報名期間，只要人數達到名額上限，就會截止報名。每人每年僅可報名 1 次。

C. 填寫報名表（願書），並準備書面資料，寄至學校。校方收到報名表後審查，先面試，過了才有筆試，最後通知錄取與否。

Points
目前此校的獎助學金和減免，介紹部分如下，其他獎助學金或減免的詳細資訊可見學校官方網站。

名稱	金額	評選方式
辻調集團學校留學生獎學金	1 年支付 150,000 日元	入學後提出獎學金申請報表，即可參加評選考試。
自費外國人留學生學習獎勵費	每月支付 48,000 日元	入學後舉辦説明會，並舉辦自費外國人留學生學習獎勵費評選考試。

Memo　對這所學校感興趣嗎？
你可以先將資料記錄在這個 Memo 區，方便查找！

日本 高知名度的糕點、麵包專門學校，
大量的實作課程，迅速提升專業技術。

東京製菓學校
東京製菓学校

🏠 日本東京都新宿區高田馬場 1-14-1
📞 +81 3 3200 7171
✉ tokyoseikatw@yahoo.com.tw
🌐 http://www.tokyoseika.jp

歐式法式蛋糕本科（洋菓子本科）
$ 4,173,150 日元　🕑 2 年
👥 年滿 18 歲

日式和菓子本科（和菓子本科）
$ 4,241,670 日元　🕑 2 年
👥 年滿 18 歲

歐式法式麵包本科（パン本科）
$ 4,001,590 日元　🕑 2 年
👥 年滿 18 歲

········· 認 識 學 校 ·········

專攻洋菓子、和菓子和麵包，教師陣容堅強

　　開校於 1954 年的東京製菓學校，是一間專門教授洋菓子（西式糕點）、和菓子（日式糕點）和麵包的日本知名專業學校。除了日本當地，來自韓國、台灣、香港、中國、馬來西亞和泰國等地的留學生也不少，許多糕點界職人也都畢業於此校，所以在台灣的知名度相當高。加上位於許多學校聚集的高田馬場站附近，不僅交通方便，學習氛圍亦佳。東京製菓學校從很早就積極經營留學生入學，歡迎留學生進入就讀。為了因應留學生人數逐年增加，學校內會特別開設技術研究會、講習會，例如：「台北國際麵包表演」、「韓國國際麵包、糕點嘉年華」等一連串交流活動，加強彼此的交流以及學生與業界的聯繫。

■ 學校特色

1. 所有課程中，操作實習課程的比重最高，約佔 85%，是這類專門學校中最重視實作技術的學校。

2. 因應各國留學生人數增加，學校不時舉辦各種專業技術研究會、活動，加強彼此的交流以及學生與業界的聯繫。

3. 為留學生開設多種專業領域的見學（體驗）課程，以及介紹校園、科系與教學的公開說明會（Open campus），留學生可以親自體驗後決定學校與科系。

4. 聘請活躍於日本烘焙界、業界、媒體的名廚親自授課，教師陣容堅強，讓學生獲得最好的指導。

5. 課程中，舉辦國內外、海外研修課程或學生旅行。

6. 提供外國留學生獎助學金申請。

了 解 課 程

科系班別圖

| 歐式法式蛋糕本科 | 歐式法式麵包本科 | 日式和菓子本科 |

專業領域、課程類別與期程

目前分為以下 2 年制課程：歐式法式蛋糕本科（洋菓子本科）、洋菓子專科（夜間）、歐式法式麵包本科（パン本科）以及麵包專科（夜間），以及和菓子本科、和菓子專科（夜間）。當中本科是日間部，專科屬於夜間部課程，除非已經有居留簽證，否則外國人無法申請專科。以下課程僅以日間部本科介紹。

❶ 歐式法式蛋糕本科

· 培訓目標：唯有具備專業技能與自信，才達到糕點師的技術與水準，因此課程以大量的實作為主。此外，亦能廣泛學習基本理論、產品包裝、經營、接待等，達成多元化教學。

· 課程內容：1 年級時，以製作塔皮、折疊派皮、海綿蛋糕麵糊和奶油蛋糕麵糊等糕點基礎課程為主，約可學到 250 種配方。2 年級則運用基本技術，

繼續學習糕點、巧克力、杏仁膏和糖藝課程等，可學到約 350 種配方。示範教學上，專任或客座法國教師教授基本技術運用，並解析糕點的最新流行趨勢。技術講習上，邀請客座講師講述業界作業要領，以及與和菓子、麵包本科的交換課程學習。另外，還有介紹原料、機械設備、烘焙概論、專業教養、店鋪經營和製菓衛生師學科等課程。

• **學費**：4,173,150 日元（詳細項目可參照下方表格）

項目	金額
入學金	360,000 日元
設施、授課、實習費	515,000 日元
教科書費	37,990 日元
在學期間諸費用	90,880 日元
實習服裝費	34,800 日元
實習器具費	40,000 日元
上述小計（第 1 次繳納）	1,078,670 日元
第 2～8 次繳納小計	3,094,480 日元
總計	4,173,150 日元

＊ 此費用僅供參考，可洽詢學校。

• **課程期間**：2 年（週一～五全日制）。2 年上課時數為操作實習（如西點操作實習、示範教學、創作研究與技術講習）共 2,436 小時、講義（如烘焙概論、專業教養、店鋪經營和製菓衛生師學科等）共 444 小時。
• **招生名額**：160 人，每學年 4 個班級。
• **報名限制**：（1）18 歲以上，高中畢業以上者。（2）由於為食品相關學校，需具備衛生觀念且身心健康者。（3）符合以下①～④之任何一項條件：
①於日本語教育振興協會認定的日本語學校學習超過 180 天，出席率必須達到 90% 以上。日本語能力測驗具有 N2 實力者。
②日本語能力測驗（JLPT）已取得 N1 或 N2（舊制 1 級及舊制 2 級）者。
③日本留學試驗（EJU）之日文科目超過 200 分者。
④BJT 商務日語能力考試得分超過 400 分者。

Points 學費分期繳納。

❷ 歐式法式麵包本科

• **培訓目標**：日本的麵包市場百花齊放，課程廣泛包含多國麵包製作。期望在 2 年的課程內，除了日本麵包，更同時習得法、德、義等國麵包製作的

基本配方以及專業理論、店鋪經營。操作實習課中使用法式、西班牙式磚窯麵包爐。

- 課程內容：課程包含 80% 的實習操作，2 年課程從麵包的基本配方、麵團製作開始學習，從吐司麵包、甜麵包，到歐洲麵包、鹹麵包和丹麥麵包，幾乎囊括各類麵包，並教授酵母培養、各種製法。麵包操作實習類課程除了各類麵包製作，也包含裝飾、製作餡料等課程。由專任或客座法國教師教授基本技術運用，並解析糕點的最新流行趨勢。技術講習上，邀請客座講師講述業界作業要領，以及與蛋糕、和菓子本科的交換課程學習。另外，還有介紹原料、機械設備、烘焙概論、專業教養、店鋪經營和製菓衛生師學科等課程。

- 學費：4,001,590 日元（詳細項目可參照下方表格）

項目	金額
入學金	360,000 日元
設施、授課、實習費	515,000 日元
教科書費	39,430 日元
在學期間諸費用	90,880 日元
實習服裝費	34,800 日元
實習器具費	40,000 日元
上述小計（第 1 次繳納）	1,080,110 日元
第 2～8 次繳納小計	2,921,480 日元
總計	4,001,590 日元

＊此費用僅供參考，可洽詢學校。

- 課程期間：2 年（週一～五全日制）。2 年上課時數為操作實習（如麵包操作實習、示範教學、創作研究與技術講習）共 2,144 小時、講義（如烘焙概論、專業教養、麵包店經營和製菓衛生師學科等）共 456 小時。
- 招生名額：40 人，每學年 1 個班級。
- 報名限制：（1）18 歲以上，高中畢業以上者。（2）由於為食品相關學校，需具備衛生觀念且身心健康者。（3）符合以下①～④之任何一項條件：
①於日本語教育振興協會認定的日本語學校學習超過 180 天，出席率必須達到 90% 以上。日本語能力測驗具有 N2 實力者。
②日本語能力測驗（JLPT）已取得 N1 或 N2（舊制 1 級及舊制 2 級）者。
③日本留學試驗（EJU）之日文科目超過 200 分者。
④BJT 商務日語能力考試得分超過 400 分者。

❸ 日式和菓子本科

- 培訓目標：即使是新手也能入校學習。藉由大量的實習操作過程，讓身體習慣這些動作，達到身心合一。不但能學到各種日式糕點，再加上茶道、書道以及理論、教養課程，使 2 年課程更能多面向學習。

- 課程內容：豐富的操作實習內容，可扎實學得各種基本和菓子（饅頭、各類菓子等），以及婚喪喜慶、季節等特殊和菓子的做法。此外，製作餡料、包餡料等基本工亦在不斷練習中熟練。1 年級約可學到 250 種配方，2 年級可學到約 250 種配方。由知名專任教師教授基本技術運用，並解析和菓子的最新流行趨勢。邀請講師講述傳統菓子或日本料理等教學課程，以及參與蛋糕、麵包本科、茶道等交換課程學習。另外，還有包括原料、機械設備、烘焙概論、專業教養、店鋪經營和製菓衛生師學科等課程。

- 學費：4,241,670 日元（詳細項目可參照下方表格）

項目	金額
入學金	360,000 日元
設施、授課、實習費	515,000 日元
教科書費	38,510 日元
在學期間諸費用	90,880 日元
實習服裝費	34,800 日元
實習器具費	40,000 日元
上述小計（第 1 次繳納）	1,079,190 日元
第 2～8 次繳納小計	3,162,480 日元
總計	4,241,670 日元

＊ 此費用僅供參考，可洽詢學校。

- 課程期間：2 年（週一～五全日制）。2 年上課時數為操作實習（如和菓子操作實習、示範教學、創作研究與技術講習）共 2,368 小時、講義（如和菓子烘焙概論、專業教養、店鋪經營和製菓衛生師學科等）共 512 小時。

- 招生名額：40 人，每學年 1 個班級。

- 報名限制：（1）18 歲以上，高中畢業以上者。（2）由於為食品相關學校，需具備衛生觀念且身心健康者。（3）符合以下①～④之任何一項條件：
  ①於日本語教育振興協會認定的日本語學校學習超過 180 天，出席率必須達到 90% 以上。日本語能力測驗具有 N2 實力者。
  ②日本語能力測驗（JLPT）已取得 N1 或 N2（舊制 1 級及舊制 2 級）者。
  ③日本留學試驗（EJU）之日文科目超過 200 分者。
  ④BJT 商務日語能力考試得分超過 400 分者。

Points 學費分期繳納。

入 學 相 關

報名與入學

• **所有學科**

    A. 課程皆有報名限制，可參照學科介紹中的敘述。

    B. 於每年 9 ～ 10 月展開第一次招生，約有 3 次招生，但即使尚處於報名期間，只要人數達到名額上限，就會截止報名。每人每年僅可報名 1 次。

    C. 填寫報名表（願書），並準備書面資料，寄至學校。校方收到報名表後審查，先面試，再筆試，最後通知錄取與否

Points   目前此校的獎助學金和減免，介紹部分如下，其他獎助學金或減免的詳細資訊可見學校官方網站。

名稱	金額	評選方式
一般入試獎學金制度（日間部）	入學金減免 100,000 日元	於一般入試面試時，對製作糕點、麵包展現強烈的學習慾望，並具有高度職業意識的成績優秀者，筆試 70 分以上合格者。
推薦入試獎學金制度（日間部）	入學金減免 100,000 日元	於一般入試面試時，對製作糕點、麵包展現強烈的學習慾望，並具有高度職業意識的成績優秀者。並以相關資格、調查資料（成績、出缺席狀況、社團活動等）為判斷基準。

Memo　對這所學校感興趣嗎？
你可以先將資料記錄在這個 Memo 區，方便查找！

 日本 　糕點業界成立的專門學校，培育多數烘焙人才的搖籃。

日本菓子專門學校
日本菓子專門学校

🏠 日本東京都世田谷區上野毛 2-24-21
📞 +81 3 3700 2615
✉ nks-gakuseika@nihon-kashi.ac.jp
⚙ http://www.nihon-kashi.ac.jp

點心製造技術學科
💲 3,000,000 日元　🕐 2 年
👥 年滿 18 歲

高級技術科
💲 1,100,000 ／ 1,250,000 日元
🕐 1 年　👥 年滿 18 歲

麵包製造技術學科
💲 1,575,000 日元　🕐 1 年
👥 年滿 18 歲

認 識 學 校

著重於少人數的實習操作，以提高自身實力

這間學校是 1960 年時，由日本全國菓子工業組合聯和會，以及製菓業界出資設立的專門學校，以提升技術、培養次世代糕點人才為目標。畢業生遍及日本各地，學生畢業後的就職率約達 100%。1998 年與法國、德國烘焙學院（Akademie Deutsches Bäckerhandwerk）締結為姊妹校，在校生有機會前往參加研修課程。

教學上注重實習操作課程，根據多年來的研究，學校認為每班約 42 人，點心製造技術學科（製菓技術学科）每桌 3 人，麵包製造技術學科（製パン技術学科）每組 4 人，是最有學習效率的實習人數分配，可以讓學生有更多親自演練的機會。前校長遠藤德貞曾說：「相較於一般學生，專門學校的『學生』更接近社會人士，在學得畢業後能立刻投入職場的專業技能的同時，還必須學會禮儀、遵守規範，了解身為社會人的禮節。」所以非常重視工作態度與個人操作。日本菓子專門學校證照考取率極高，製菓衛生師 2017 年度含留學生在內，取得證照者已達 95.6%。

■ 學校特色

1. 注重操作實習課程，實施少人數的實習制度與授課模式，讓每個學生有更多實際演練的機會，並且訓練團隊合作能力。

2. 西式、日式糕點和麵包三合一的教學方式，能更多元化學習到不同分野的技術與知識。

3. 學生可自由參加晨練（07：45 起 1 小時）與晚練（授課結束～17：00）的自主練習，練習較不擅長的操作科目。並有老師於現場指導，幫助迅速克服難題。

4. 2016 年開設高級技術課（ハイテクニカル科），在本校或他校修完 2 年相關課程，可考試進入，學習更高級的專業技術、知識以及拉糖工藝、參與競賽，並以取得甜點製造技能檢定 2 級為目標。

5. 開設留學生限定的「留學生諮詢課程」、「麵包製作體驗課程」，為留學生開設多種專業領域的見學課程（體驗課程），以及介紹校園、科系與教學的公開說明會（Open campus），留學生可以親自體驗後決定學校與科系。

6. 日本唯一由菓子業界創辦的學校，有助於店家實習、與業界交流。同時由活躍於日本烘焙界、業界、媒體的名廚親自授課，教師陣容堅強，讓學生獲得最好的指導。

7. 畢業後就職內定率極高，點心製造技術學科的西式點心科達 96.92%，日式點心科達 96.29%；麵包製造技術學科則達 100%。

8. 提供外國留學生獎助學金申請。

了 解 課 程

專業領域、課程類別與期程

原本只有 2 年制的點心製造技術學科（製菓技術学科）、1 年制的麵包製造技術學科（製パン技術学科），但於 2016 年時，新開辦高級技術科（ハイテクニカル科）。在本校或他校修完 2 年專業課程，可考試進入就讀，但畢業後無法報考製菓衛生師證照，且無法取得「專門士」資格。以下為課程相關介紹：

❶ 點心製造技術學科

- 培訓目標：同時學習西式、日式點心和麵包的製作，拓展寬闊的視野。
- 課程內容：第 1 年從認識材料、工具操作法等開始，進而學習西式、日式糕點和麵包的基礎課程，實習操作品項達 200 款。第 2 年必須選擇「西洋點心科」或「日式點心科」為專修領域，實習操作品項西式點心科（洋菓子科）有 270 款，日式點心科（和菓子科）可達 260 款。此外。原料、機械設備、烘焙概論、專業教養、店鋪經營和製菓衛生師學科等課程都是授課範圍。2 年詳細的課程內容可參照下方表格：

年級	課程
第 1 年課程	前期課程包含西式點心基礎、日式點心基礎，以及麵包製造基礎以及定期考試；後期課程以西式點心 1（泡芙、派、乳酪、慕斯與海綿蛋糕等應用）課程、日式點心 1（烤箱、平底鍋、蒸籠點心和半熟、乾點心等）為主。
第 2 年課程（西洋點心科）	前期課程以西式點心 2（餅乾、蛋糕捲、蛋白餅、花色蛋糕、塔、拉糖工藝等）課程及定期考試；後期課程以西式點心 2（奶油蛋糕、巧克力、節慶糕點、精工糖霜、擺盤裝飾等）課程及定期考試為主。
第 2 年課程（日式點心科）	前期課程以日式點心 2（生點心、蒸點心、平底鍋和烤箱點心等）課程及定期考試；後期課程以日式點心 2（蒸點心、生點心、乾點心、節慶點心和創作點心等）課程及定期考試為主。

- 學費：第 1 年約 162,000 日元，第 2 年約 138,000 日元（詳細項目可參照下方表格）。

項目	金額
第 1 年小計	162,000 日元
第 2 年小計	138,000 日元
總計	300,000 日元

＊此費用僅供參考，可洽詢學校。

- 課程期間：2 年（週一～五全日制）。西式點心科（洋菓子科）實際操作約 1,612 小時，總時數約 2,624 小時；日式點心科（和菓子科）實際操作約 1,560 小時，總時數約 2,664 小時。
- 招生名額：220 人
- 報名限制：（1）18 歲以上，高中畢業以上者。（2）由於為食品相關學校，

需具備衛生觀念且身心健康者。（3）符合以下①～④之任何一項條件：

①於日本語教育振興協會認定的日本語學校學習超過 180 天，出席率必須達到 90% 以上。日本語能力測驗具有 N2 實力者。

②日本語能力測驗（JLPT）已取得 N1 或 N2（舊制 1 級及舊制 2 級）者。

③日本留學試驗（EJU）之日文科目超過 200 分者。

④BJT 商務日語能力考試得分超過 400 分者。

Points

1. 學費分期繳納。

2. 學費內含入學金、教育充實金、實習費、授課費等。

看這裡！ **關於插班進入點心製造技術學科第 2 學年**

　　這是指留學生可插班進入點心製造技術學科第 2 學年（製菓技術学科 2 学年編入学）就讀的制度。留學生如果為專修日本點心專門學校、締結教育交流的畢業生，或者在自己國家有 2 年以上實務經驗、在自己國家修得等同於本校點心製造技術學科（製菓技術学科）1 年級，所必修的西洋點心實習時間（315 小時），符合以上條件的人，參加學校插班考試（面試和實作測驗）合格的話，可插班入學。不過插班生無法報考製菓衛生師證照，且無法取得「專門士」資格。課程內容如下：

插班第 2 年課程西洋點心科： 前期課程以西式點心 2（餅乾、蛋糕捲、蛋白餅、花色蛋糕、塔、拉糖工藝等）課程及定期考試；後期課程以西式點心 3（奶油蛋糕、巧克力、節慶糕點、精工糖霜、擺盤裝飾等）課程及定期考試為主。實習操作品項達 250 款。

---

❷ 麵包製造技術學科

- 培訓目標：在 1 年的時間內，學習製作麵包的相關技術與理論，以及產品陳設、包裝、經營學，為日後獨立開店做全方面學習。

- 課程內容：麵包方面從基礎教起，到實用應用實作，使在 1 年內扎實學會基本工。此外，課程中亦包括基本的西式、日式點心製作。比例分配約麵包實際製作課佔 60%，點心實際製作課佔 15%，理論學科佔 25%，實習

操作品項達 300 款。1 年詳細的課程內容可參照下方表格：

時間	課程
課程前期	前期課程包含麵包製作 1（吐司、牛角麵包、奶油麵包、菠蘿麵包和紅豆麵包）、點心製造 1（餅乾、海綿蛋糕、泡芙、基本的日式點心）、販售（經營理論、包裝、開店和櫥窗擺設等），以及定期考試。
課程後期	後期課程包含麵包製作 2（法式長棍麵包、黑麥麵包、牛角麵包等）、點心製造 2（塔、派、法式鹹派和基本的日式點心）、販售（經營理論、包裝、開店和櫥窗擺設等），以及定期考試。

- 學費：1,575,000 日元（詳細項目可參照下方表格）

項目	金額
第 1 期費用	250,000 日元
第 2 期費用	820,000 日元
第 3 期費用	505,000 日元
總計	1,575,000 日元

＊此費用僅供參考，可洽詢學校。

- 課程期間：1 年（週一～五全日制）。實際操作約 948 小時，總時數約 1,318 小時。
- 招生名額：40 人
- 報名限制：（1）18 歲以上，高中畢業以上者。（2）由於為食品相關學校，需具備衛生觀念且身心健康者。（3）符合以下①～④之任何一項條件：
  ①於日本語教育振興協會認定的日本語學校學習超過 180 天，出席率必須達到 90% 以上。日本語能力測驗具有 N2 實力者。
  ②日本語能力測驗（JLPT）已取得 N1 或 N2（舊制 1 級及舊制 2 級）者。
  ③日本留學試驗（EJU）之日文科目超過 200 分者。
  ④BJT 商務日語能力考試得分超過 400 分者。

Points
1. 學費分期繳納。
2. 學費內含入學金、教育充實金、實習費、授課費等。

❸ 高級技術科

- 培訓目標：2016 年新開設。以之前學得的專業技術為基礎，進階學習更高級技術，以每桌 2 人為單位，加強操作實習課程。此外，以學會工藝甜點（精細裝飾甜點、精細裝飾糖果、糖藝、巧克力、花鳥形狀精工製品等），以及甜點製造技能檢定 2 級為目標。

- 課程內容：在合計 960 小時的課程中，實習操作品項達 250 款，除了教授工藝技法等更高階的甜點製作之外，並加入大量與未來就業有關的課程、輔導，使兼具技術與理論，有利於就業。詳細課程包含西式點心 A（生菓子、燒菓子、巧克力、冰淇淋和雪酪等）；西式點心 B（傳統糕點、創作糕點、糖果、糕點盤飾）；工藝技法（杏仁膏、糖藝、巧克力工藝、花鳥形狀點心）；專業研習（販售、櫥窗陳列、包裝等）；社會教育（就業指導、日本蛋糕活動參觀等）幾大類課程。

- 學費：本校畢業生 1,100,000 日元，他校畢業生 1,250,000 日元（詳細項目可參照下方表格）

項目	金額（本校畢業生）	金額（他校畢業生）
入學金	－	150,000 日元
教育充實金	200,000 日元	200,000 日元
實習費	500,000 日元	500,000 日元
授課費	400,000 日元	400,000 日元
總計	1,100,000 日元	1,250,000 日元

＊ 此費用僅供參考，可洽詢學校。

- 課程期間：1 年（週二～五全日制）。實際操作約 816 小時，總時數約 960 小時。

- 招生名額：36 人

- 報名限制：（1）日本菓子專門學校點心製造技術學科（製菓技術學科）洋菓子科畢業生及預定畢業生。（2）日本菓子專門學校點心製造技術學科（製菓技術學科）和菓子科畢業生及預定畢業生。（3）其他製菓專門學校 2 年制畢業生，且西式糕點製作（洋菓子製造）實務經驗 1 年以上者點心製造技術學科第 2 學年（製菓技術学科 2 学年編入学）畢業生。（4）西式糕點製作（洋菓子製造）實務經驗 2 年以上者。

入 學 相 關

報名與入學

• 所有學科

　A. 課程皆有報名限制，可參照學科介紹中的敘述。

　B. 於每年 9 ～ 10 月展開第一次招生，填寫報名表（願書）、小作文，並準備書面資料，寄至學校。校方收到報名表後審查，面試，最後通知錄取與否。

Points 目前此校的獎助學金和減免，介紹部分如下，其他獎助學金或減免的詳細資訊可見學校官方網站。

名稱	金額	評選方式
日本菓子專門學校校友會獎學金	點心製造技術學科（製菓技術学科）350,000 日元；麵包製造技術學科（製パン技術学科）250,000 日元。	對日本菓子專門學校展現強烈的就讀慾望，且成績優秀者。學生需依學校命題繳交一份小論文（350 ～ 400 字），且年間出席率 100%，成績評定 9.0 以上。
財團法人共立國際獎學財團獎學金立（限點心製造技術學科）	第 1 年每月 60,000 日元，第 2 年每月 100,000 日元。	以亞洲各國私費留學生，學習 2 年以上者為對象。

Memo　對這所學校感興趣嗎？
你可以先將資料記錄在這個 Memo 區，方便查找！

 日本 開設完整的料理、烘焙課程，以培養各個領域職人為目標。

中村調理製菓專門學校
中村調理製菓專門学校

🏠 日本福岡市中央區平尾 2-1-21
📞 +81 092 523 0411
✉ staff@nakamura-s.com
🌐 http://nakamura-s.com/chori

調理師科 2 年課程
$ 2,350,000 日元 🕐 2 年
👥 年滿 18 歲

製菓衛生師科
$ 1,250,000 日元 🕐 1 年
👥 年滿 18 歲

調理師科 1 年課程
$ 1,250,000 日元 🕐 1 年
👥 年滿 18 歲

製麵包學科
$ 1,250,000 日元 🕐 1 年
👥 年滿 18 歲

製菓技術科
$ 2,350,000 日元 🕐 2 年
👥 年滿 18 歲

 認 識 學 校

70 年歷史，九州最有名氣的料理、烘焙學校

創校將近 70 年歷史的中村調理製菓專門學校位於福岡，是九州地區相當有名的廚藝學校，知名校友遍布各地。校內目前課程以調理、製菓和製麵包類為主。學校相當重視實作，因此授課時間中含大量的實習操作課程，更邀請業界名廚，像日本料理名廚村田吉弘、中式料理名廚陳建一、名店 Lilien berg 的主廚橫溝春雄等教授專業技能；校內更有教學、操作經驗豐富的教師，師資陣容堅強。此外，學校為了提升學生畢業就職率，使能即刻投入職場，在學期間，會幫忙安排實習店鋪，包括全國知名的餐廳、飯店、日本料理店、集團餐廳等，培養學生實戰經驗，有利於未來就業。同時，於校內設有餐廳、糕點店，讓學

生可以模擬職場,熟悉開菜單、烹調製作、服務、販售等流程,在實習中增強實力。

■ 學校特色

1. 邀請名師、大廚授課,學生可接受主廚指導。
2. 與業界關係深厚,畢業生就業率極高。
3. 調理與製菓科系專業操作教室超過 20 間以上,場地、設備足夠,開設大量的實習操作課程。
4. 學校除了會替所有學生安排店鋪實習,校內還設有餐廳及糕點鋪,讓學生可以在店內模擬販售與接待,增加實習機會。
5. 上課前 1 小時半、下課後 1 小時,開放實習室給學生做自主練習。
6. 製菓技術科有 3 個月的留學制度,學生有機會前往法國留學。其他科系亦有海外、國內研修機會。

了 解 課 程

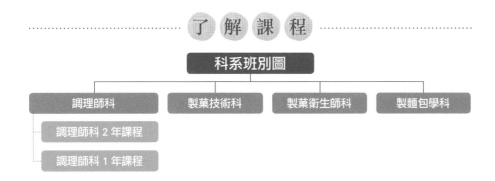

專業領域、課程類別與期程

目前分為以下四個學科:調理師科 2、1 年課程(調理師科 2 年、1 年コース)、製菓技術科(製菓技術科)、製菓衛生師科(製菓衛生師科),以及製麵包學科(製パン学科)等。

❶ 調理師科

■調理師科 2 年課程 調理師科 2 年コース

- 培訓目標：由基礎工具的使用、基本烹調技巧、前置作業，到完成各種單品料理、套餐，讓新手從零開始到應用，循序漸進學習，培養學生活躍於各種餐飲領域。修完此課程，不需實務經驗及國家考試，即可取得調理師證照。

- 課程內容：包括西洋料理、日本料理、中式料理的理論、烹調技能，約440 個品項。大量的操作實習課程，總授課 1,980 小時，當中包含約 1,020 小時的操作實習課程。除了料理技術，另外還有營養學、衛生學、飲料、待客服務禮儀、食品學、食品衛生安全、飲食文化、烹調校外實習等，以及學習飲食業經驗，習得未來獨立開店的方法與技巧。在學期間，會到校內開設的餐廳操作實習，以一般大眾為顧客，學習烹調與接待客人。每年 8 月和 3 月分別實習 10 天。另外，學校有為調理師關係學科學生舉辦歐洲、京都和金澤等地的研修旅行。

- 學費：2,350,000 日元（詳細項目可參照下方表格）

項目	第 1 年金額	第 2 年金額
入學金	150,000 日元	—
課程費	630,000 日元	630,000 日元
實習費	310,000 日元	310,000 日元
設施設備費	160,000 日元	160,000 日元
總計	1,250,000 日元	1,100,000 日元

＊ 此費用僅供參考，可洽詢學校。

Points 需另繳交教材費約 98,000 日元、其他雜費約 21,000 日元。

- 課程期間：2 年
- 招生名額：200 人
- 報名限制：（1）已修完相當於日本 12 年學校教育的課程，或預定將修業期滿，其中超過 8 年是在國外學習者。（2）符合以下①～③之任何一項條件：
①日本語能力測驗 2 級（JLPT N2）以上的合格者。
②取得日本留學試驗（日語科目）200 分以上者。
③在日本法務大臣公布的日本國內日語教育機構接受 6 個月以上的日語教育，已修業期滿或預定即將修業期滿者。

■**調理師科 1 年課程** 調理師科 1 年コース

- 培訓目標：1 年內以本校的教育方式，透過高效率的學習，可獲得廣泛的技術與知識，學會調理師應具備的技能、理論。並且修完此課程，不需實務經驗及國家考試，即可取得調理師證照。

- 課程內容：包括西洋料理、日本料理、中式料理的理論、烹調技能，約 270 個品項，大量的操作實習課程，總授課 1,050 小時，當中包含約 480 小時的操作實習課程。除了料理技術，另外還有營養學、衛生學、食品學、食品衛生安全、飲食文化、烹調校外實習等課程。每年 3 月實習 10 天。另外，學校有為調理師關係學科學生舉辦歐洲、京都和金澤等地的研修旅行。

- 學費：1,250,000 日元（詳細項目可參照下方表格）

項目	第 1 年金額
入學金	150,000 日元
課程費	630,000 日元
實習費	310,000 日元
設施設備費	160,000 日元
總計	1,250,000 日元

＊此費用僅供參考，可洽詢學校。

Points 需另繳交教材費約 98,000 日元、其他雜費約 21,000 日元。

- 課程期間：1 年
- 招生名額：150 人
- 報名限制：（1）已修完相當於日本 12 年學校教育的課程，或預定將修業期滿，其中超過 8 年是在國外學習者。（2）符合以下①～③之任何一項條件：
①日本語能力測驗 2 級（JLPT N2）以上的合格者。
②取得日本留學試驗（日語科目）200 分以上者。
③在日本法務大臣公布的日本國內日語教育機構接受 6 個月以上的日語教育，已修業期滿或預定即將修業期滿者。

❷ 製菓技術科

- 培訓目標：2 年內學會烘焙糕點、麵包和製作和菓子的技能，達到畢業後成為糕點師、麵包師的目標。
- 課程內容：包括西式糕點，麵包與和菓子的製作、理論，約 280 個品項。

課程以實習操作課為重點。總授課2,160小時，當中包含約1,680小時的操作實習課程。每班40人，以4人為1桌的少人數操作課，配置經驗豐富的教師指導，幫助學生提高技能且有更多實際練習的經驗。除了烘焙專業技能，另外還有衛生法規、食品衛生學、法語、烘焙校外實習，以及販售技巧等課程。在學期間，安排到校內開設的糕點鋪「春天」（Printemps）實習，以一般大眾為顧客，學習從製作到服務、販售的技巧。每年8月和3月於校外店鋪實習10天。另外，學校有為學生開設為期3個月（90天）的短期法國留學課程。一邊藉由住宿家庭生活，一邊於法國的製菓學校學習。讓學生能更接近世界頂級的糕點店，為未來法國留學做好準備。

- 學費：2,350,000日元（詳細項目可參照下方表格）

項目	第1年金額	第2年金額
入學金	150,000日元	—
課程費	630,000日元	630,000日元
實習費	310,000日元	310,000日元
設施設備費	160,000日元	160,000日元
總計	1,250,000日元	1,100,000日元

＊此費用僅供參考，可洽詢學校。

Points 需另繳交教材費約120,000日元、其他雜費約21,000日元。

- 課程期間：2年
- 招生名額：150人
- 報名限制：（1）已修完相當於日本12年學校教育的課程，或預定將修業期滿，其中超過8年是在國外學習者。（2）符合以下①～③之任何一項條件：
  ①日本語能力測驗2級（JLPT N2）以上的合格者。
  ②取得日本留學試驗（日語科目）200分以上者。
  ③在日本法務大臣公布的日本國內日語教育機構接受6個月以上的日語教育，已修業期滿或預定即將修業期滿者。

❸ 製菓衛生師科

- 培訓目標：利用1年短期的時間學習專業技能、理論與教養等，以考取製菓衛生師證照目標。因為班級人數較少，所以採取1對1指導。
- 課程內容：在1年有限的時間中，課程包括西式糕點，麵包的製作、理論，

約 280 個品項。課程以實習操作課為重點，總授課 1,140 小時，當中包含約 510 小時的操作實習課程。因為班級人數較少，所以採取 1 對 1 指導，幫助學生提高技能且有更多實際練習的經驗。除了烘焙專業技能，另外還有製菓理論、衛生法規、衛生學、法語、營養學和烘焙校外實習，以及販售技巧等課程。在學期間，安排到校內開設的糕點鋪「春天」（Printemps）實習，以一般大眾為顧客，學習從製作到服務、販售的技巧。每年 8 月和 3 月於校外店鋪實習 10 天。畢業時，可取得考取製菓衛生師的資格。

• 學費：1,250,000 日元（詳細項目可參照下方表格）

項目	第 1 年金額
入學金	150,000 日元
課程費	630,000 日元
實習費	310,000 日元
設施設備費	160,000 日元
總計	1,250,000 日元

＊此費用僅供參考，可洽詢學校。

Points 需另繳交教材費約 117,000 日元、其他雜費約 21,000 日元。

• 課程期間：1 年
• 招生名額：40 人
• 報名限制：（1）已修完相當於日本 12 年學校教育的課程，或預定將修業期滿，其中超過 8 年是在國外學習者。（2）符合以下①～③之任何一項條件：
①日本語能力測驗 2 級（JLPT N2）以上的合格者。
②取得日本留學試驗（日語科目）200 分以上者。
③在日本法務大臣公布的日本國內日語教育機構接受 6 個月以上的日語教育，已修業期滿或預定即將修業期滿者。

❹ 製麵包學科

• 培訓目標：九州地區第一個開設製麵包學科的學校。確保大量的實習操作課程，讓學生在短短 1 年間，學會基礎到專業技能。
• 課程內容：在 1 年的上課時間中，學習包括西式糕點，麵包的製作、理論，課程以實習操作課為重點，總授課 1,080 小時，當中包含約 780 小時的操作實習課程。除了烘焙專業技能，另外還有製菓理論、衛生法規、衛生學、

營養學和烘焙校外實習，以及販售技巧等課程。每年 8 月於校外店鋪實習
10 天。12 月舉辦約 10 天的歐洲研修旅行或國內旅行。畢業時，可取得考
取製菓衛生師的資格。

- 學費：1,250,000 日元（詳細項目可參照下方表格）

項目	第 1 年金額
入學金	150,000 日元
課程費	630,000 日元
實習費	310,000 日元
設施設備費	160,000 日元
總計	1,250,000 日元

＊ 此費用僅供參考，
可洽詢學校。

Points 需另繳交教材費約 66,000 日元、其他雜費約 21,000 日元。

- 課程期間：1 年
- 招生名額：40 人
- 報名限制：（1）已修完相當於日本 12 年學校教育的課程，或預定將修業
期滿，其中超過8年是在國外學習者。(2)符合以下①～③之任何一項條件：
①日本語能力測驗 2 級（JLPT N2）以上的合格者。
②取得日本留學試驗（日語科目）200 分以上者。
③在日本法務大臣公布的日本國內日語教育機構接受 6 個月以上的日語教
育，已修業期滿或預定即將修業期滿者。

入 學 相 關

報名與入學

- **所有學科**

    A. 課程皆有報名限制，可參照學科介紹中的敍述。

    B. 每年約 11 月，於福岡、首爾舉行第 1 次考試。先寄出報名表（願書），
    考完試後寄出成績單。

    C. 翌年 2 月，舉行第 2 次考試。先寄出報名表（願書），考完試後寄出成
    績單，但僅限於在留資格為「留學」、不需重新取得在留資格者可參加。

Points 目前此校的獎助學金和減免，介紹部分如下，其他獎助學金或減免的詳細資訊可見學校官方網站。

名稱	金額	評選方式
獨立行政法人 日本學生支援機構	每月支付 48,000 日元 （不必返還）	1 名。持簽證，不屬於日本政府資助外國留學生，或是外國政府派遣的留學生。
一般財團法人 共立國際交流角學財團	每月支付 60,000 日元 （不必返還）	日本之外的亞洲國籍，私費的外國留學生。校內確定 1 名人選之後，再由共立 maintenance 獎學金機構審定決定。

Memo 對這所學校感興趣嗎？
你可以先將資料記錄在這個 Memo 區，方便查找！

 日本 開設完整的料理、烘焙課程，
以培養各個領域職人為目標。

藍帶廚藝學校
東京分校
ル・コルドン・ブルー東京校

🏠 日本東京都澀谷區猿樂町 28-13 ROOB-1
📞 +81 3 5489 0141
✉ mkiryu@cordonbleu.edu
🌐 https://www.cordonbleu.edu/tokyo/home/ja

高級廚藝大文憑班
💲 5,738,300 日元　🕐 9 個月
👥 年滿 18 歲

甜點高級證書班
💲 939,700 日元　🕐 約 3 個月
👥 年滿 18 歲

法國料理初級證書班
💲 1,326,500 日元　🕐 3 個月
👥 18 歲

麵包初級證書班
💲 842,500 日元　🕐 3 個月
👥 年滿 18 歲

法國料理中級證書班
💲 1,193,500 日元　🕐 3 個月
👥 年滿 18 歲

麵包高級證書班
💲 824,100 日元　🕐 3 個月
👥 年滿 18 歲

法國料理高級證書班
💲 1,255,900 日元　🕐 約 3 個月
👥 年滿 18 歲

日本料理基礎證書班
💲 847,000 日元　🕐 3 個月
👥 年滿 18 歲

甜點初級證書班
💲 1,042,100 日元　🕐 3 個月
👥 年滿 18 歲

日本料理初級證書班
💲 697,200 日元　🕐 3 個月
👥 年滿 18 歲

甜點中級證書班
💲 901,200 日元　🕐 3 個月
👥 年滿 18 歲

日本料理中級證書班
💲 707,400 日元　🕐 3 個月
👥 年滿 18 歲

$ 738,000 日元 **⏱** 約 3 個月
👤 年滿 18 歲

······················· 認 識 學 校 ·······················

百年悠久歷史，知名度最高的廚藝學校

　　說到外國料理廚藝學校，有著 120 年歷史的法國藍帶廚藝學校，幾乎無人不曉，可以說是與學料理、甜點劃上等號。其實這不是學校，而是一所知名、大型的私立補習班，在世界 20 個國家，共開辦 35 所學校，每年有超過 100 個以上國籍，超過 20,000 名學員入學，且仍預計繼續在其他各地設立新學校。在日本，則有東京代官山、神戶 2 間分校，當中的代官山分校建於 1991 年，是亞洲最早的藍帶分校。校區座落於代官山閑靜的住宅區內，附近有許多餐廳、咖啡店、大型書店。要前往新宿、澀谷、原宿等地也很方便。

　　目前主要的課程分成以下幾種：高級廚藝大文憑班（ディプロムコース）、法國料理文憑班（料理ディプロム）、甜點文憑班（菓子ディプロム）、麵包文憑班（パンディプロム）、日本料理文憑班（日本料理ディプロム），以及美食＆短期課程（グルメ＆ショートコース）等，以及不定時推出日本料理密集班、中文密集班等，非常多元化。上課方式幾乎遵循同一個模式：料理與甜點課程是每堂課 6 小時，前 3 小時由主廚說明食材、配方，然後示範做法（示範課），學員可以相機拍照記錄，後 3 小時則由學員在廚房實作；烘焙課程則是以示範和實作同步進行 6 小時授課。此外，學校也會舉辦說明會，目前有法國料理、甜點、麵包和日本料理的說明會。說明會當天，可參加體驗課程（見學課程）＋講義形式課程，主廚會在前台示範。通常是以日語＋英語，或者日語＋中文。

■ **學校特色**
1. 邀請世界、日本頂級名廚授課，少人數教學，可近距離接受指導。
2. 教學設備、示範與實習教室完整，課程選擇多元化。
3. 極具知名度、歷史悠久的廚藝學校，結業證書、文憑在業界很受歡迎。
4. 有英文、中文翻譯密集班，翻譯隨堂輔助，不會日語也能學習。
5. 唯一開設日本料理文憑和證書課程的藍帶分校。

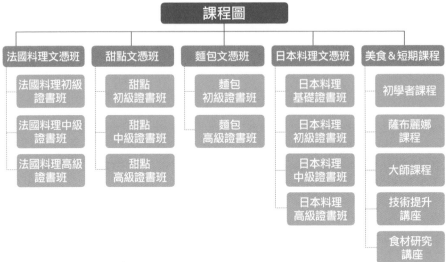

專業領域、課程類別與期程

　　主要的課程分成以下幾種：高級廚藝大文憑班（ディプロムコース）、法國料理文憑班（料理ディプロム）、甜點文憑班（菓子ディプロム）、麵包文憑班（パンディプロム）、日本料理文憑班（日本料理ディプロム），以及美食&短期課程（グルメ&ショートコース）等。

❶ 高級廚藝大文憑班

- 培訓目標：藍帶高級廚藝大文憑課程是指修完「甜點文憑」與「料理文憑」雙修的套裝課程。可集中且廣泛地學習傳統法國料理的烹調技術與甜點製作。文憑有助於就業。
- 課程內容：教授基本烹飪、烘焙技巧外，另教導學習使用優質農產品與特殊食材製作料理與糕點。完成「法國料理文憑班」與「甜點文憑班」課程的學生，將授與高級廚藝大文憑班。詳細課程內容可參照「法國料理文憑班」與「甜點文憑班」的課程介紹。料理、甜點課程是每堂課皆為 3 小時教室示範課＋ 3 小時廚房實作課。
- 學費：5,738,300 日元（詳細項目可參照下方表格）

項目	金額
管理費	75,000 日元
制服費	60,000 日元
工具費	125,000 日元
學費	5,478,300 日元
總計	5,738,300 日元

＊此費用僅供參考，
　可洽詢學校。

- 課程期間：9 個月，每堂課 6 小時。
- 招生名額：小班制
- 報名限制：（1）開學時年滿 18 歲。（2）具日本語能力試驗 JLPT、N2 級程度（不包括選擇中文密集課程者）。

Points　這裡要注意藍帶課程名稱上這幾個日文字：「ディプロム」則是文憑，指的是藍帶集團內認定的畢業證書，只是比較大張。報名時，每個課程的所有級別要一起報名，連續就讀（不可分期就讀），那管理費只需支付最初級的課程，之後各級別報名時，不需再繳管理費。「サーティフィカ」是認證的意思，也是指藍帶集團內認定的修業證書。每個課程的所有級別都可以分開報名，也可以分開時段（分期就讀），但每個級別報名時，都得繳管理費。然而無論就讀文憑班或是證書班，只要每個課程的最高級課程順利畢業，都能授與文憑。

❷ 法國料理文憑班

■初級證書班 初級サーティフィカ

- 培訓目標：讓初學者握刀學起，學會烹調醬汁和一些基礎的料理。
- 課程內容：時數為 182.5 小時。授課內容包括：刀具使用、肉與料理的基本處理、基礎高湯製作與應用、各式基本湯汁製作、基本醬汁與乳化、基本麵團（義大利麵麵團、布里階麵團等）、基本蛋料理（歐姆蕾、炒蛋、水煮蛋）、基本烹調法、法國代表性甜點、基本盤飾技巧，以及法國料理專用語等。
- 學費：1,326,500 日元（單期），已含各級管理費。
- 課程期間：3 個月，每堂課 6 小時。
- 招生名額：小班制
- 報名限制：（1）開學時年滿 18 歲。（2）具日本語能力試驗 JLPT、N2 級程度（不包括選擇中文密集課者）。

■中級證書班 中級サーティフィカ

- 培訓目標：初級班後，更精進料理技術。
- 課程內容：時數為 181 小時，讓學員以初級課程中學得的技術，以現代和創新的現代餐酒館風，呈現法國傳統地方料理。授課內容包括：烹調法（燻製、炒）、分切肉類、烹調魚的技術、新鮮貝類的烹調前置作業、各種蔬菜的刀工與烹調法、製作醬汁、烹調義大利麵、肉類加工食品（香腸、法國派）、動物內臟的烹調、廚房管理與收納等。
- 學費：1,193,500 日元（單期），已含各級的管理費。
- 課程期間：3 個月，每堂課 6 小時。
- 招生名額：小班制
- 報名限制：（1）開學時年滿 18 歲。（2）具日本語能力試驗 JLPT、N2 級程度（不包括選擇中文密集課程者）。（3）報名基礎證書課程以上的課程時，必須先取得前一階段證書始有資格。

■高級證書班 上級サーティフィカ

- 培訓目標：中級班後，更精進料理技術，並完成職場實習。
- 課程內容：時數為 179 小時，讓學員廣泛學習傳統、現代料理的烹調技術。授課內容包括：真空料理、分子料理、高難度的肉魚分切、蔬菜與配菜的獨特處理與烹調法、經典與現代料理盤飾、撰寫食譜、提升料理的風味與口感等。
- 學費：1,255,900 日元（單期），已含各級的管理費。
- 課程期間：3 個月，每堂課 6 小時。
- 招生名額：小班制
- 報名限制：（1）開學時年滿 18 歲。（2）具日本語能力試驗 JLPT、N2 級程度（不包括選擇中文密集課程者）。（3）報名基礎證書課程以上的課程時，必須先取得前一階段證書始有資格。

Points 如果是念法國料理文憑班（3 級課程連續就讀）的話，學費是 3,398,300 日元。

項目	金額
管理費	75,000 日元
制服費	60,000 日元
工具費	125,000 日元
學費	3,138,300 日元
總計	3,398,300 日元

＊此費用僅供參考，可洽詢學校。

❸ 甜點文憑班

■初級證書班 初級サーティフィカ

- 培訓目標：讓初學者從材料、基本麵團學起，學習製作糕點。
- 課程內容：時數為 162.5 小時，讓學員學會製作甜點的本技巧、理論，從配方的組合、材料的特性、工具的操作方法循序漸進地學習。授課內容包括：工具的使用（刀子、抹刀、擠花袋、擀麵棍和模型等）、基本材料製作（帕林內、翻糖、糖漿和焦糖等）、甜點分類（塔、餅乾、泡芙、派、蛋糕、巧克力、蛋糕體、冰淇淋、杏仁糕糖藝等）、基礎麵團與麵糊（沙布列與布里階麵團、泡芙麵團、蛋糕麵糊與卡士達醬等）、日本食材類點心、法式甜點專用語等。
- 學費：1,042,100 日元（單期），已含各級的管理費。
- 課程期間：3 個月，每堂課 6 小時。
- 招生名額：小班制
- 報名限制：（1）開學時年滿 18 歲。（2）具日本語能力試驗 JLPT、N2 級程度（不包括選擇中文密集課程者）。

■中級證書班 中級サーティフィカ

- 培訓目標：初級班後，更精進料理技術，以及訓練美感。
- 課程內容：時數為 161 小時，活用初級課程所學的技術，學會更高難度的法國地方傳統糕點、蛋糕、麵包技法與理論。透過與同學共用機器，學習團體合作。授課內容包括：糕點基本裝飾、基本糖藝、維也納甜酥麵包（布里歐、可頌等）、巧克力的基本操作、法國地方傳統糕點、小點心、糖果等。
- 學費：901,200 日元（單期），已含各級的管理費。
- 課程期間：3 個月，每堂課 6 小時。
- 招生名額：小班制
- 報名限制：（1）開學時年滿 18 歲。（2）具日本語能力試驗 JLPT、N2 級程度（不包括選擇中文密集課程者）。（3）報名基礎證書課程以上的課程時，必須先取得前一階段證書始有資格。

■高級證書班 上級サーティフィカ

- 培訓目標：中級班後，更精進多種糕點製作技術。
- 課程內容：時數為 161 小時，活用初級課程所學的技術，學會更高難度的法國地方傳統糕點、蛋糕、麵包技法與理論。透過與同學共用機器，學習

團體合作。授課內容包括：糕點基本裝飾、基本糖藝、維也納甜酥麵包（布里歐、可頌等）、巧克力的基本操作、法國地方傳統糕點、小點心、糖果等。

- 學費：939,700 日元（單期），已含各級的管理費。
- 課程期間：3 個月，每堂課 6 小時。
- 招生名額：小班制
- 報名限制：（1）開學時年滿 18 歲。（2）具日本語能力試驗 JLPT、N2 級程度（不包括選擇中文密集課程者）。（3）報名基礎證書課程以上的課程時，必須先取得前一階段證書始有資格。

Points 如果是念甜點文憑班（3 級課程連續就讀）的話，學費是 2,600,000 日元。

項目	金額
管理費	75,000 日元
制服費	60,000 日元
工具費	125,000 日元
學費	2,340,000 日元
總計	2,600,000 日元

＊此費用僅供參考，可洽詢學校。

④ 麵包文憑班

■初級證書班 初級サーティフィカ

- 培訓目標：以學會製作法國麵包的基礎技巧、知識為目標。
- 課程內容：授課時數為 120 小時。各種食材的特性（像是麵粉、酵母、雜糧穀物、砂糖、蛋白粉）、介紹法國地方傳統麵包（波爾多皇冠麵包等）、以手揉製與機器揉製、基本成型（滾圓、編織）、製作法國代表性麵包（長棍麵包、麥穗麵包）、各種發酵的技巧與烘焙過程、製作硬法國麵包（裸麥麵包、全賣麵包等）、裝飾麵包，以及製作維也納甜酥麵包（可頌、布里歐、牛奶小麵包）等。
- 學費：842,500 日元（單期），已含各級的管理費。
- 課程期間：3 個月，每堂課 6 小時。
- 招生名額：小班制
- 報名限制：（1）開學時年滿 18 歲。（2）具日本語能力試驗 JLPT、N2 級程度（不包括選擇中文密集課程者）。

■**高級證書班** 上級サーティフィカ

- 培訓目標：活用初級課程中學到的技法與知識，學習更高技巧的發酵方法，並從更專業的角度學習製作麵包。
- 課程內容：授課時數為 120 小時。自製酵母、培養酵母液、水和冷藏法、液種法、後加水法、操作機器、麵包的烤焙、各種長棍麵包的做法、各種麵粉的活用（蕎麥粉、裸麥粉等）、法國地方傳統麵包麵團、運用模型的烤焙法，以及如何開一家麵包店等營運管理課程。
- 學費：824,100 日元（單期），已含各級的管理費。
- 課程期間：3 個月，每堂課 6 小時。
- 招生名額：小班制
- 報名限制：（1）開學時年滿 18 歲。（2）具日本語能力試驗 JLPT、N2 級程度（不包括選擇中文密集課程者）。（3）報名基礎證書課程以上的課程時，必須先取得前一階段證書始有資格。

Points 如果是念麵包文憑班（3 級課程連續就讀）的話，學費是 1,591,600 日元。

項目	金額
管理費	75,000 日元
制服費	60,000 日元
學費	1,456,600 日元
總計	1,591,600 日元

＊ 此費用僅供參考，可洽詢學校。

❺ 日本料理文憑班

■**日本料理基礎證書班** 日本料理基礎サーティフィカ

- 培訓目標：從日本料理的基礎烹調技術學起，進而了解日本料理哲學。此外，同時學習衛生學、日式刀法、切工技法，以及日本料理的五個關鍵方法等。
- 課程內容：授課時數為 129 小時，授課內容包括：日本料理入門、刀具基本用法、日本料理店的廚房、日本食材的基礎知識、蔬菜刀工、製作日式高湯、煮物、烤物、蒸物、炸物、米飯、壽司（捲壽司、稻荷壽司）、蕎麥麵等。
- 學費：847,000 日元（單期），已含各級的管理費。
- 課程期間：3 個月，每堂課 6 小時。
- 招生名額：小班制
- 報名限制：（1）開學時年滿 18 歲。（2）具日本語能力試驗 JLPT、N2 級程度（不包括選擇中文密集課程者）。

■日本料理初級證書班 日本料理初級サーティフィカ

- 培訓目標：學員們持續發展本身的技術，以及在基礎課程中學得的知識，將日本料理中常見的食材，應用在更複雜的料理。此外，詳加學習盤飾，同時更加認識養殖與儲存食材的技術。
- 課程內容：授課時數為 135 小時，授課內容包括：日本刀具用法、蔬果藝術雕刻、剝皮技法、製作煮物、烤物、蒸物、炸物、握壽司、烏龍麵、膏狀點心、前菜、魚類處理和保存、一汁三菜、和菓子，以及盤飾應用、學習日本料理用語等。
- 學費：697,200 日元（單期），已含各級的管理費。
- 課程期間：3 個月，每堂課 6 小時。
- 招生名額：小班制
- 報名限制：（1）開學時年滿 18 歲。（2）具日本語能力試驗 JLPT、N2 級程度（不包括選擇中文密集課程者）。（3）報名基礎證書課程以上的課程時，必須先取得前一階段證書始有資格。

■日本料理中級證書班 日本料理中級サーティフィカ

- 培訓目標：學員們挑戰更高難度的烹調技術，學習製作更多傳統料理和日本地方鄉土料理。此外，讓學員們體驗茶懷石、茶道和花道等，使更加了解日本文化。
- 課程內容：授課時數為 135 小時，授課內容包括：日本刀具用法、蔬果藝術雕刻、剝皮技法、製作煮物、烤物、蒸物、炸物、握壽司、烏龍麵、膏狀點心、前菜、魚類處理和保存、一汁三菜、和菓子，以及盤飾應用、學習日本料理用語等。
- 學費：707,400 日元（單期），已含各級的管理費。
- 課程期間：3 個月，每堂課 6 小時。
- 招生名額：小班制
- 報名限制：（1）開學時年滿 18 歲。（2）具日本語能力試驗 JLPT、N2 級程度（不包括選擇中文密集課程者）。（3）報名基礎證書課程以上的課程時，必須先取得前一階段證書始有資格。

■日本料理高級證書班 日本料理上級サーティフィカ

- 培訓目標：學員們將學到從古典料理到現代料理的變化。運用更高級的食材，加上自己學到的烹調技術，活用在創作各種料理上。此外，加強學習對日式盤器的相關知識和用法，使成為廚師職業生涯必備的技能。
- 課程內容：授課時數為 132 小時，授課內容包括：魚類處理進階課程、生魚片擺盤 進階課程、製作古典料理、精進料理、最受歡迎的日本料理、會席料理、創作會席料理、創作料理、和菓子，以及製作日語菜單等。
- 學費：738,000 日元（單期），已含各級的管理費。
- 課程期間：3 個月，每堂課 6 小時。
- 招生名額：小班制
- 報名限制：（1）開學時年滿 18 歲。（2）具日本語能力試驗 JLPT、N2 級程度（不包括選擇中文密集課程者）。（3）報名基礎證書課程以上的課程時，必須先取得前一階段證書始有資格。

Points 如果是念日本料理文憑班（3 級課程連續就讀）的話，學費是 2,764,600 日元。

項目	金額
管理費	75,000 日元
制服費	60,000 日元
工具費	100,000 日元
學費	1,456,600 日元
總計	2,764,600 日元

＊此費用僅供參考，可洽詢學校。

看這邊！ 這裡也有很棒的美食＆短期課程

從料理、烘焙新手到專業人士都能參加，課程豐富多元，可以從法國料理、甜點、麵包課程中，選擇符合自己程度的課程，在短時間內完成課程。學費從 7,000 ～ 35,000 日元，課程時間從 2 小時～數日都有。以下大致分別介紹部分美食＆短期課程，讀者如有興趣，可上官網查詢。

名稱	課程內容
初學者課程 （デビューレッスン）	法國料理課程（每堂課 2 小時）、甜點課程（每堂課 2 小時）、烘焙課程（每堂課 3 小時）。課程內容為簡單與當季法國料理、受歡迎經典與當季甜點、法國麵包等。每個課程共 3 堂課，每個月上課 1 堂，可依照自己方便的月分上課。
薩布麗娜課程 （サブリナ・レッスン）	是針對有烹調經驗的人所設計 1 日（3 小時、4.5 小時或 6 小時不等）講座。校內講師將季節的食材，以傳統或現代的方式呈現。在當中將會深入學習其技術、美食文化、特色、味道、盛盤等多元化的內容。
大師課程 （マスタークラス）	向主廚們學習頂尖的烹調技術。每學期，學校會邀請活躍於業界第一線的料理、甜點、麵包的名師主廚們，到校來展示技術。
技術提升講座 （ワークショップ）	關於烹調、甜點、麵包等的製作相關技巧。
食材研究講座 （食材研究）	專家教授關於用在麵包、甜點製作上的食材知識。講座形式的課程，搭配試吃，並有討論時間。

入 學 相 關

報名與入學

・所有課程

A. 課程皆有報名限制，可參照學科介紹中的敘述。

B. 先決定好自己想念的課程、學期，並且確認開課期間和學費，然後填寫入學申請書，準備好所有文件（含護照、管理費匯款收據）。

C. 掃描所有文件，傳送至電子信箱：mkiryu@cordonbleu.edu。

D. 藍帶廚藝學校會以電子郵件發送錄取通知單，以及學費請求書。接著支付學費，並掃描收據，傳送至電子信箱：mkiryu@cordonbleu.edu。

E. 藍帶廚藝學校會以電子郵件發送入學許可以及校規。至開課前 2 週這段時間，藍帶廚藝學校會以電子郵件發送赴日前重要事項通知。

 日本

以培養頂尖的廚藝人才為目標，
可學習多類學科的綜合性學校。

服部營養專門學校

服部栄養専門学校

🏠 日本東京都澀谷區千馬谷 5-25-4
📞 +81 3 3356 7171
🌐 http://www.hattori.ac.jp

營養師科
💲 2,990,000 日元 🕐 2 年
👤 年滿 18 歲

調理師本科
💲 31,760,000 日元 🕐 1 年
👤 年滿 18 歲

調理高階專業經營學科
💲 2,990,000 日元 🕐 2 年
👤 年滿 18 歲

調理師本科甜點、麵包
💲 1,760,000 日元 🕐 1 年
👤 年滿 18 歲

認 識 學 校

可同時學習西式、日式、中式料理和甜點、麵包課程

1939 年創辦的服部營養專門學校，是同時擁有營養士科和調理師本科的專門學校。在廚藝課程方面，這間學校可以學到西式、日式、中式料理，以及烘焙甜點、麵包方面的專業。原本是以料理學科為重，但因為近年來想成為糕點師、麵包師的學生增多，所以於 2011 年 4 月，在調理師本科下，增加了日間部 1 年制的的甜點、麵包新科系。

在設施方面，為了讓學生更了解、接近業界的作業程序，學校配備了與專業現場相同的廚房設備、烹調器具，並且在別館的「Studio de cuisine」廚房工作室中架設大型螢幕，階梯教室的座位，讓學生更清楚地捕捉講師烹飪時的細部動作。此外，學校還會邀請國內外知名的主廚、活躍於電視雜誌媒體的名師舉行特別講座，像是赤坂四川飯店的陳健一主廚、鐵人「坂井宏行」主廚等，使學生在學習本身課業外，時時精進頂尖技術。

■ 學校特色

1. 法國、義大利、香港都有姊妹校，學生有機會前往法國斐杭狄、藍帶廚藝學校、義大利 ALMA 烘焙廚藝學院，以及香港中華中藝學院進行研修課程。

2. 西式、日式、中式料理與糕點、麵包多元化課程，能學習到不同分野的技術與知識。

3. 邀請知名主廚到學校舉辦特別講座，讓學生現場觀摩頂尖的烹調技術。

4. 以培育出「與業界緊密結合」、「畢業後能力及投入職場」為目標。

························ 了 解 課 程 ························

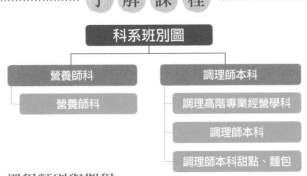

專業領域、課程類別與期程

目前分為營養師科（栄養士科）：營養師科（栄養士科），以及調理師本科（調理師本科）：調理高階專業經營學科（調理ハイテクニカル経営学科）、調理師本科（調理師本科）和調理師本科甜點、麵包（パティシエ・ブランジェクラス）。

❶ 營養師科

■營養師科 栄養士科

- 培訓目標：除了取得營養師證照的專業科目之外，還加入許多烹調實習操作課程，培育學生成為「會烹調的營養師」。

- 課程內容：營養師的工作是負責搭配、調整人的飲食生活，因此不僅需要具備飲食、營養的專業知識，還需要廣泛學習。在本科的課程中，從認識維持健康的營養，到烹調技巧、實習操作。第 1 年課程包含：日本、西式、中式料理和甜點、麵包的實習、烹飪學、食品學總論、食育概論，和了解

人體構造的解剖生理學實習等，讓學生打好營養師專業的良好基礎。第 2 年課程則有：食品管理與營養教育實習等，以及營養師專業的病理學、生化學、食品加工學等專業科目，以及食品營養實驗，以了解食品的成分，以及透過實驗確認食品的安全性。

- 學費：2,990,000 日元（已包含實習費、材料費，但不含研修旅行費；制服、教科書、實習服、刀具、健康診斷費、服友會等，2 年需繳 360,000 日元。）
- 課程期間：2 年（每天 09：00 ～ 16：45 上課）
- 招生名額：120 人
- 報名限制：（1）年滿 18 歲。（2）已修完相當於日本 12 年學校教育的課程，具有高中畢業認定資格或大學入學資格者。（3）符合以下①～⑤之任何一項條件：

①在日本語教育振興協會認可的日本國內日語教育機構接受 6 個月以上的日語教育。

②日本語能力測驗（JLPT）N2 或 2 級以上的合格者。

③日本留學試驗（EJU）之日文科目超過 200 分者（日本語科目聽解、聽讀解、讀解合計 200 分以上）。

④BJT 商務日語能力考試得分超過 400 分者。

⑤日本學校教育法第 1 條所規定（幼稚園除外）的日本學校受過 1 年以上教育者。

② 調理師本科

■調理高階專業經營學科 調理ハイテクニカル経営学科

- 培訓目標：除了學習各類烹調領域共通的知識、技能，並在 2 年間習得更高深的專業技術。
- 課程內容：培養學生身兼主廚與經營者的課程。不僅學習烹飪技巧，經驗豐富的教師群還會教授餐廳、飲食店經營和營運方法，很適合將來想獨立開店的人。第 1 年課程包含：邀請業界知名講師傳授日本、西式、中式料理和甜點、麵包的製作技巧、知識為主，再廣泛學習與烹調理論、食品相關的技術和知識。第 2 年課程包含：除了專業的實習，還包括於一流飯店、知名餐廳 1 個月的校外實習課程等，以及經營管理、店舖等課程。
- 學費：3,420,000 日元（已包含實習費、材料費，但不含研修旅行費；制服、教科書、實習服、刀具、健康診斷費、服友會等，2 年需繳 400,000 日元。）
- 課程期間：2 年（每天 09:00 ～ 16:45 上課）
- 招生名額：160 人

- 報名限制：（1）年滿 18 歲。（2）已修完相當於日本 12 年學校教育的課程，
  具有高中畢業認定資格或大學入學資格者。（3）符合以下①～⑤之任何一
  項條件：
  ①在日本語教育振興協會認可的日本國內日語教育機構接受 6 個月以上的
  日語教育。
  ②日本語能力測驗（JLPT）N2 或 2 級以上的合格者。
  ③日本留學試驗（EJU）之日文科目超過 200 分者（日本語科目聽解、聽讀
  解、讀解合計 200 分以上）。
  ④ BJT 商務日語能力考試得分超過 400 分者。
  ⑤日本學校教育法第 1 條所規定（幼稚園除外）的日本學校受過 1 年以上
  教育者。

■調理師本科 調理師本科

- 培訓目標：在 1 年間，從基礎的烹調技術到最新的真空調理技術等完整學習。
  學會製作日本、西式、中式料理和甜點、麵包的技巧與知識，培養具有總合
  力與實踐力的調理師。
- 課程內容：除了系統性地教授日本、西式、中式料理和甜點、麵包各領域的
  烹調技法與理論，更邀請業界頂級講師傳授專業技巧、知識，同時更全方
  面地學習酒、餐桌服務等專業廚師必備的知識與技術，使得學生在畢業後，
  能夠立即投入職場。課程包括：烹調理論與實習、營養學、食品學、公眾衛
  生學和經營理論等。
- 學費：31,760,000 日元（已包含實習費、材料費，但不含研修旅行費；制服、
  教科書、實習服、刀具、健康診斷費、服友會等，1 年需繳 310,000 日元。）
- 課程期間：1 年（每天 09：00 ～ 16：45 上課）
- 招生名額：200 人
- 報名限制：（1）年滿 18 歲。（2）已修完相當於日本 12 年學校教育的課程，
  具有高中畢業認定資格或大學入學資格者。（3）符合以下①～⑤之任何一
  項條件：
  ①在日本語教育振興協會認可的日本國內日語教育機構接受 6 個月以上的
  日語教育。
  ②日本語能力測驗（JLPT）N2 或 2 級以上的合格者。
  ③日本留學試驗（EJU）之日文科目超過 200 分者（日本語科目聽解、聽讀
  解、讀解合計 200 分以上）。
  ④ BJT 商務日語能力考試得分超過 400 分者。

⑤日本學校教育法第 1 條所規定（幼稚園除外）的日本學校受過 1 年以上教育者。

■調理師本科甜點、麵包 パティシエ・ブランジェクラス

- 培訓目標：1 年間，從製作甜點、麵包的基礎知識與技術學起，並學得店舖經營的方法。
- 課程內容：課程包含西式甜點、麵包和和菓子等各領域，以及專為店舖、咖啡館經營者所開的課程。實習操作課程佔高比例，邀請活躍於一流甜點店的知名講師來校開課，可於專門的甜點、麵包實習室接受直接指導。授課內容包括：烹調理論、烹調實習、食品學、食品衛生學、營養學和經營管理等課程。
- 學費：1,760,000 日元（已包含實習費、材料費，但不含研修旅行費；制服、教科書、實習服、刀具、健康診斷費、服友會等，1 年需繳 250,000 日元。）
- 課程期間：1 年（每天 09：00 ～ 16：45 上課）
- 招生名額：40 人
- 報名限制：（1）年滿 18 歲。（2）已修完相當於日本 12 年學校教育的課程，具有高中畢業認定資格或大學入學資格者。（3）符合以下①～⑤之任何一項條件：

①在日本語教育振興協會認可的日本國內日語教育機構接受 6 個月以上的日語教育。

②日本語能力測驗（JLPT）N2 或 2 級以上的合格者。

③日本留學試驗（EJU）之日文科目超過 200 分者（日本語科目聽解、聽讀解、讀解合計 200 分以上）。

④ BJT 商務日語能力考試得分超過 400 分者。

⑤日本學校教育法第 1 條所規定（幼稚園除外）的日本學校受過 1 年以上教育者。

·········· 入 學 相 關 ··········

報名與入學

• 所有課程

A. 課程皆有報名限制，可參照學科介紹中的敘述。

B. 填寫報名表（願書），並準備書面資料，寄至學校。校方收到報名表後審查，面試加上筆試，最後通知錄取與否。

 日本

工作現場中進行實踐性的訓練，
如同置身職場有利於未來就業。

光塩學園調理製菓專門學校
光塩学園調理製菓専門学校

🏠 日本札幌市中央區大通西 14-1
📞 +81 0120 2330 554
✉ senmon@koen.ac.jp
⚙ https://chouri.koen.ac.jp

調理科
$ 1,185,000 日元 🕐 1 年
👤 年滿 18 歲

製菓衛生師科
$ 1,185,000 日元 🕐 1 年
👤 年滿 18 歲

調理技術專攻科
$ 2,165,000 日元 🕐 2 年
👤 18 歲

製菓技術專攻科
$ 2,165,000 日元 🕐 2 年
👤 年滿 18 歲

    認 識 學 校

70 年歷史，實習操作環境、專業教室設備新穎齊全

位於北海道札幌市的光塩學園調理製菓專門學校，已有超過 70 年的歷史，40 年前就已經和海外學校有交流。學校的設備齊備，有如業界專業現場環境般的實習操作場所、各料理領域專業廚房、酒吧、教學大講堂、圖書室，並設有可供學生校內實習、對外營業的甜點麵包店舖「Bon appélil」、西餐廳「Lumière」，如同在工作現場環境中進行實踐性的訓練，為學生提供就業臨場訓練。另外，學校與法國、義大利、香港、台灣締結姊妹校，彼此間皆有研修交流，更於 2014 年與芬蘭的學校進行交流，學生有更多的選擇前往這些學校進行短期研修。校內專任講師，都是有豐富業界經驗的廚師，特別講師則聘請多國知名主廚來校開設特別課程或講座。

■ **學校特色**

1. 專任講師、特別講師都是業界經驗豐富，能給予學生最佳的指導。
2. 如同在工作現場環境中進行實踐性的訓練，提供就業臨場練習，有利於進入職場。
3. 與法國、義大利、香港、台灣締結姊妹校，彼此間皆有研修交流，更於2014年與芬蘭的學校進行交流。每年開辦歐洲姊妹校短期研修課程，除了學習當地道地的飲食，還有各種體驗、參觀美術館等行程，非常豐富。
4. 學生可於對外營業的甜點麵包店舖「Bon appélil」、餐廳「Lumière」實習，增加臨場應變及熟悉待客服務。
5. 學校每天中午提供團體飲食，菜單都是經由管理營養師指導。

················ 了 解 課 程 ················

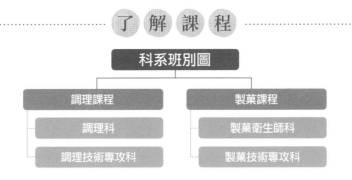

專業領域、課程類別與期程

目前分成調理課程（調理コース）和製菓課程（製菓コース），調理課程包括：調理科（調理科）、調理技術專攻科（調理技術專攻科）；製菓課程則包括：製菓衛生師科（製菓衛生師科）、製菓技術專攻科（調理技術專攻科）。以下為課程相關介紹：

❶ 調理課程

■**調理科** 調理科

• 培訓目標：在短期內專注於實習操作課程，增加即戰力，使學生一畢業便能直接投入職場。1年內獲得調理師資格，順利就業。畢業即可取得調理師證照。
• 課程內容：在1年的時間中，包含日本、西式、中式料理、團體膳食和咖

啡、雞尾酒等，都是從基礎烹調技術、刀工、食材特性、製作高湯等學起。學校聘請大飯店、知名餐廳業界經驗豐富的主廚來校授課，有系統的課程與教學，即使是料理新手也能安心就讀。總授課時數約 1,040 小時，當中 400 小時以上的料理實習操作、示範教學課程，其他課程內容包括：基本課程（雞尾酒、酒、咖啡、茶、糖果工藝、解剖鮪魚等）、食品與營養、經營學、食品安全與衛生、飲食生活與健康等。

- 學費：1,185,000 日元（詳細項目可參照下方表格）

項目	金額
入學金	100,000 日元
課程費	345,000 日元
實習費	375,000 日元
維持費	105,000 日元
設施費	100,000 日元
教材費	100,000 日元
其他雜費	60,000 日元
總計	1,185,000 日元

＊此費用僅供參考，可洽詢學校。

- 課程期間：1 年（每天 08：50 ～ 16：50 上課）
- 招生名額：80 人
- 報名限制：（1）年滿 18 歲。（2）已修完相當於日本 12 年學校教育的課程，具有高中畢業認定資格或大學入學資格者。（3）需洽詢學校。

■**調理技術專攻科** 調理技術專攻科

- 培訓目標：有系統地學習從基礎到專門的技術、理論與知識，並藉由實習操作培養專業實力。畢業即可取得調理師證照。
- 課程內容：這是 2 年制課程，第 1 年課程與調理科相同，像日本、西式、中式料理、團體膳食和咖啡、雞尾酒等，都是從基礎烹調技術、刀工、食材特性、製作高湯等學起。第 2 年必須從西式、中式和日本料理中選擇一個專攻領域，針對此領域學習更精深的烹調技術與知識。2 年授課總時數為 1,700 小時，第 2 年高度調理技術實習操作課程達 470 小時，加上國內外知名主廚開設的最新烹調技術課程，學得更專業的知識。此外，可於對外營業的甜點麵包店舖「Bon appélil」、義大利料理餐廳「La luce」實習，學習烹調、待客服務和收銀等實務。除了各種專業實習操作課，其他課程內容包括：基本課程（雞尾酒、酒、咖啡、茶、糖果工藝、解剖鮪魚等）、

製菓理論、食品與營養、經營學、食品安全與衛生、飲食生活與健康、烹調國際交流等。

- **學費**：2,165,000 日元（詳細項目可參照下方表格）

項目	第 1 年金額	第 2 年金額
入學金	100,000 日元	－
課程費	345,000 日元	345,000 日元
實習費	375,000 日元	375,000 日元
維持費	105,000 日元	95,000 日元
設施費	100,000 日元	90,000 日元
教材費	100,000 日元	40,000 日元
其他雜費	60,000 日元	35,000 日元
總計	1,185,000 日元	980,000 日元

＊此費用僅供參考，可洽詢學校。

Points 海外研修旅行費用不含在內。

- **課程期間**：2 年（每天 08：50 ～ 16：50 上課）
- **招生名額**：120 人
- **報名限制**：（1）年滿 18 歲。（2）已修完相當於日本 12 年學校教育的課程，具有高中畢業認定資格或大學入學資格者。（3）需洽詢學校。

❷ 製菓課程

■製菓衛生師科 製菓衛生師科

- **培訓目標**：讓學生們在 420 小時的實習操作課中，學會製作甜點、麵包的技術與知識。並於 1 年課程後，取得參加製菓衛生師考試資格。
- **課程內容**：以 1 年的時間，學習西式甜點、製作麵包、和菓子、創作甜點、杏仁糖與糖果工藝等。講師多為在一流大飯店、頂級名店工作過的廚師，傳授業界的操作技巧與經驗，從基礎開始親切指導學生，即使是新手也能安心學習。設備優良的甜點、麵包和和菓子實習教室之外，更加入專業級的巧克力工房。此外，法國姊妹校的講師來此授課，即使在日本也能學到日本當地甜點的風味。授課總時數為 1,020 小時，除了專業實習操作課，其他課程內容包括：基本課程（雞尾酒、酒、咖啡、茶、糖果工藝、解剖鮪魚等）、食品學、公眾衛生學、營養學、食品衛生學等。
- **學費**：1,185,000 日元（詳細項目同 p.270 表格）

- 課程期間：1年（每天 08：50 ～ 16：50 上課）
- 招生名額：40 人
- 報名限制：（1）年滿 18 歲。（2）已修完相當於日本 12 年學校教育的課程，具有高中畢業認定資格或大學入學資格者。（3）需洽詢學校。

■製菓技術專攻科 製菓技術專攻科

- 培訓目標：有系統地學習從基礎到專門的烘焙技術、理論與知識，並藉由實習操作培養專業實力，更藉由校內實習，培養能直接投入職場的能力。
- 課程內容：這是 2 年制課程，第 1 年課程與製菓衛生師科相同，學習西式甜點、製作麵包、和菓子、創作甜點、杏仁糖與糖果工藝等。第 2 年必須從甜點、麵包中選擇一個專攻領域，針對此領域學習更精深的烘焙技術與知識。學生可在校內對外營業的甜點麵包店舖「Bon appélil」、餐廳「Lumière」實習，學習製作、販售、待客服務。授課總時數為 1,020 小時，除了 540 小時以上的專業實習操作課，其他課程內容包括：基本課程（雞尾酒、酒、咖啡、茶、糖果工藝、解剖鮪魚等）、食品學、公眾衛生學、營養學、食品衛生學、外語、講座等。
- 學費：2,165,000 日元（詳細項目同 p.271 表格）

Points 海外研修旅行費用不含在內。

- 課程期間：2年（每天 08：50 ～ 16：50 上課）
- 招生名額：120 人
- 報名限制：（1）年滿 18 歲。（2）已修完相當於日本 12 年學校教育的課程，具有高中畢業認定資格或大學入學資格者。（3）需洽詢學校。

入 學 相 關

報名與入學

- **所有課程**

  A. 課程皆有報名限制，可參照學科介紹中的敘述。

  B. 填寫報名表（願書），並準備書面資料，寄至學校。校方收到報名表後審查，面試加上筆試，最後通知錄取與否。

台灣

從傳統到現代化米麵食，
專業烘焙訓練扎實課程。

財團法人中華穀類
食品工業技術研究所

China Grain Products Research &
Development Institute

🏠 臺灣新北市八里區
　中山路三段 223 號
📞 +886 2 26101010
✉ cgprdi01@ms13.hinet.net
⚙ http://www.cgprdi.org.tw/index.asp

中式麵食全修班
$ 68,000 元　🕐 10 週
👤 洽詢學校

肉品加工調理專班
$ 26,000 元　🕐 2 週
👤 洽詢學校

手工糖果專班
$ 24,000 元　🕐 3 週
👤 洽詢學校

麵包全修班
$ 68,000 元　🕐 10 週
👤 洽詢學校

米製品加工專班
$ 24,000 元　🕐 3 週
👤 洽詢學校

西點蛋糕全修班
$ 68,000 元　🕐 10 週
👤 洽詢學校

認 識 學 校

在地悠久推廣，米麵食品的搖籃

　　創辦人苗育秀先生經多年籌劃，於民國 48 年邀請麵粉同業、學者專家等，在政府督導下，於民國 51 年成立「臺灣區麵麥食品推廣委員會」。民國 56 年再邀美國小麥協會合作，增設烘焙人員技術訓練班及穀類化驗中心。民國 71 年改組成立「財團法人中華麵麥食品工業技術研究所」於現址。中華穀類食品工業技術研究所每年不定期和業者合作舉辦比賽，像是「安琪酵母盃」、「國產鮮奶應用大賽」、「野創盃」等，讓更多烘焙人、餐飲和烘焙科系學生於競賽中培養實力，培育許多麵食、烘焙人才。

■ 學校特色

1. 專業講師授課、扎實的課程內容，不管長期班、短期班，學員都能收穫滿滿。
2. 與業界關係深厚，且不定期舉辦競賽，有助於與業界交流。
3. 歷史悠久，是國內最具知名度的穀物、米麵食、烘焙教學單位。

· · · · · · · · · · · · · · · · · 了 解 課 程 · · · · · · · · · · · · · · · · ·

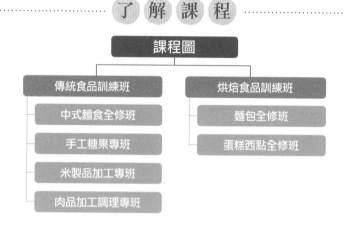

專業領域、課程類別與期程

目前分為兩大類課程：傳統食品訓練班、烘焙食品訓練班。以下以長期開班的課程來介紹：

❶ 傳統食品訓練班

■中式麵食全修班

· 培訓目標：從麵粉基礎理論、分類、技法、應用到製作各類麵食產品。
· 課程內容：10 週課程，每週都有不同的主題。內容包括：製作冷水麵類、燙麵類、燒餅類、發酵類、發粉類、油炸類、糕餅點心及傳統小吃類麵食等 100 種以上產品。含乙檢、丙檢產品。
· 學費：68,000 元
· 課程期間：10 週
· 名額：洽詢學校

■手工糖果專班

- 培訓目標：從糖果的基礎理論、分類、技法、應用到製作各類糖果產品。
- 課程內容：3 週課程，每週都有不同的主題。內容包括：傳統糖果製品、硬、酥、脆糖類糖果、半軟糖充氣類糖果、凝膠軟類糖果、養生保健類糖果等40 種以上產品。
- 學費：24,000 元
- 課程期間：3 週
- 名額：洽詢學校

■米製品加工專班

- 培訓目標：從傳統米食、米粒、米粉的基礎理論、分類、技能加工技法、應用到製作各類米食產品。
- 課程內容：3 週課程，每週都有不同的主題。內容包括：米食加工方法及產品製作、米粒類、漿糰（粿）粉類、熟米粉類、膨發類等 40 種以上產品。含丙檢產品。
- 學費：24,000 元
- 課程期間：3 週
- 名額：洽詢學校

■肉品加工調理專班

- 培訓目標：從肉品加工實務與技巧、熟製與調理應用到製作肉料理。
- 課程內容：2 週課程，每週都有不同的主題。內容包括：肉品加工分類，西式乳化類、肉灌腸類、醃漬乾燥類、燻燒烤類、滷煮調理類等相關肉製品30 種以上產品。含丙檢產品。
- 學費：26,000 元
- 課程期間：2 週
- 名額：洽詢學校

❷ 烘焙食品訓練班

■麵包全修班

- 培訓目標：從製作麵包基礎理論、分類、技法、應用到製作各類麵包、吐司產品。
- 課程內容：10 週課程，每週都有不同的主題。內容包括：基本製作原理班、

特殊醱酵法、丙級土司產品班、軟式、甜麵包班（含丙級甜麵包與餐包）、硬式麵包及美式甜麵包班、裹油及變化麵包班、機製、冷凍、特殊麵包班、三明治、調理麵包班、老麵、養生麵包 A 班（含歐式預醱酵製程介紹）、老麵、養生麵包 B 班（含歐式預醱酵製程介紹）、乙級產品班。含乙檢麵包項目。

- 學費：68,000 元
- 課程期間：10 週
- 名額：洽詢學校

Points
1. 必須年滿 16 歲以上才可報名。
2. 10 週麵包全修班接受部分 1 週短期插班生名額。

■西點蛋糕全修班

- 培訓目標：從製作蛋糕基礎理論、分類、技法、應用到製作各類蛋糕、西點、巧克力產品。
- 課程內容：蛋糕基本製作原理、西點基本製作原理、點心及丙級產品、各國點心、蛋糕裝飾、法式點心、巧克力產品、乙級產品等。包含乙檢蛋糕、西點項目。
- 學費：68,000 元
- 課程期間：10 週
- 名額：洽詢學校

Points
1. 必須年滿 16 歲以上才可報名。
2. 10 週蛋糕全修班接受部分 1 週短期插班生名額。

入 學 相 關

報名與入學

• 傳統食品訓練班
預先報名時，每人每班須先繳清全額，利用郵政劃撥，若每班開課前 1 週報名人數未滿 10 人，則不開班。

• 烘焙食品訓練班
於網路上公布的特定日期時間，上網登錄報名，通知錄取後 3 日之內繳清費用。

編 輯 部 後 記

在台灣，各級餐飲相關科系、坊間烘焙教室蓬勃發展，不管是為了就業的餐飲學校本科生，還是純粹培養興趣的料理素人，學習廚藝的人非常多，幾乎成為國民運動。學習廚藝的管道很多，除了在國內學，如果想更深入鑽研某個領域，出國學習不啻是個好選擇。

世界各國開辦的料理、烘焙學校不勝枚舉，各有不同的形式，以及專業領域、辦學理念和特色，可幫助有心學更深廚藝技術和理論的人進階學習。礙於國內這類學校的資訊介紹較少，讀者只能自己爬文，或者在前輩們的部落格或臉書發問，因此，我們特別邀請曾就讀於法國斐杭狄高等廚藝學校、藍帶廚藝學校巴黎總校的知名部落客安東尼，以自身的學習歷程，以及數年在法國餐廳實際工作的經驗，為台灣讀者挑選出**「歷史悠久較具知名度、學校課程完整或獨特、師資陣容堅強、在各專業領域頂尖、受各國學生歡迎」**的學校，並歷經 1 年的時間，以文字、表格和插圖詳細分類解說，讓有心卻不得其門而入的讀者能找到適合自己的學校。

此外，日本的學校也很受台灣人的喜愛。本書從**「高專業度、高知名度、注重實習操作課程、日本學生也指名入校」**等方面，挑選出幾所具知名度且專業的學校，並為讀者詳加介紹學校的科系和課程。

由於書籍篇幅有限，本書僅就上述等方面，先介紹部分學校。因學校資料每年更動，最正確的訊息以各學校官網公布為主。書中如有錯誤，懇請讀者、相關人士不吝指教以修正。最後，謝謝安東尼、Connie、Mayuki、Jessie、王兆暐和アイリス等人在 Q&A 單元的協助。希望有料理、烘焙留學夢的讀者，能因此書的介紹，重拾書本留學去，並達成學習夢想。

朱雀文化編輯部　2019.01